네 죄를
법률과 형벌로 읽는 조선
고하여라

네 죄를 고하여라
법률과 형벌로 읽는 조선

지은이 심재우
펴낸이 윤양미
펴낸곳 도서출판 산처럼

등 록 2002년 1월 10일 제1-2979
주 소 서울시 종로구 내수동 72번지 경희궁의 아침 3단지 오피스텔 412호
전 화 725-7414
팩 스 725-7404
E-mail sanbooks@hanmail.net
홈페이지 www.sanbooks.com

제 1판 제1쇄 2011년 12월 15일
제 1판 제2쇄 2013년 2월 5일

값 18,000원

ISBN 978-89-90062-41-3   03910

* 잘못된 책은 바꾸어 드립니다.

네 죄를
고하여라

법률과 형벌로 읽는 조선

심재우 지음

산처럼

몇 해 전에 가족과 함께 지리산으로 여름휴가를 떠나면서 전라북도 남원시에 들러 하룻밤을 묵은 적이 있었다. 남원은 조선 후기 대표적 소설인 『춘향전』의 무대가 된 곳으로, 2004년에 개장한 춘향테마파크가 있어 들르게 됐다.

그곳에는 복원된 조선시대 남원부의 동헌東軒과 옥사獄舍, 영화 「춘향뎐」의 촬영 세트장을 비롯해 소설 『춘향전』의 주요 장면을 글과 미니어처로 재현한 시설물 등 다양한 볼거리와 이야깃거리들이 보기 좋게 설치되어 있었다. 이를 둘러보면서 현대를 사는 우리들에게 조선시대의 사회상, 사법 행정을 풍부하게 재구성해주는 데에는 한 편의 소설을 재현하는 것만으로도 충분할 수 있구나 하며 감탄했다.

『춘향전』은 이몽룡과 성춘향의 사랑 이야기이지만 그 속에서 펼쳐지는 남원부사 변학도의 권력 남용으로 인한 춘향의 수난, 암행어사로 파견된 이몽룡의 활약상 등은 당대 지방 고을의 사법시스템과 법률문화를 이해하는 데 우리에게 도움을 주는 부분이 있다. 그런데 역사를 전공한 필자의 눈에는 춘향테마파크에 복원된 관아의 건물 모형이나 일부 설명문에서 간간이 오류가 보여 보다 충실한 고증이 있었으면 좋았을 텐데 하는 아쉬움이 남았다.

일본의 유명한 중국 법사학자 니이다 노보루仁井田陞는 일찍이 당률唐律을 예로 들어 중국의 전통 법률이 서구에 비해 결코 뒤떨어지지 않았다고 지적했다. 당률은 고대의 잔혹한 육형肉刑을 없애고 유교이념과 신분형법의 특징을 법 규정에 구현하는 등 동아시아의 역사 흐름 속에서 가장 체계적이고 완성도가 높은 법이었다는 것이다. 잘 알다시피 전근대 우리의 법률 전통은 중국 법률에 큰 영향을 받아 형성됐고, 조선의 경우 명률明律을 수용하여 이를 우리의 여건에 맞게 일부 변용한 것이었다.

조선의 법과 제도가 나름의 제도적 체계성과 이념적 합리성을 유지하고 있었고, 법에 대한 이해가 당대 사회의 모습과 문화를 읽어내는 데 중요한 코드임에도 불구하고 그동안 조선사 연구에서 법률문화에 관한 내용이 비중 있게 다루어진 적이 거의 없었다. 기껏해야 권력자에 의한 자의적 재판과 백성에 대한 통제, 가혹하기 그지없는 무자비한 형벌 집행 등 조선시대 법 운영에 대한 부정적 편견이 사람들의 머릿속에 깊숙이 자리 잡고 있는 것도 사실이다.

이에 뒤늦은 감이 있긴 하지만 조선의 법과 법률문화에 대한 지금까지의 미천한 지식, 왜곡된 인식에서 벗어나 이를 객관적 시각에서 새롭게 조명할 필요가 있을 것이다. 특히 최근 다양한 역사드라마가 대중들의 사랑을 받으며 주목받고 있는 상황임을 고려할 때 역사가가 객관적이고도 정확한 역사적 사실과 해석을 제시함으로써 대중들이 올바른 역사 인식을 갖도록 방향을 잡아주는 것도 의미 있는 작업이 될 것이다.

이 책은 이와 같은 문제의식에서 비롯되어 범죄와 형벌을 둘러싼 조선의 법률문화를 새롭게 이해하기 위해 기획된 것으로, 한국역사연구회 웹진의 '죄와 벌의 사회사' 코너에 2007년부터 2011년 7월까지 연재해온 글을 수정·보완한 것이다. 필자가 연재를 시작하게 된 것은 산처럼 출판사와의 계약이 직접적인 계기가 됐는데, 2년 안에 연재를 마치려던 계획과 달리 집필 작업이 계속 지체되어 4년여의 시간이 훌쩍 지나고 말았다. 그러던 중 마침 올 2011년 5월에 한국간행물윤리위원회의 출판비 지원을 받게 되어 출간을 더 이상 미룰 수 없게 됐다. 애초 기획한 내용을 모두 채우지는 못했지만 지금까지의 원고를 모아 마무리 짓는 것도 나름의 의미가 있을 것이라 판단하여 감히 이 책을 내놓게 됐다.

이 책에서는 조선시대 법률 및 형벌제도 등에 대한 기초 정보를 상세하게 소개하는 데 주안점을 두었고, 일반적으로 잘못 알려져 오해하고 있는 부분은 그것이 사소한 것일지라도 바로잡고자 노력했다. 예를 들어 형구 중 하나인 곤장棍杖에 대한 내용을 하나의 장으로 구성했다거나, 조선시대 고문 방법 등을 두 개의 장에 걸쳐 서술한 것은 이에 대한 오해가 광범위하다는 판단 때문이었다.

아울러 이 책에서는 지금까지의 부정적 편견을 걷어내고 객관적인 시각에서 조선의 법제와 사법체계를 재인식하고자 했다. 그렇다고 해서 긍정적인 측면만을 과장하려 하지 않았다는 점 또한 분명히 하고 싶다. 과거 많은 나라에서 국가권력이 행사하는 과도한 공권력은 법의 악용, 형장의 남용, 혹독한 고문 등으로 나타나는 것이 일반적이었고 이는 조선도 예외가 아니었다. 조선시대 사법 운영의 실상을 있는 그대로 보여줌으로써 법과 이를 운용하는 권력의 속성을 파헤쳐보려는 필자의 의도도 이 책에 담겨 있다.

고금을 막론하고 법률은 사람들의 삶과 매우 긴밀한 연관을 맺고 있으며 과거는 결코 현재와 동떨어진 먼 옛날의 이야기만은 아니다. 이 책의 여러 장에서 조선시대의 다양한 사례를 현재의 문제와 연결시켜 이해하고 그 의미를 조명해보고자 한 것은 이와 같은 필자의 생각 때문이었다.

또 하나 이야기하고 싶은 것은 딱딱하다고 여겨질 수 있는 역사서에 일반 대중들이 쉽게 다가설 수 있기를 바라는 마음으로 이 책을 썼다는 것이다. 아무리 중요한 역사적 사실이라도 낯선 전문용어와 복잡한 서술로 씌어졌다면 독자에게 감동을 주기 힘들 것이다. 그런 측면에서 이 책이 대중 역사서로서 손색이 없을 것이라고 감히 장담할 수는 없어도, 독자들이 큰 부담 없이 이 책을 읽으며 조선시대의 법률문화와 역사를 보다 풍부하게 이해할 수 있기를 기대하며 글을 쓰고 다듬었음을 밝히고 싶다.

이제 집필 과정에서 도움을 받은 분들께 감사의 인사를 전하고 싶다. 먼저 여러모로 부족한 필자의 글이 연재될 수 있도록 웹진의 한 코너를 마련해준 한국역사연구회 회장님 이하 웹진 위원장, 간사들께 감사의 마음을 전한다. 웹진을 찾아와서 읽어주시고 간혹 감상도 남겨주신 회원이나 독자들에게도 감사를 드린다. 이분들의 관심과 격려가 글을 써나가는 데 힘이 됐다.

아울러 많은 선학의 연구 성과가 이 책을 완성하는 데 자산이 됐으나 책의 성격상 본문에서 일일이 밝히지 못한 점에 대해 양해를 구한다. 그럼에도 다음 세 분께는 인사를 드리고 싶다.

먼저 서울대학교 국사학과 김인걸 교수님은 학부 시절부터 필자를 지도해주시며 늘 넉넉한 마음으로 지금까지 무언의 격려를 아끼지 않고 계신다. 이 자리를 빌려 진심으로 은혜에 감사의 말씀을 전한다. 다음으로 인사드리고 싶은 분은 조선시대 생활사 영역을 개척하고 있는 서울여자대학교 정연식 교수님이다. 치밀한 실증 작업을 거쳐 조선시대의 형벌, 형장의 주요 풍경을 대중서를 통해 먼저 소개하신 정 교수님은 필자에게 사료 이용의 방법을 제시해주셨고 대중적 글쓰기에 대한 자극을 주셨다. 비교사에 무지한 필자에게 중국사에 관한 여러 가지 정보를 조언해주신 성균관대학교 동아시아학술원 박소현 교수님께도 감사드린다. 필자는 다양한 시각 자료를 제시하여 이 책의 내용을 풍부하게 하고자 19세기 말 청나라에서 발행한 그림 신문인 『점석재화보點石齋畵報』를 많이 소개했는데, 이 신문의 활용에는 박 교수님의 선행 연구에 힘입은 바가 크다.

또한 이 글을 꼼꼼하게 읽고 독자 입장에서 일일이 지적을 해주며 책을 품격 있게 편집해준 산처럼 출판사의 윤양미 사장님과 송은정 편집자께 감사드린다. 특히 연재 과정에서 윤 사장님의 격려와 자극이 없었다면 책의 출간 작업은 아직도 난망한 일이 됐을 것이다.

그리고 마무리 교정 및 도판 작업에 도움을 준 한국학중앙연구원 한국학대학원 한국사학 전공 나영훈·차호연, 고문헌관리학 전공 문현주에게도 고마움을 전한다.

2011년 11월

심재우

차례

책을 내면서 5

제1부 조선시대 형벌과 고문

제2부 법과 권력, 그리고 사람들

제3부 죄와 벌에 비친 조선사회

제1부

조선시대 형벌과 고문

제1장

죄와 벌, 그리고 국가권력

형벌과 국가권력

손에 2파운드 무게의 뜨거운 양초 횃불을 들고, 속옷 차림으로 파리의 노트르담 대성당 정문 앞에 사형수 호송차로 실려와 공개적으로 사죄를 할 것. 이 호송차로 그레브 광장에 옮긴 후, 그곳에 설치될 처형대 위에서 가슴, 팔, 넓적다리, 장딴지를 뜨겁게 달군 쇠집게로 고문하고, 그의 손은 국왕을 살해하려 했을 때의 단도를 잡게 한 후 유황불로 태울 것. 이어 쇠집게로 지진 곳에 불로 녹인 납, 펄펄 끓는 기름, 지글지글 끓는 송진, 밀랍과 유황의 용해물을 붓고, 몸은 네 마리의 말이 잡아끌어 사지를 절단하게 한 뒤, 손발과 몸은 불태워 없애고 그 재는 바람에 날려버릴 것.

이 구절은 20세기 프랑스의 대표적 지성 가운데 한 명인 미셸 푸코

18세기 프랑스의 공개 처형 미셸 푸코의 『감시와 처벌』에 등장하는 사건과 관련된 삽화로 1757년 프랑스의 국왕 루이 15세를 살해하려다 실패한 다미앵이 처형당하는 모습이다.

의 『감시와 처벌』에 나오는 대목으로, 지금으로부터 250여 년 전에 프랑스에서 국왕 시해 미수범에게 언도된 판결문이다.

판결문에 나오는 끔찍한 내용은 1757년에 수많은 구경꾼을 앞에 두고 연출됐다. 비극의 주인공은 병사 출신의 시종 무관으로 베르사유 궁전에서 루이 15세를 살해하려다가 실패한 뒤 체포된 다미앵이라는 인물이었다. 푸코는 관련 기록을 동원하여 다미앵이 사형당하는 장면을 세밀하게 묘사하고 있는데 그 모습이 엽기적이고 잔인해서 이를 읽는 것만으로도 상당히 거북스럽다.

전통시대 동서양에서 형벌은 권력자의 중요한 정치적 행사이자 불경스러운 백성에 대한 경고 메시지로 기능했다. 이 때문에 형벌을 통해 가능한 최대의 통치 효과를 기대한 권력자는 새롭고도 기이한 고문 도구와 형구를 개발하고 사용했다. 우리가 전근대사회의 처벌을 상상할 때 잔혹한 광경을 떠올리는 것은 바로 형벌이 갖는 이 같은 기능 때문이다. 그런데 한 가지 편견이 있다. 우리나라를 비롯한 동양의 전

『카롤리나 형사법전』 1532년 독일 황제 카를 5세가 선포한 형사법전. 모두 219조로 구성되어 있으며, 15세기 말부터 18세기 말에 만들어진 형사입법 중에서 유일한 통일법전이다.

통사회 형벌이 서양에 비해 훨씬 잔혹했고, 법이 체계적이지 않거나 미개했다는 인식이 바로 그것이다. 과연 그러했을까.

독일의 사례를 보자. 독일에서는 중세의 가혹한 형법을 없앨 목적으로 1532년에 『카롤리나 형사법전』이 제정됐다. 그런데 이 법전을 들여다보면 16세기 중국이나 조선에서는 상상하기 힘든 끔찍한 형벌이 존속하고 있었음을 알 수 있다.

사형 방법 중 하나로 수레로 찢어 죽이기(거열車裂)는 물론이고, 솥에 넣어 끓여 죽이기(팽형烹刑), 꼬챙이로 쑤셔 죽이기(관자형串刺刑), 불에 태워 죽이기(화형火刑), 물속에 넣어 죽이기(익형溺刑) 등이 버젓이 법전에 실려 있었다. 이에 비추어볼 때 법전에 함께 등장하는 손목 자르기(단수형斷手刑), 손가락 자르기(단지형斷指刑), 귀 베기(단이형斷耳刑), 코 베기(단비형斷鼻刑), 혀 베기(단설형斷舌刑), 눈 도려내기(결목형抉目刑)는 오히려 가벼운 형벌에 속했다.

독일의 예에서 보듯이 유럽사회에는 16세기까지 잔인한 형벌이 존

중세 유럽에서 시행된 거열형 당시 거열형은 죄수의 팔다리 위에 마차를 몰아 뼈를 부순 뒤 몸뚱이를 바퀴에 묶어 들어올려 죽이거나, 죄수를 바퀴에 묶어 높은 산에서 굴려 죽이는 등 다양한 방법으로 시행됐다.

재하는 등 형법이 저급한 상태에 있었던 데 비해 중국에서는 7세기에 마련된 당률이 시행되어 상대적으로 그 우수성이 돋보인다는 것이 니이다 노보루의 지적이다.

당률에서는 도둑질한 자들을 경계하기 위해 먹으로 죄명을 몸에 새겨 넣는 묵형墨刑, 음식을 훔친 자의 코를 베는 의형劓刑, 도망간 죄인이 다시 달아나지 못하게 뒤꿈치를 자르는 월형刖刑, 강간이나 간통 등의 범죄를 저지른 자의 재범을 막기 위해 남성을 잘라내는 궁형宮刑 등 중국 고대의 잔인한 육형肉刑이 더 이상 존재하지 않았다. 형벌뿐 아니라 전근대 중국, 그리고 중국법의 영향을 크게 받은 조선의 법제도 또한 나름의 체계적 일관성을 지니고 있었다.

형벌이 사회체제를 유지하기 위한 공권력의 권한이자 상징이었음은 전통시대 동양과 서양 모두 마찬가지였다. 그런데 마치 서양은 우수한 법제도와 인권의식을 갖추고 있었고 동양은 그렇지 못했다는 식의 이해는 19세기 서구 제국주의가 만들어낸 편협한 인식에서 비롯된 것

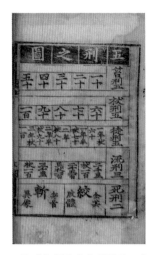

오형 『대명률직해』에 등장하는 다섯 가지의 형벌. 조선의 기본적인 형벌도 오형으로 이루어져 있었다. 서울대 규장각 소장.

이다. 어리석은 짓이겠지만 군이 비교하자면 전근대 동양의 형벌이 서양보다 좀 더 인간적이었다고 할 수 있지 않을까.

조선에는 어떤 형벌이 있었나

조선시대에는 어떤 형벌들이 있었는지 처벌체계의 골격에 대해서 좀 더 알아보자. 조선은 당률을 계승한 중국 명나라의 『대명률大明律』을 형법의 기본법으로 채택하여 형벌도 『대명률』에 명시되어 있는 이른바 '오형五刑'을 기본으로 했다. 오형이란 태형笞刑, 장형杖刑, 도형徒刑, 유형流刑, 사형死刑 등 다섯 가지 종류의 형벌이다.

중국 고대부터 시행된 잔혹한 육형의 상당수가 제거되고 이와 같은 새로운 오형이 정착된 시기는 수·당나라에 와서이며, 약간의 변화는 있지만 형벌의 골격은 명·청나라에 이르기까지 유지됐다. 태형·장형·도형·유형·사형의 다섯 가지 형벌제도 역시 여전히 신체형의 비중이 높았지만 육형에 비할 바는 아니었다.

오형의 각 형벌은 다음과 같다. 먼저 태형과 장형은 비교적 가벼운 죄를 범한 자에게 태笞와 장杖이라는 회초리 모양의 형장刑杖으로 죄인의 볼기를 치는 처벌로 모두 5등급으로 나뉘었다. 즉 태형은 10대를 시작으로 하여 20대, 30대, 40대, 50대까지 십 단위로 때리게 되어 있었고, 장형은 60대, 70대, 80대, 90대, 100대로 규정됐다. 따라서 태

태형 한말에 태형을 집행하는 사진으로 장소는 알 수 없다. 여자는 대개 홑옷을 입은 채로 태형을 받았으나, 남자의 경우 사진에서처럼 아랫도리를 모두 벗고 볼기를 맞았다.

60대라든가, 장 75대와 같은 형벌은 없다.

그 다음으로 형량이 무거운 도형은 죄인을 일정 기간 동안 관아 등에 배속하여 노역勞役을 시키는 형벌이다. 노역 기간에 따라 도徒 1년, 도 1년 반, 도 2년, 도 2년 반, 도 3년 등 5등급으로 나뉘었으며, 각각 장 60대, 장 70대, 장 80대, 장 90대, 장 100대의 신체형이 부가된다는 것이 특징이다.

15세기의 기록에 의하면 도형에 처한 자들은 한양이나 지방의 각종 관청에 배속되어 수위 역할을 하는 청직廳直, 종이를 만드는 일에 종사하는 도침군擣砧軍, 전국에 산재한 역참驛站에 배속되어 잡일을 하는 역일수驛日守 등에 동원됐다. 다만 국가적 필요에 의해 노역 부과에 차이를 두었기 때문에 시기에 따라 노역 내용이 달라졌다.

귀양으로 잘 알려진 유형은 사형 다음의 무거운 형벌이었다. 이는 생활 근거지로부터 격리되어 죽을 때까지 유배 생활을 해야 하는 종신형으로 죄인의 거주지로부터 유배지까지의 거리에 따라 장 100 유 2천 리, 장 100 유 2,500리, 장 100 유 3천 리의 3등급으로 구분됐다. 이렇게 볼 때 도형과 유형은 지금의 개념으로 보자면 같은 자유형自由刑에 속한 형벌이지만 도형은 유기징역, 유형은 무기금고에 해당한다고 할 수 있다.

마지막으로 조선시대 법정 최고 형벌은 바로 사형이었다. 사형은 집행 방법에 따라 목을 매어 처형하는 교형絞刑과 목을 베는 참형斬刑 두 가지로 나뉘며 대개 공개적으로 집행됐다. 『대명률』에서는 교형을 '전기지체全其肢體', 참형은 '신수이처身首異處'라고 설명했는데, 사형수들 중에서도 죄가 가벼운 자들은 목이 달아나는 참형 대신 교형에 처했다. 지금 우리의 관념으로 볼 때는 어떻게 죽든 죽는 것은 마찬가지라고 여길 수 있을 것이다. 하지만 신체발부身體髮膚는 수지부모受之父母(부모에게서 받은 것)라 하여 함부로 훼손해서는 안 된다는 당시의 유교적 관념에 비추어볼 때 죽더라도 신체를 보존할 수 있는 교형이 그나마 나았다고 할 수 있다.

교형과 참형 외에 사형 집행 방식 중 가장 가혹한 것은 능지처사凌遲處死가 아니었을까 한다. 능지처사형은 흔히 능지처참이라고 알려져 있지만 법전에는 '능지처사'로 나와 있다. 나중에 자세히 살펴보겠지만 역모를 꾸민 대역죄인, 주인 혹은 부모를 살해한 패륜아 등이 능지처사형의 대상이었다. 죄인의 몸을 여러 조각으로 찢어 죽이는 신체절단형이라는 점에서 참혹한 형벌의 대명사로 인식된 이 능지처사형은 우리가 생각하는 것만큼 조선시대에 자주 집행됐던 것은 아니었다.

교형 김윤보의 『형정도첩』에 수록된 조선 시대의 교형 집행 장면이다.

한편, 조선 후기에 들어 형벌 집행 방식이나 정책에도 변화가 있었다. 형벌제도의 경우 『대명률』에서 규정한 오형의 골격을 유지하면서 약간씩 그 규정을 변형하여 집행하기도 했다. 예컨대, 형장을 치지 않고 바로 변방의 외딴 지역에 '변원정배邊遠定配' 하거나, '절도위노絶島爲奴'라 하여 외딴 섬으로 보내 노비로 삼는 등 『대명률』의 도형과 유형을 조금씩 변형한 규정을 추가로 만들어 시행했다.

형사 정책적 측면에서도 18세기에 변화가 확인된다. 이 시기 서양의 여러 나라에서 계몽사상의 영향으로 형사 사법제도 개혁 조치가 이루어지는 것처럼, 조선에서도 탕평 군주인 영조와 정조는 법전 편찬에 공을 들였으며 신체에 대한 가혹한 고문을 금지시키고 남형濫刑을 엄격히 규제하기 위해 노력했다.

물론 신분제에 기초한 형벌제도와 고문은 조선 후기에 이르러서도 근본적으로는 변하지 않았다. 그리고 형벌에서 신체형·생명형이 차지하는 비중이 여전히 높았다. 하지만 이는 전근대시대 거의 모든 나라의 일반적인 현상이었다. 형벌을 부과하는 방식이 신체에서 정신으로, 그리고 보다 합리적으로 변화하는 것은 근대사회로 넘어와서야 가능했다. 따라서 제도에 대한 전반적 이해가 결여된 채 선입견과 편견에 입각하여 조선의 형법과 형벌의 저급성을 운운하는 것은 위험한 발상이다.

『심리록』에 나타난 18세기 조선의 죄와 벌

이제 조선시대 법 집행의 실상을 개괄적이나마 추적해보자. 국가권력에 의해 법과 형벌이 어떻게 집행되는가 하는 것은 당시 법문화를 살펴보는 데 유용하기 때문이다. 조선의 법문화, 특히 18세기 범죄와 형벌의 사회사를 숨김없이 알려주는 자료가 있으니 바로『심리록審理錄』이다.

『심리록』은 정조가 대리청정을 하던 1775년 12월부터 세상을 떠난 1800년 6월까지 사형에 해당하는 중범죄를 직접 심리한 내용을 기록한 책자로, 요즘 표현으로 강력 범죄 사건의 내용과 그 처리·판결 과정을 요약하여 기록한 일종의 형사판례집이다.

조선시대 판례집에 해당하는 것들로 현재 남아 있는 자료는 여러 종류가 있지만,『심리록』은 정조가 직접 심리·판결한 사건 모두를 지역 및 연도순으로 동일한 형식과 체재로 편집해놓았다는 점에서 사료적 가치가 크다.

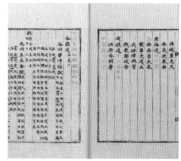

『심리록』 정조가 재위 기간에 자신이 직접 심리한 사건의 내용과 판결을 기록한 책이다. 서울대 규장각(오른쪽)과 한국학중앙연구원 장서각(왼쪽)에 몇 종이 전해지고 있다.

　책의 수록 형식은 다음과 같다. 먼저 각 사건별로 범죄가 발생한 군현의 명칭과 범죄인의 이름이 기재되어 있으며 그 뒤에 사건의 개요, 관찰사와 형조刑曹의 조사 보고를 기록했으며, 마지막으로 정조의 판결문을 실었다. 책에는 재위 기간인 24년 6개월 동안 정조가 심리한 1,112의 사건이 실려 있다.

　당시 사회상을 이해하기 위해 이들의 범죄 기록을 상세히 들여다보면 몇 가지 흥미로운 사실을 발견할 수 있다. 먼저 인구수에 견주어 살인 등의 강력 범죄가 가장 잦은 지역이 한성부·황해도·경기도 등 수도권이라는 것인데 한성부의 범죄는 모두 161건이었다. 당시 한성부 인구는 기록상 18만 9천여 명으로 전체의 2.6퍼센트에 그쳤으나 범죄 건수는 전체의 14.5퍼센트에 달해 다른 지역보다 범죄율이 훨씬 높았음을 알 수 있다. 한성부 인근의 황해도와 경기도도 전국 평균치보다 범죄율이 높았는데, 이처럼 수도권의 범죄 발생률이 높았다는 사실은 당시 도시화와 유민의 유입 등으로 적지 않은 도시 문제가 발생했음을 보여준다.

행정구역상 한성부 안의 5부 중에서 신흥 상공업 지대였던 서부西部에서 가장 많은 69건의 범죄가 일어났다. 서부는 오늘날의 용산, 마포 일대에 해당한다. 한편, 지방 도시별로는 전주(21건)와 평양(20건), 해주(18건), 봉산(17건), 공주(16건), 순천(14건), 충주(13건), 대구·광주·재령(12건) 등이 범죄 다발 지역이었다.

『심리록』에 실린 범죄 유형은 살인 등 인명 범죄가 1,004건(90.3퍼센트)으로 대부분을 차지하고 있었으며, 그 외에 경제 범죄(6.7퍼센트), 관권 침해 범죄(1.9퍼센트), 사회풍속 범죄(1.2퍼센트) 순이었다. 특히 공문서 위조, 왕실 및 관용물품 절도 같은 경제 범죄의 경우 한양에서만 전체 74건 가운데 절반이 넘는 50건이 일어났다. 이는 조선 후기 수도인 한양에서 도시화, 상업화가 진전됨에 따라 절도나 위조 등 이권을 둘러싼 경제사범이 증가했음을 보여주는 통계다.

한편 인명 범죄 가운데 16.1퍼센트를 차지하는 162건이 가족, 친족 간에 벌어진 살인 사건이었다. 당시에 혈연으로 맺어진 가까운 사람들 간에도 살인으로 표출된 극단적 갈등이 많았던 셈이다. 가족과 친족 사이에 발생한 살인 사건은 남성이 여성을 살해한 경우가 대부분이었고, 부부 사이에 발생한 사건도 70건이나 됐다. 부부 사이의 살인은 모두 남편이 자신의 처妻, 첩妾을 살해한 것으로 여성들이 일방적인 피해자였다. 이는 당시 여성의 취약한 사회적 지위와 가정 안에서의 위상을 보여준다.

『심리록』에서 특히 주목되는 것은 정조가 내린 판결 내용이다. 정조는 1,112명의 중죄인 가운데 36명(3.2퍼센트)에게만 실제 사형 집행을 판결하고, 나머지 상당수는 감형(44퍼센트)하거나 석방(30.8퍼센트)시켰다. 당시 법률상으로 사형 처벌 조문이 매우 많았음에도 불구하고 사형수 대부분의 생명을 보전하게 한 정조의 이 같은 조처는 정조 전후 어느 시기에서도 찾아보기 어려운 너그러운 판결이었다.

정조의 이 같은 판결은 지금의 법관념에서 보았을 때 엄격한 법치 질서와 법의 정의를 실현하는 데 저해되는 조치라고 볼 수도 있다. 그러나 오늘날 이른바 돈 있고 배경이 든든한 정치가, 경제인들이 자주 사면 복권되는 것과는 달리 정조가 사형을 면해준 사형수들은 대부분 신분이 낮은 평민이거나 천민이었다는 점에 주목할 필요가 있다.

정조는 왜 살인을 저지른 사형수에게 관대한 처벌을 내렸을까. 이 문제는 정조의 법사상, 당시 사회통제 정책 등과 관련하여 다각도의 분석을 요하는 작업이다. 그러나 분명한 것은 사형수라 할지라도 최대한 관용적 판결을 내리고, 재판에 있어 약자의 편에 서서 강자의 횡포를 막아내기 위해 이른바 '억강부약抑强扶弱'을 정조가 실천했다는 것이다. 따라서 당시 정조의 법제도 개혁과 체제 정비 노력은 오늘날에도 시사하는 바가 적지 않다.

한편 같은 시기의 영국사 연구 결과도 눈길을 끈다. 당시 영국에서는 사형에 해당하는 범죄 행위가 급증했음에도 불구하고 실제로 처형된 범법자의 수는 증가하지 않았다. 많은 수의 사형 범죄인이 사면되어 죽음을 면한 것이다. 향후 재판 판결에 대한 비교사적 연구 검토가 이루어진다면 사법 운영과 관련한 흥미로운 결론을 도출할 수 있을지도 모르겠다.

조선시대 사회상에 대한 본격적인 이해, 나아가 동아시아 법률문화 전반에 대한 오해와 편견을 불식시키기 위해서라도 조선시대 법과 형벌, 권력의 문제에 대해서는 여러모로 주목해보아야 할 것이다. 이때 형사판례집인 『심리록』은 유용한 자료 중 하나다. 『경국대전經國大典』

을 비롯한 법전이 당시 재판 운영의 실제 모습을 자세히 알려주지 못하는 반면, 정조대의 중범죄 사건 기록을 모은 『심리록』은 관아에서 사건을 접수, 처리하는 과정뿐만 아니라 판결 내용과 당대인들의 법 관념 등 법전이 이야기하지 않는 내용을 있는 그대로 보여주고 있기 때문이다.

제 **2** 장

곤장에 대한 오해와 진실

곤장에 대한 오해

"네 죄를 네가 알렸다!"

이 말은 조선시대를 배경으로 하는 역사드라마에서 고을 사또가 동헌에 앉아 압송되어온 죄인들에게 호령할 때에 자주 등장한다. 그리고 죄인에게 매질하는 장면이 이어지는데, 이때 사또의 명을 받아 형벌을 가하는 집장사령執杖使令들의 손에 쥐어진 형장은 두툼한 곤장이다. 그런데 만약 세종이 재위한 시대를 배경으로 한 역사드라마에 곤장이 등장한다면 어떠할까. 자연스러워 보일 수 있지만 완전히 틀린 설정이다.

알고 보면 우리가 잘못 알고 있는 역사 속 사실들이 의외로 많다. 이러한 작은 오해 하나하나가 모여 전혀 엉뚱한 역사 해석을 낳는 경우도 있기 때문에 잘못된 역사 상식은 그것이 아무리 사소한 것일지라도 바로잡을 필요가 있다. 그중에서도 곤장에 대한 오해가 가장 깊

태벌죄녀笞伐罪女 한말의 화가 김윤보의 『형정도첩』에 수록된 것으로 죄지은 여성에게 태형을 집행하고 있다. '태'가 회초리 모양으로 가늘다.

다. 대개 곤장은 조선시대에 널리 사용된 형장으로 잘 알려져 있지만 실은 조선 후기에 와서야 본격적으로 사용됐다.

조선왕조의 역사를 왕대별로 세밀하게 기록하고 있는 『조선왕조실록』. 최근에는 인터넷을 통해 번역본을 쉽게 찾아볼 수 있는데, '곤장'을 검색해보면 15세기 기록부터 이 단어가 심심찮게 등장하고 있다. 그런데 이는 번역자들이 형장 '태'와 '장'을 '곤장'으로 착각한 오류이며 곤장은 조선 전기에 사용되지 않았다.

곤장의 곤은 한자로 '곤棍'이라 쓰는데 조선시대 신체형인 태형과 장형을 집행할 때 사용하던 형장인 '태'와 '장'과는 다르다. 가느다란 회초리를 떠올리게 하는 태는 그 길이가 1미터를 조금 넘고 지름이 1센티미터가 채 안 됐다. 그리고 '장'은 태보다 지름이 약간 넓을 뿐 형태에 큰 차이가 없다.

반면 곤장은 길이가 최소 1.5미터를 넘어서 태와 장보다 길 뿐만 아니라 생김새도 배를 젓는 노와 같이 넓적하게 생겨서 타격 강도가 태와 장과는 비교할 수 없었다. 또한 볼기를 때리는 태와 장과 달리, 곤으로는 볼기와 넓적다리를 번갈아 치게 되어 있었다.

조선에서 곤장이 등장한 시기는

여기서 한 가지 의문이 생긴다. 『당률소의唐律疏議』, 『대명률』 등 중국의 형법전은 물론, 『경국대전』에서도 등장하지 않는 곤장은 정확히 언제부터 사용하기 시작한 것일까.

조선 후기 영조대에 만들어진 법전 『신보수교집록新補受教輯錄』을 보면 청나라 순치順治연간(1644~62)에 제정된 법규 가운데 "군병아문軍兵衙門이 아닌 곳에서 곤장을 사용하는 것을 금지한다"는 조문이 나오는데, 이것이 조선시대 법전 조문상 가장 이른 시기에 나오는 곤장에 관한 규정이다. 즉 법전상으로는 17세기 중반경에 처음 곤장에 관한 규정이 생긴 것이다.

그런데 『조선왕조실록』에는 곤장에 대한 용례가 이보다 조금 더 앞서 나타나고 있다. 1596년(선조 29) 2월 19일자 기사를 보면 임진왜란 중 의병장이었던 김덕령이 죄를 지은 휘하 사람들의 귀를 자르거나

종로에서 치도곤을 집행하는 장면 김윤보의 『형정도첩』에 수록된 것으로 태와 장과 달리 치도곤을 비롯한 곤장은 배를 젓는 노와 같이 길고 넓적하게 생겼다.

곤장을 쳤다는 이야기가 나오고 있다. 또한 1599년(선조 32) 9월 17일에 함종현령 홍준洪遵이라는 자가 사건 수사 과정에서 부당하게 피해자 가족에게 곤장을 가한 죄로 장령의 탄핵을 받고 있다. 이들 곤장은 조선 후기에 정형화된 곤장과 차이가 있었을 것으로 보이지만, 대략 임진왜란 무렵부터 곤장이 만들어져 사용되고 있었던 것은 분명해 보인다.

그렇다면 곤장의 유래는 어떻게 될까. 중국의 대표적인 형법전인 당나라의 『당률소의』, 명나라의 『대명률』, 그리고 『대한화사전大漢和辭典』, 『한어대사전漢語大詞典』 등 사전류 어느 곳에서도 곤장이 등장하지 않는 데서 알 수 있듯이 중국에서 유래된 것은 아니다. 물론 『조선왕조실록』 선조대의 원문을 정밀하게 분석해보면 임신왜란 때 조선에 온 명나라 장수들이 '곤'을 사용했다는 기록이 있지만 이들이 사용하는 '곤'은 조선의 곤장과는 다르다. 왜냐하면 다산 정약용이 『흠흠신서欽

欽新書』권2, 「비상준초批詳雋抄」의 이사정의 글에 대한 해설에서 중국의 '곤', 혹은 '목곤木棍'은 단순히 '몽둥이棒'를 의미할 뿐 조선의 곤장과는 다르다고 분명히 밝히고 있기 때문이다. 이런 점에서 곤장은 중국에서 는 사용된 적이 없는 조선의 독특한 형구였음을 알 수 있다.

곤장의 위력은 도대체 어느 정도였을까. 앞서 언급했듯이 크기로 보 아 곤장의 강도는 태와 장에 비할 바가 아니었다. 곤장을 잘못 맞았 다가는 속된 말로 뼈도 추스르기 힘들었으며 실제 곤장 집행 장면은 눈뜨고 보기 어려운 경우가 많았다.

한 예로 북학파의 선구자인 홍대용은 1765년(영조 41) 숙부 홍억 洪檍이 서장관으로 청나라에 갈 때 군관軍官으로 수행하면서 그곳에서 목격한 곤장 집행 상황을 『담헌서湛軒書』에 남기고 있는데 그 참상이 말이 아니다.

조선 사행 일행이 북경北京을 방문했는데, 그곳에서 조선의 쇄마군刷 馬軍 두 명이 도둑질을 하다가 중국인을 폭행까지 한 사실이 적발되어 중국 관리로부터 강한 항의를 받았다. 중국 관리는 조선 사행 일행에 게 모진 매로 이들의 죄를 직접 다스리지 않으면 형부刑部로 이송해서 처벌하겠다고 경고했다. 그러자 홍억은 두 사람을 잡아들여 곤장을 치도록 했는데 겨우 10대에 두 사람의 살이 터지고 피가 흘러 땅이 흥 건해졌다. 그러자 구경하던 아전들과 상인 수백 명이 모두 얼굴을 찡 그리고 차마 보지 못했으며 그중에는 흐느껴 우는 이도 있었다. 결국 보다 못한 중국 관리의 만류로 곤장은 15대로 끝이 났다.

한말 감리교회 선교사의 일행으로 조선을 방문하여 25년 동안 조선 전역을 누볐던 제이콥 로버트 무스의 목격담도 있다. 그는 추운 겨울날 일요일 아침에 읍내 교회를 가던 중 교회와 담장을 사이에 두고 이웃하고 있던 관청에서 비명 소리를 들었는데 죄수를 매질하는 중이었던 것이다.

그가 목격한 바에 따르면 형리는 길이가 약 여섯 자, 너비는 10센티미터 정도로 손바닥만한 두께의 형구를 들고 있었다고 하는데 그 모양으로 보아 곤장임을 알 수 있다. 그는 형리가 곤장을 내리칠 때마다 몸에 가해지는 고통이 잘 전해지도록 다음 곤장을 칠 때까지 충분한 시간을 두고 임무를 수행했다고 묘사하며, 곤장 20대를 맞은 불쌍한 사람 생각에 아침식사를 할 수조차 없었다고 한다. 그는 또 다른 양반으로부터 곤장을 맞다가 두 명이 죽는 것을 보았다는 이야기를 들었으며, 곤장의 장독杖毒으로 인해 오랫동안 걸을 수 없게 된 경우도 흔했다고 전한다.

1877년(고종 14) 포교 활동을 위해 조선에 방문했다가 4개월 만에 잠입 사실이 발각되어 포도청에 투옥된 적이 있는 프랑스 선교사 펠릭스 클레르 리델(한국이름 이복명)도 우포도청에서 죄수에게 곤장을 치는 장면을 직접 보았다. 그에 따르면 곤장 10대를 맞자 살점이 심하게 묻어나고 의식을 잃은 이들도 있었으며, 곤장을 맞은 뒤에 회복하기까지는 거의 한 달이 걸렸다고 한다.

곤장의 종류와 사용처

대략 선조대 무렵부터 사용되던 곤장은 군영이나 포도청, 진영鎭營, 토포영討捕營 등 군법을 집행하거나 도적을 다스리는 기관에 한해서 사용이 허락됐다. 이후 곤장에 관한 세부적인 조처들도 마련됐다.

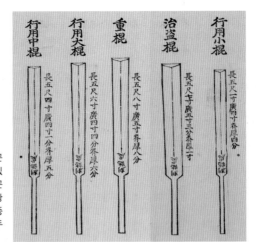

곤장의 종류 『흠휼전칙』에는 곤장에 관한 상세한 규정이 나와 있다. 왼쪽부터 중곤中棍, 대곤, 중곤重棍, 치도곤, 소곤 순이다. 곤장의 손잡이 윗부분에는 곤장의 종류, 길이, 너비, 두께 등을 적어두었다. 국립중앙도서관 소장.

1663년(현종 4)에는 곤장의 크기와 형태, 재질 등을 바꾸었는데, 이때 곤장의 재질을 참나무에서 버드나무로 정했고 1685년(숙종 11년)에는 아예 30대 이상 치지 못하는 것을 원칙으로 했다.

그런데 곤장은 그 종류가 하나였던 것이 아니라 모두 다섯 가지나 됐다. 그 다섯 가지는 중곤重棍, 대곤大棍, 중곤中棍, 소곤小棍, 치도곤治盜棍이다. 정조는 관리들의 형벌 남용을 막기 위해 각종 형구의 크기를 통일한 『흠휼전칙欽恤典則』(1778)을 간행하여 반포했는데, 이 책에서 곤장에 관한 상세한 규정을 확인할 수 있다.

다섯 가지 곤장 가운데 길이는 중곤重棍이 가장 긴 약 181센티미터이며 가장 짧은 것이 소곤으로 153센티미터쯤 됐다. 반면, 타격부의 너비와 두께는 치도곤이 각각 16센티미터, 3센티미터 내외로 제일 두껍고 크다.

이들 곤장은 사용할 수 있는 자들이 정해져 있어서 아무나 임의대로 때릴 수는 없었다. 조금 복잡하기는 하지만 곤장을 누가 사용할 수 있었는지 알아보자.

먼저 중곤重棍은 중앙의 병조판서, 군문대장軍門大將을 비롯하여 지방의 최고위직 관리들인 유수, 감사, 통제사, 병사, 수사가 죽을죄를 저지른 중대 범죄자를 다스릴 때에만 쓸 수 있었다. 다음으로 대곤은 군문軍門의 도제조, 병조판서, 군문대장, 중군, 금군별장, 포도청, 군문의 중군, 유수, 감사, 통제사, 병사, 수사, 토포사, 군사 업무로 지방에 파견된 2품 이상의 고위 관리 등이 사용할 수 있었다.

소곤 소곤의 등에 새겨진 규격을 보면 『흠휼전칙』에 제시한 것보다 작다. 오스트리아 빈 민속박물관 소장.

또한 중곤中棍은 내병조, 도총부, 군문의 종사관, 군문의 별장別將, 천총千摠, 금군장, 좌우순청, 영장, 겸영장, 우후, 중군, 변방의 수령, 변장邊將, 사산참군, 3품 이하의 군무사성軍務使星이, 소곤은 군문의 파총, 초관, 첨사, 별장, 만호, 권관이 사용했다.

마지막으로 치도곤은 포도청, 유수, 감사, 통제사, 병사, 수사, 토포사, 겸토포사, 변방의 수령, 변장邊將 등이 도적을 다스리거나 변정邊政, 송정松政에 관계된 일에서만 쓸 수 있었다.

『흠휼전칙』의 규정을 통해서 우리가 확인할 수 있는 분명한 사실은 곤장은 군법을 집행하거나 도적을 다스릴 때 사용했다는 점이다. 따라서 변방의 수령 등 주요 군사권을 가진 일부 수령들을 제외하곤 고을 수령은 곤장을 사용할 권한이 없었다.

TV 역사드라마에서 고을 사또가 곤장으로 백성들을 다스리는 장면이 자주 등장하는데 실제로는 법적으로 허용된 행위가 아니었다.

그래도 곤장을 치겠다!

『흠휼전칙』에서 정한 곤장에 관한 규정은 정조대에 만들어진 법전인 『대전통편大典通編』에까지 실려 있으며, 이후에도 계속해서 군법 관련 죄인을 다스리는 등 제한적인 경우에만 곤장 사용이 허락됐다. 그뿐만 아니라 군영에서 사용한다 하더라도 처벌 대수를 규정해 제한을 두었는데 이는 19세기에 나온 군영 자료를 통해 확인할 수 있다.

예컨대 19세기에 만들어진 당시 대표적 중앙군인 훈련도감에 관한 사례를 모은 책 『훈국총요訓局總要』를 보면 별장, 천총 등 장교들이 소속 군인에게는 15대, 소속이 다르면 곤장을 7대 이상 치지 못하도록 엄격히 못 박고 있다. 『흠휼전칙』 규정에 의거하여 이들 별장, 천총이 사용할 수 있는 곤장은 '중곤'으로 제한됐음은 물론이다.

그런데 아무리 규정을 잘 만들어놓았어도 제대로 지키지 않으면 무슨 소용인가. 요즘도 '공직 기강 확립' 구호가 잠시 뜸해질 때면 어김없이 불법·탈법적 행위가 기승을 부리게 마련인데, 하물며 지방사회의 동향을 지금처럼 통제하기 어려웠던 전통시대에는 오죽 했을까.

조선 후기의 기록을 보면 정조의 곤장에 대한 강한 규제가 정조 사망 이후 느슨해지자, 정부의 감시가 잘 미치지 못하는 지방 고을 수령들이 규정과 상관없이 불법적으로 형장을 남용하여 예사로 곤장을 사용하는 경우가 허다했다. 다산 정약용은 그의 저서 『목민심서牧民心書』에서 이를 신랄하게 비판하고 있다.

그는 "군무軍務와 관계된 것 외에는 곤장을 사용할 수 없다"는 법전의 규정에도 불구하고 관리들이 법을 집행할 때 통쾌한 맛을 느끼고자 태와 장보다는 위력적인 곤장을 즐겨 사용한다고 고발하고 있다.

대곤　원래 조선총독부박물관의 수집품이었다. 길이는 약 186센티미터로『흠휼전칙』의 규정보다 10센티미터 정도 길다. 국립중앙박물관 소장.

특히 내지內地의 수령은 비록 목사牧使, 부사府使라 할지라도 곤장을 사용할 수 없음에도 불구하고 곤장을 종종 사용한다는 것이다.

도대체 얼마나 두들겨 패야 통쾌한 것일까. 정조 말기 창원부사 이여절은 부임 이후 여러 가지 구실을 붙여 무려 경내 30여 명의 백성들을 곤장 등으로 마구 매질해서 죽였다. 이 사건은 1794년(정조 18) 지평 남이익의 상소로 처음 조정에 알려져 이듬해 사건이 심상치 않음을 알게 된 정조가 진상을 철저히 조사하도록 암행어사까지 파견했다.

진상 조사를 위해 파견된 영남 암행어사 유경은 1795년(정조 19) 6월 4일 조사 결과를 임금에게 복명復命하고 보고서인 서계書啓를 올렸는데, 이여절이 곤장 등으로 수년 동안 죽인 자가 무려 31명이나 된다는 사실이 밝혀졌다. 암행어사 유경에 따르면 이여절의 행동은 매우 거칠고 성격이 잔인하여 그의 형벌에 의해 아버지와 두 아들 등 모두 세 명의 부자가 한꺼번에 목숨을 잃기도 했다고 한다.

이여절뿐만 아니라 조선시대에 형장을 불법적으로 남용하다가 암행어사나 관찰사 등에게 적발되어 징계를 받은 지방관은『조선왕조실록』에 종종 등장하고 있다. 그중에서도 수십 명의 백성을 무자비하게 매질하여 죽인 이여절의 폭정은 단연 최악의 사례 가운데 하나일 것이다.

제 3 장

무릎을 짓밟는 고문, 압슬
─조선의 고문 ❶

남영동 대공분실

제5공화국의 서슬 퍼런 독재정권 시절에 악명을 떨쳤던 남영동 대공분실. 경찰청 보안3과가 있었던 이 7층짜리 건물에는 한국 현대사의 어두운 과거를 뒤로한 채 현재는 경찰청 인권보호센터 내 박종철기념관이 자리하고 있다.

1970~80년대 민주화운동을 하던 활동가들에게 두려움의 대상이었던 남영동 대공분실에서는 많은 조직 사건, 간첩단 사건이 조작됐으며 수많은 민주인사들이 고문으로 쓰러져갔다. 1987년 6월 민주항쟁의 기폭제가 된 서울대학교 학생 박종철의 고문치사 사건도 이 건물 509호 조사실에서 벌어진 비극이었다.

이곳 대공분실을 거쳐간 대학생과 활동가 중에는 1983년에 결성된 민주화운동청년연합 의장을 역임했고 얼마 전 작고한 김근태 선생도 있었다. 그는 1985년 깃발 사건으로 체포되어 남영동 대공분실에서 모진 고문을 당한 뒤 생전에 거동이 불편할 정도로 심한 고문 후유증을 앓았다.

고문이 인간에게 참을 수 없는 고통을 줄 뿐만 아니라, 얼마나 철저하게 인간성을 유린하는지는 당시 김근태의 법정 진술을 통해 부분적으로 엿볼 수 있다. 그의 진술에 따르면 그는 이곳 대공분실에서 몇 시간에 걸친 전기고문과 물고문, 집단 구타를 수차례 당했다고 한다. 고문기술자로 한동안 세간에 오르내렸던 이아무개 경감도 그를 고문한 경찰관 가운데 한 명이었다.

그에게 가해진 고문은 전기고문 위주였고, 물고문은 전기고문으로 발생하는 쇼크를 완화하기 위해 행해졌다. 고문을 하는 동안에는 비명 소리가 바깥으로 새나가지 않도록 라디오를 크게 틀었다.

고문을 할 때에는 눈을 가리고 온몸을 발가벗긴 다음 고문대에 눕혀서 몸의 다섯 군데를 묶었다. 발목과 무릎, 허벅지, 배와 가슴을 철저히 동여매고 그 밑에 담요를 까는데, 머리와 가슴, 사타구니에는 전기가 잘 통하도록 물을 뿌리고 발에는 전원을 연결시켰다. 전기고문은 처음에는 약하고 짧게 하다가 나중에는 강하고 길게 강약을 반복했는데, 죽음의 그림자가 코앞에 다가오는 것을 느낄 정도였다고 한다.

알몸 상태에서 능욕당하는 수치. 계속되는 고문으로 만신창이가 된 몸. 그는 마침내 바닥을 기며 살려달라고 애원해야 했으며 그들이 요구하는 대로 조서 내용을 쓸 수밖에 없었다. 죽음의 문턱을 넘나드는 고통 속에서 몸부림치는 와중에 라디오에서 흘러나오는 아나운서의 너무나도 한가로운 목소리를 그는 결코 잊을 수 없었다고 뒷날 술회했다. 권력에 의해 무자비한 폭력이 자행되던 이것이 바로 불과 20여 년 전 한국 현대사의 일그러진 자화상이다.

조선시대의 일반적인 고문

오늘날 현실에서 고문이라는 야만적 폭력이 완전히 사라졌다고 장담하기는 어렵지만, 아무튼 현재 우리나라에서 고문 행위는 불법이다. 하지만 조선시대에는 사정이 조금 달랐다. 형을 확정하기 위해서는 피의자의 자백이 필요했으며 지금과는 달리 합법적으로 고문을 할 수 있었다.

고문은 일제시대부터 쓰인 말로 조선시대에는 고문을 '고신拷訊'이라 불렀다. 조선시대에는 고문 절차와 방식에 대한 일정한 원칙을 법으로 정해두었는데, 가장 기본이 되는 고문은 신장訊杖이라는 매로 피의자를 가격하는 것이었다.

중대한 범죄를 저지른 정황이 분명한데도 사실대로 실토하지 않는 자에게는 으레 고문이 가해졌고 이때 흔히 길이가 약 1미터 정도 되는 신장을 이용했다. 신장은 태와 장과 그 길이가 비슷하나 모양이 조금 달라 손잡이는 지름이 2.2센티미터 정도로 둥글고, 치는 부분은 너비가 2.5센티미터, 두께 6밀리미터 정도로 넓적한 모양이다.

곤장의 종류가 여러 가지였듯이 신장 역시 다양했다. 강상綱常 범죄를 저지른 죄인이나 대역죄인의 경우에는 두께와 너비가 일반 신장보다 두꺼운 삼성신장三省訊杖, 추국신장推鞫訊杖을 사용했다. 따라서 신장은 모두 세 가지였던 셈이다.

그렇다면 타격 부위는 어디였을까. 조선에서는 고문할 때 신장으로 다리를 치게 되어 있었다. 구체적인 타격 부위는 『조선왕조실록』 1439년(세종 21) 10월 17일자 기사를 통해 확인할 수 있다. 그해 조정에서는 피의자를 함부로 고문하지 못하도록 일종의 표준적인 고문 집행

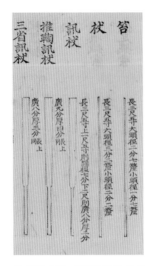

태·장과 신장 『흠휼전칙』을 통해 태, 장, 신장의 생김새를 파악할 수 있다. 태와 장은 조선에서 태형과 장형을 집행할 때 사용한 형장이며 신장은 고문할 때 쓰는 매다. 신장은 그 종류가 세 가지로 조정에서 추국할 때 쓰는 신장이 일반 신장보다 더 굵고 두꺼웠다. 맨 오른쪽부터 태, 장, 신장, 추국신장, 삼성신장이다. 국립중앙도서관 소장.

그림을 반포했다. 여기에 따르면 죄인을 모로 눕히고 무릎 아래 부위, 정확하게는 정강이 부위를 제외한 다리 옆이나 뒤쪽 장딴지 부위를 치도록 규정했다. 이때 마련된 규정은 『경국대전』에도 그대로 실려 있으며, 신장으로 "무릎 아래를 때리되 정강이에까지는 이르지 않도록 打膝下不至膝肕"했다.

그러나 뒤에 가서는 장딴지가 아닌 정강이를 치기도 했다. 효종 때 제주도에 표류했던 하멜이 당시 피의자를 작은 의자에 앉혀 발등 위와 무릎 사이를 각각 줄로 묶은 뒤 그 사이를 때렸다고 전하는 것을 볼 때, 피의자를 동틀이라는 형틀 의자에 앉혀놓고 두 다리를 의자에 고정시켜 정강이 부위를 치는 것이 일반적이었던 것으로 보인다. 한참 후대의 기록이지만 다산 정약용도 신장으로 무릎뼈를 친다고 표현하고 있다.

한편, 『대명률』에 보면 고문할 때 쓰는 신장은 위아래 모두 둥근 모양으로 태와 장보다 약간 굵은 정도의 회초리 모양이며, 타격 부위도 볼기와 넓적다리를 번갈아 치도록 했다. 이와 비교한다면 전체적으로 신장으로 고문하는 강도는 조선이 중국보다 강했다고 볼 수 있다.

그런데 아무나 신장을 칠 수 있었던 것은 아니다. 중국의 경우 작은 고을 수령에 해당하는 지현知縣이 장 100대의 형벌을 가할 수 있었

한말의 고문 한말에 고문하는 것을 찍은 사진으로 두 다리를 의자에 고정시켜 정강이 부위를 치고 있다.

던 반면, 조선의 수령이 상부의 허락 없이 집행할 수 있는 형벌은 중국의 절반에 해당하는 태 50대에 불과했다. 그래서 지방 고을 수령들이 피의자를 신장으로 고문할 때에는 반드시 관찰사의 허락을 받아야 했다. 또한 신장은 한 번에 30대 이상을 치지 못했으며, 한 차례 신장을 친 뒤에는 사흘이 지나야만 다시 칠 수 있었다.

이와 같은 제한 규정이 없다면 고문 중에 죽어가는 사람이 한둘이 아니었을 것이다. 신장은 기본적으로 자백을 받아내는 것이 목적이었기 때문에 죄인이 물고物故되는 것은 결코 바람직한 일이 아니었다.

"매 앞에 장사 없다"는 말처럼 제아무리 맷집이 단단한 자라 하더라도 매 앞에서 견뎌낼 재간은 없었다. 대개는 몇 차례의 매질만으로도 항복 선언을 할 수밖에 없었는데, 개중에는 아무리 신장을 가해도 끄덕하지 않는 자들도 있었다. 그렇다면 취조는 이것으로 끝이었을까. 결코 그렇지 않다. 신장으로 자백을 받지 못할 경우를 대비해서 다른 고문 방식들이 동원됐다.

무릎을 꿇게 하여 그 위에 널을 올려놓고 무릎을 짓밟는 압슬형壓膝刑, 숯불에 달군 쇠로 발바닥을 지지는 낙형烙刑, 양쪽 엄지발가락을 한데 묶어 모아놓고 발바닥을 치는 난장형亂杖刑, 붉은 몽둥이로 몸을 찌르는 주장당문朱杖撞問, 다리 사이에 끼운 두 개의 몽둥이를 엇갈리게 벌려서 고통을 주는 주리周牢 등과 같은 방법이 그것이다. 한마디로 산 너머 산이었다.

일본 에도시대의 고문, 이시다키

조선시대에 행한 고문 방식 중 하나인 압슬에 대해 알아보자. '압슬'은 글자 그대로 피의자의 무릎을 밟아서 고통을 주는 고문으로 15세기부터 신장으로 자백을 받아내지 못할 경우에 특별히 사용됐다. 그런데 조선의 압슬과 유사한 고문이 일본에도 있었는데 에도江戶시대에 시행된 이시다키石抱가 그것이다.

최근 임명수가 쓴『에도시대의 고문형벌』을 보면 일본 에도시대에는 무치우치笞打, 이시다키, 에비제메海老責, 쓰리제메釣責라는 대략 네 가지 유형의 고문이 있었다고 한다.

무치우치는 피의자의 상반신을 벗기고 양 손목을 등 뒤로 묶은 뒤에 채찍으로 어깨 부위를 세게 때리는 채찍질 고문이었다. 무치우치를 당하고도 자백하지 않은 자에게 이시다키가 행해졌는데 일종의 '돌 안기 고문'이다. 이 밖에 에비제메와 쓰리제메는 피의자의 고문받는 자세를 본떠 '새우 고문', '매달기 고문'이라 했다. 먼저 에비제메는 양팔을 뒤로한 채 어깨와 다리를 바짝 밀착시켜 꽁꽁 묶은 뒤 온몸을 새우

이시다키(맨 위) 꿇은 무릎 위에 돌을 쌓아 올려 고통을 주는 방식으로 돌 안기 고문, 혹은 주판 고
문이라고 한다. 『에도의 형벌고문대전』 수록.
무치우치(가운데 왼쪽) 양 어깨를 채찍으로 세게 때리는 채찍질 고문으로 남녀와 신분 고하에 관계
없이 행해졌다. 『사법제도 연혁도보』 수록.
에비제메(가운데 오른쪽) 양팔을 뒤로 꺾고 양 무릎은 벌리게 하여 양팔과 발목을 각각 묶은 뒤 몸
이 구부러지게 다시 묶는 방식으로 새우 고문이라고 한다. 『사법제도 연혁도보』 수록.
쓰리제메(맨 아래) 양손을 뒤로 꺾은 뒤 포승으로 묶어 기둥에 매다는 방식으로 매달기 고문이라고
한다. 『사법제도 연혁도보』 수록.

모양으로 만들어 고통을 주는 방식이다. 쓰리제메는 양팔을 뒤로 비틀어 올려 손과 손목을 종이와 짚으로 감아 밧줄로 묶은 뒤 남은 밧줄로 가슴을 감아 고정시켜 매다는 것으로, 매달린 무게로 인해 2시간 이상 견디기 힘들었다고 한다.

이시다키 고문 방식을 좀 더 살펴보자. 이시다키를 할 때에는 먼저 기둥에 피의자의 몸과 양팔을 뒤로 묶은 뒤 삼각으로 날카롭게 홈이 파인 삼각판 위에 무릎을 꿇게 한다. 이렇게 하면 뾰족한 것이 정강이에 닿아서 앉아 있는 것만으로도 심한 고통을 느끼게 되는데, 본격적인 고문은 그 상태로 무릎 위에 무거운 돌을 올려놓으면서 시작된다.

당시 고문에 사용했던 돌은 청백색의 결이 고운 수성암이었다. 돌은 대략 길이 1미터, 폭 33센티미터, 두께 10센티미터로 자른 것인데, 무게가 한 장에 48킬로그램이 넘었다. 돌을 한장 한장 무릎 위에 올리면 그 무게 때문에 삼각판 위의 정강이를 누르게 되고, 죄인은 서서히 뼈가 부러지는 듯한 고통을 경험하게 된다.

이시다키는 보통 다섯 장부터 시작했으며 돌을 무릎 위에 올려놓으면 대부분의 경우 기절하거나 바로 자백했다고 한다. 물론 때로는 심지어 돌 10장을 올려놓아도 꿈쩍하지 않는 자들도 있었는데 이들은 견디다 못해 온몸이 파랗게 변하고 피를 토하기도 했으며, 심한 경우에 죽는 자들도 있었다. 사정이 이러했으니 고문을 당할 바에 차라리 죽여달라고 호소하는 편이 낫지 않았을까.

무릎을 짓밟는 고문, 압슬

앞서 보았듯이 이시다키는 무릎에 심한 고통을 주는 고문으로 조선에서 시행한 압슬도 이와 비슷했다. 다만 이시다키가 무릎에 돌을 올려놓는 것과 달리 압슬은 무릎 위로 사람이 올라가 직접 밟았다.

압슬 방법은 이렇다. 먼저 자갈을 널 위에 깔고 피의자의 무릎을 꿇게 한 뒤 다시 자갈을 부어 무릎 주위를 채워 넣는다. 그 위에 사람이 올라설 수 있도록 새로운 널을 다시 놓고 형리 등 고문집행관들이 그 위에서 자근자근 짓밟아 고통을 주는 것이다. 울퉁불퉁한 돌 위에 놓인 무릎을 사정없이 밟아대니 당하는 사람의 고통이 이만저만한 것이 아니었으며, 피가 솟아 땅으로 흐르기 예사였다. 살점이 떨어져나가는 참혹한 장면이 아니기 때문에 이 정도로 그리 고통스러웠을까 생각할 수도 있지만, 고문을 당하는 당사자는 금방이라도 숨이 멈출 듯 괴로웠다고 한다.

압슬을 시행할 때 자갈 대신에 사금파리를 깨뜨려 깔기도 했는데, 이 때문에 성호 이익은 『성호사설星湖僿說』에서 압슬을 '압사壓沙'라고 했다. 그런데 압슬이 조선시대에 처음으로 등장한 고문은 아닌 듯하다. 고려 충렬왕 때에 심양이라는 자를 문초하면서 나무토막을 다리 위에 놓고 노끈으로 묶은 다음 기왓장을 다리 사이에 끼워 사람을 시켜 번갈아 그 위를 밟게 했다는 기록이 남아 있기 때문이다.

아무튼 『조선왕조실록』을 보면 태종 때에 이미 압슬형을 시행한 기록이 등장하는데 압슬은 조선왕조 초기부터 조정에서 죄인을 신문訊問할 때 사용했다. 압슬을 시행하면서 관련 규정이 마련되기도 했다. 『조선왕조실록』 1415(태종 17) 5월 11일자 기사에 따르면 압슬을 가

죄인을 무릎 꿇리다 김윤보의 『형정도첩』에 수록된 것으로 사각형의 말斗과 기왓장에 무릎을 꿇리고 고문하는 장면이다.

할 때 널에 올라가 밟는 사람을 처음에는 두 명으로 제한했고, 그래도 자복하지 않으면 네 명, 세 번째에서는 여섯 명까지 올라가서 밟도록 했다. 그리고 역모나 패륜, 강도, 살인과 같은 중죄인 외에는 압슬을 함부로 시행하지 못하도록 했다. 무릎을 망가뜨리는 등 후유증이 제법 컸기 때문이다.

실제로 압슬의 고통을 이기지 못하고 거짓 자백을 하는 일도 생겼다. 1436년(세종 18)에 별시위別侍衛 이석철의 조카 유중인이란 자가 이석철의 부인 유씨와 간통했다는 죄목으로 붙잡혀와 고문을 당한 일이 있었다. 유중인과 유씨는 조카와 숙모 사이로 간통이 사실이라면 당시로써는 용납받기 어려운 패륜 범죄에 해당됐다.

바로 체포된 유중인에게 신장이 네 차례나 가해졌고 그 중간에 압슬도 세 차례 시행됐다. 견디다 못한 그가 간통 사실을 실토함으로써

압슬과 유사한 고문 무릎을 꿇게
하여 그 위에 널을 올려놓고 무릎
을 짓밟는 압슬과 유사한 형태의
고문으로 한말의 화가 김준근이 그
렸다. 그림 위에 '죄인 널뛰는 형벌'
이라고 적혀 있다. 프랑스 국립기메
동양박물관 소장.

죗값으로 목을 내놓게 될 상황이 됐다. 그러나 이것은 거짓 자백이었
다. 그는 고문을 이기지 못하고 자백하기는 했지만 진실을 밝히기 위
해 옥중에서 몰래 자신의 종에게 편지를 보내 신문고를 쳐서 임금에게
억울함을 호소했다. 결국 다시 조사가 이루어졌으며 그의 간통은 사
실이 아닌 것으로 밝혀졌다. 이 같은 무자비한 고문에 과연 누가 견뎌
낼 수 있었겠는가.

한편 조선시대에는 원칙적으로 어린아이와 노인은 고문을 할 수 없
었으나 간혹 어린아이에게도 압슬을 가해 문제가 되기도 했다. 1589
년(선조 22) 선조대 최대의 정치 사건인 기축옥사己丑獄事, 즉 정여립 모
반 사건이 발생했다. 이는 역모 사건이라는 선을 넘어 동인東人 정파
정치인에 대한 정치탄압으로 비화됐고 수많은 호남 지역 유신들이 무
고誣告, 조작, 연좌로 죽임을 당했다.

청말 상하이 법정에서 시행된 고문 외국 호텔 절도 사건이 연속해서 발생하자 용의자 다섯 명을 체포하여 신문하는 장면이다. 용의자 중 한 명이 독특한 고문기구 위에 무릎을 꿇고 있으며, 양옆에서 손과 발로 고문을 하고 있다. 무릎에 고통을 가한다는 점에서 압슬과 일부 유사하다. 청나라 말기인 1884년부터 15년간 총 528호가 발행된 중국 최초의 근대 그림 신문인 『점석재화보』에 수록되어 있다.

이때 남명 조식의 문인이며 동인의 강경파였던 이발李潑 일가는 대부분 고문을 받다가 죽었는데, 이발의 여든두 살 모친 윤씨와 열 살짜리 아들 이명철도 예외가 아니었다. 이들은 옥사에 갇혀 2년을 끌다가 결국 윤씨는 매를 맞아 세상을 떠났고, 어린 이명철도 압슬에 승복하지 않고 견디다가 죽고 말았다.

정파 간에 두고두고 갈등과 후유증을 남긴 기축옥사는 불행하게도 선조의 뒤를 이은 광해군의 역모 사건 처리의 선례가 됐다. 취약한 명분을 가지고 왕위에 오른 광해군은 오늘날로 비유하자면 일종의 공안 통치를 행했는데, 압슬, 낙형 등 가혹한 고문이 자주 동원됐으며 평범한 범죄가 대규모 역모 사건으로 확대·비화되곤 했다.

이후에도 간간이 압슬형이 등장했는데 공식적으로 집행된 마지막 사례는 영조가 즉위한 다음해인 1725년(영조 1) 1월에 있었다. 영조가 선왕인 경종의 능에 행차하던 중 군사軍士 이천해가 영조의 어가 앞에 뛰어들어 큰 소리로 경종 독살설을 제기했다. 그의 흉언을 듣고 화가 머리끝까지 치민 영조는 무려 24차례에 걸쳐 이천해에게 압슬을 가하고 그날로 그를 처형했다.

이후 영조는 뒤늦게 이천해에 가한 고문이 너무 가혹했음을 후회하고 신하들에게 더 이상 압슬을 시행하지 말 것을 명령했다. 조선시대 조정에서 간혹 볼 수 있었던 혹독한 고문의 하나인 압슬이 역사의 무대에서 사라지는 순간이었다.

제4장

도적에게 가한 모진 고문, 주리 틀기
─조선의 고문 ❷

주리 틀기의 기원, 찰지와 협곤

요즘 TV 드라마 가운데 역사적 사건을 배경으로 하는 사극이 인기다. 사극이 사랑을 받는 이유 가운데 하나는 시청자들에게 지난 왕조시대의 생활상을 엿볼 수 있는 기회를 주기 때문이 아닌가 싶다. 과거로의 여행! 이는 오늘날 우리들에게 삶의 교훈과 여유를 제공해주는 것이 분명하다.

그런데 역사드라마를 보다보면 고증이 잘못된 것들이 적지 않다. 죄인을 고문하거나 형벌을 가하는 장면 중에서도 볼 수 있다. 요즘 제작되는 사극은 많이 개선됐다고들 하지만 여전히 그 시대에 전혀 존재하지 않았던 고문 방식이 종종 등장하곤 한다.

조선 후기에나 행해졌던 주리 틀기가 고려시대를 배경으로 하는 사극, 심지어는 그 이전인 삼국시대를 소재로 한 드라마에서도 등장하

찰지 고문(위 왼쪽) 가운데 무릎을 꿇고 있는 자의 양손에 찰자를 끼워 고문하는 모습이다. 『옥결기玉玦記』 수록.
법정의 광경(위 오른쪽) 그림 아래에 여자 죄수가 손에 수갑을 찬 채 끌려 나가고 있는데, 자세히 보면 그림 중간에 손가락에 끼우는 고문 도구인 찰자 등이 떨어져 있다. 『이각박안경기二刻拍案驚奇』 수록.
협곤 고문(아래) 아래 부분에 누워 있는 자의 두 다리에 각 곤을 끼워 협곤을 가하는 모습이다. 『율조공안律條公案』 수록.

는 것을 볼 수 있는데, 이는 모두 잘못된 사례다. 여기서는 조선 후기에 도적을 다스릴 때 가한 모진 고문 가운데 하나인 '주리 틀기'에 대해서 알아보기로 한다.

한자로는 '주리周牢'라고 쓰는 주리는 죄인의 양 발목과 무릎을 꽁꽁 묶은 뒤 두 개의 몽둥이를 정강이 사이에 끼워 양끝을 가위 벌리듯이 엇갈리게 틀어서 죄인에게 심한 고통을 주는 고문이다. 그런데 주리 틀기가 조선 후기, 대략 17세기경에 출현한 것임을 아는 사람은 그다지 많지 않다.

주리 틀기는 어떻게 생겨난 것일까. 주리의 직접적인 기원은 중국에서 사용한 고문인 협곤夾棍에서 유래하며 다산 정약용은 『흠흠신서』에서 조선의 주리를 협곤과 동일한 고문으로 언급하고 있다.

중국 원·명·청나라 때의 희곡 소설에는 고문 도구 가운데 찰자拶子

棍脚

子機

각곤과 찰자 1607년 중국 명나라 왕기가 편찬한 백과사전인 『삼재도회三才圖會』에 수록된 삽화로 각곤(왼쪽)은 발목, 찰자(오른쪽)는 손가락에 끼워 고문했다.

(손가락죔쇠)와 각곤脚棍(발목죔쇠)이 등장하고 있는데, 당시에는 이와 같은 도구를 이용한 고문이 자주 있었던 것으로 전한다. 먼저 찰자는 양쪽 끝을 새끼줄로 묶은 다섯 개의 가는 나무 막대를 말하는데, 각각의 사이에 손가락을 끼워 넣은 뒤 두 명의 관리가 새끼줄의 끝을 잡아당겨 손가락을 조이는 찰지拶指라는 고문에 쓰였다. 찰지로 인해 심한 경우 손가락뼈가 부러지기도 했다고 한다.

찰지가 주로 여자를 대상으로 한 고문인 반면, 남자들에게는 각곤을 이용한 고문인 협곤이 가해졌다. 협곤은 각곤이라 불리는 길이가 같은 3개의 나무 막대기를 짜 맞추어 만들어서 사용했다. 각곤에 쓰이는 나무는 길이 약 90센티미터, 너비 약 20센티미터 정도였으며 줄로 연결되어 있어서 피의자의 발목을 압박하도록 팽팽하게 조일 수 있었다. 각곤을 죄인의 다리에 끼워서 고통을 가하는 방식은 찰지와 그 원리가 같았다. 죄인의 두 다리를 줄로 엮은 막대 사이에 넣고 양쪽에서 잡아당기면 참기 힘든 고통이 가해지게 되고 심하면 고문 중에 죽는 경우도 있었다고 한다.

『조선왕조실록』 1684년(숙종 10) 기사에 도둑을 다스리는 혹독한 극형으로 주리가 시행됐다는 기록이 남아 있는 것으로 보아 조선에서 중국의 찰지, 협곤 고문을 응용한 주리 틀기가 행해진 시기는 대략 17세기경으로 보인다.

도적에게 가한 또 다른 고문, 난장

조선 후기에 등장한 주리는 생각보다 혹독한 고문 방식이었기 때문에 당시 일반적인 사건에 대해서는 사용하지 않는 것이 원칙이었다. 즉 도둑의 체포 및 수사를 맡은 한양의 포도청이나 지방의 진영에서 도적을 취조할 때에만 사용할 수 있었다. 그리고 주리를 트는 방식도 여러 가지였다.

그런데 도적을 취조할 때 쓰는 가혹한 고문으로 주리 외에 난장亂杖이 있었다. 난장은 두 가지 의미로 쓰였다. 첫째, 고문할 때 여러 명이 달려들어 몽둥이로 피의자의 몸을 아무 곳이나 때리는 것이다. 이러한 형태의 난장은 그 연원이 매우 앞선 시대에까지 거슬러 올라가는데, 『고려사』 「형법지刑法志」의 고려 1131년(인종 9) 기사에 죄인을 신문하면서 여러 명이 난타하여 그 고통으로 거짓 자백을 하거나 사망하는 경우가 있다는 내용이 실려 있다. 한말 화가 김윤보가 그린 의금부에서 난장을 가하는 장면도 바로 이런 형태의 고문을 말한다.

또 다른 의미의 난장은 조선시대에 도적을 다스릴 때 쓰인 것으로 앞의 방식과 달리 대개 발바닥을 치는 고문을 말한다. 도적의 양쪽 엄지발가락을 한데 묶은 다음 발을 위로 매달아놓고 발바닥을 때리는 방식이다.

이런 형태의 난장 집행은 1653년(효종 4) 제주도에서 네덜란드인 하멜이 목격했다. 그해 8월 21일 하멜 일행이 타고 온 난파선에서 모피, 철제류 등의 물품을 훔치다 적발된 자들이 대정현감 등 제주 관리들에 의해 난장을 당했다. 도적들은 어린아이 팔뚝만한 막대기로 각각 30대에서 40대씩 발바닥을 맞았는데, 그중 몇몇은 발가락이 떨어져

의금부 난장 김윤보의 『형정도첩』에 실린 것으로 의금부에서 죄인을 난타하며 난장을 집행하고 있다. 그러나 도적에게 가한 난장은 그림과 달리 발바닥을 때리는 것이 일반적이었다.

나갔다고 한다.

또한 성호 이익의 『성호사설』 권13 「인사문人事門」에서도 난장 치는 법을 도적의 발바닥을 때리는 것으로 묘사하고 있어 조선 후기 도적들에게는 대개 이런 식으로 집행한 듯하다.

그런데 발바닥을 치다보면 매를 잘못 맞아 발가락이 떨어져 나가는 경우가 왕왕 있었던 모양이다. 정약용의 『목민심서』를 비롯한 문헌에서 난장을 '발가락을 뽑는 형벌'이라고 말한 것은 난장 중에 이 같은 일이 많았음을 말해준다. 아무튼 조선 후기에는 도적을 다스릴 때 주리 틀기와 함께 난장이 고문의 단골 메뉴로 등장했다.

가새주리, 줄주리, 팔주리

주리를 트는 방법에 대해서 알아보자. 후대의 기록이긴 하지만 프랑스 신부 샤를 달레가 1874년에 쓴 『조선천주교회사』를 보면 조선에서 시행된 세 가지 방법의 주리 틀기가 소개되어 있다.

주리에는 먼저 가새주리가 있었다. 가새를 한자로 하면 '전도剪刀'이므로 가새주리는 '전도주뢰剪刀周牢'를 말한다. 우리가 흔히 알고 있는 방법이 바로 이 가새주리다. 가새주리는 두 무릎과 두 엄지발가락을 꽉 잡아매고, 그 사이에 두 개의 몽둥이를 끼워서 뼈가 활등처럼 휠 때까지 서로 반대 방향으로 당기는 것이다.

가새주리 외에도 줄주리와 팔주리가 있었다. 줄주리는 두 발을 묶어 다리 사이에 몽둥이를 끼워 넣는 것이 가새주리와 동일하나, 양쪽 무릎에 맨 줄을 두 사람이 반대 방향으로 당겨서 두 무릎이 맞닿게 하여 고통을 준다. 팔주리는 양팔을 등 뒤에서 서로 엇갈리게 해 팔꿈치 위까지 잡아맨 뒤 두 개의 몽둥이를 지레처럼 사용하여 두 어깨에 접근시킨 다음에 죄인의 팔을 풀고 발로 가슴팍을 짓누르며 양팔을 끌어당겨 뼈가 제자리에 돌아오도록 하는 것이다. 이는 직접 보지 않고 글로만 설명을 들어서는 정확한 방법을 알기 힘들 것이다.

주리를 틀다보면 뼈가 부러지는 경우도 있었기 때문에 이에는 기술이 필요했다. 달레에 따르면 경험 많은 집행자들은 죄인의 뼈가 휠 정도에서 주리 틀기를 그치지만, 경험이 없는 풋내기가 팔주리를 틀 경우에는 죄인의 뼈가 대번에 부러지고 피와 함께 골수가 튀어나오기 예사였다고 한다.

한편, 중국의 협곤, 조선의 주리와 유사한 고문이 같은 시기 일본에

일본 오사카의 **치쿠린지**竹林寺 영조 때 통신사를 수행하던 중 일본인의 칼에 살해된 최천종의 위패
가 모셔져 있다.

서도 있었던 듯하다. 1764년(영조 40) 일본에 통신사로 파견되어 이듬
해 돌아온 조엄이 여행 과정을 일기 형식으로 남긴 『해사일기海槎日記』
에서 이를 볼 수 있다.

당시 파견된 통신사 일행 가운데 조엄을 모시던 도훈도都訓導 최천
종이 돌아오는 길에 오사카大阪에서 일본인의 칼에 살해당하는 흔치
않은 사건이 발생했다. 일본 관리들은 최천종을 살해한 혐의자를 신
문하는 과정에서 여러 가지 고문을 했는데, 조엄이 전해들은 잔혹한
고문으로 다음과 같은 무지막지한 것들이 있었다.

찬물을 먹여 목까지 차게 한 뒤 둥근 나무로 가슴과 배를 문질러 일
곱 구멍으로 물이 나오도록 하는 고문, 칼날 같은 나무말 위에 걸터앉
히고 두 발에 돌을 달아매는 고문 등과 함께 조엄은 조선의 주리와 비

숱한 고문으로 목 뒤에 돌을 달고 두 팔을 묶어 결박한 두 무릎 사이에 나무를 끼워 누르는 고문도 언급하고 있다.

역사를 되돌아보면 동서양 전통 사회에서는 자유로운 이성의 진보 못지않게 고문 방식도 역시 발전해왔다. 이 가운데 주리와 같은 고문 방식은 같은 시기 한국, 중국, 일본 삼국에서 유사하게 발견되고 있다. 이로 보아 아마도 당시 주리 틀기는 죄인의 자백을 받아내기 쉬운, 적어도 권력자의 입장에서는 효율적인 고문 중의 하나였음이 분명하다.

노주리 화가 김준근이 그린 노주리 장면으로 프랑스 선교사 샤를 달레는 노주리를 톱질이라고 불렀다. 노주리는 말총으로 꼰 밧줄을 다리에 감아 두 사람이 밧줄의 한 끝씩을 쥐고서 줄이 살을 파고 들어가 뼈에 닿을 때까지 서로 당겼다 늦추는 고문이다. 한편 노주리는 정강이에 끼우는 막대기가 없다는 점에서 줄주리와 차이가 있다. 영국국립도서관 소장.

주리 틀기의 남용과 그 후유증

앞서 언급했듯이 주리 틀기는 조선 후기에 생겨난 고문 방식으로 한양과 지방의 도적 떼들을 체포하고 취조·고문할 때에만 시행했으며 일반 사건에서는 함부로 쓰지 못하게 했다. 그러나 이 같은 원칙이 잘 지켜지기란 어려웠다. 실제로 1711년(숙종 37) 1월 15일 강도와 설도범에게만 사용할 수 있는 주리를 추국 죄인에게 사용하여 해당 관리

가새주리 화가 김준근이 그린 가새주리 모습이다. 이는 우리가 일반적으로 알고 있는 주리 방법으로 두 다리 사이에 몽둥이를 끼워 뼈가 활등처럼 휠 때까지 서로 반대 방향으로 당기는 고문이다. 프랑스 국립기메동양박물관 소장.

가 탄핵을 받은 사례는 주리 틀기가 관청에서 남용됐을 가능성을 암시한다.

이후 1728년(영조 4)에 이인좌의 난이 일어나자 여기에 연루된 대역죄인들을 포도청으로 이송하여 가새주리를 가한 적이 있었다. 이 일이 있고 몇 년 뒤인 1732년(영조 8) 6월 20일에 판중추부사 이태좌는 당시 혹독한 주리 틀기의 고통 때문에 거짓으로 자백하는 자가 많았음을 전제하고, 주리 틀기를 영구히 없앨 것을 영조에게 건의했다. 그러나 조문명, 김재로 등의 반대로 포도청의 가새주리만 없애고 다른 주리는 유지하는 것으로 결론이 났다.

영조 때 금지령이 내려졌다고 해서 가새주리가 완전히 사라지지는 않았다. 이후에도 조정의 감시가 느슨한 틈을 타 관리들이 가새주리를 사용하여 종종 문제가 됐으며, 강도·절도 외의 다른 사건들에서 주리가 남용되기는 마찬가지였다.

이와 같은 주리 남용의 실태는 다산 정약용이 『목민심서』에서 지방 수령들이 화가 치밀면 제한된 범위에서 사용할 주리 틀기를 아전들에게까지 함부로 사용한다고 개탄하고 있는 데서 단적으로 드러난다. 정약용은 이에 덧붙여서 주리 틀기의 심각한 후유증을 언급했다.

주리 틀기 한말에 시행된 주리 틀기의 모습이다. 관청에서 행해진 것으로 보이나 지역은 알 수 없다.

백성들이 한번 주리 틀기를 당하면 다리가 망가져서 평생 조상의 제사도 지내지 못할 정도로 거동이 어렵게 된다는 것이다.

지방관의 주리 남용 사례로는 순조 때 평안감사 조득영을 들 수 있다. 그는 매번 화가 치밀면 백성들과 양반들에게까지 함부로 주리를 틀었는데, 그 같은 정황이 1808년(순조 8) 암행어사 서능보의 염탐에 의해 드러났다.

한편, 주리 틀기의 남용은 관리들만의 문제는 아니었던 듯하다. 『심리록』을 보면 조득영보다 앞서 지방 고을의 토호나 일반백성들도 간혹 주리를 틀곤 했음을 알 수 있다.

1789년(정조 13) 보고된 경상도 창녕 사건을 보면 고을 토호 성응택은 단지 솥을 훔쳐갔다는 이유로 원풍악이라는 자를 붙잡아 정강이 살이 터질 정도로 심한 주리를 가해 17일 만에 죽게 한 일이 있었다. 심지어 이보다 2년 앞선 1787년(정조 11)에 보고된 평안도 영유 고을에서 박재숙이라는 자는 간통을 범했다는 이유로 자신의 처를 묶어놓고 주리를 틀어 4일 만에 죽게 한 터무니없는 일도 발생했다.

악명을 떨치던 주리가 끈질기게 명맥을 유지하며 한말에까지 계속됐음은 이 무렵 주리 트는 장면을 찍은 사진이나, 조선을 다녀간 선교사들의 방문 기록 등에서 확인할 수 있다.

한국 현대사에 큰 족적을 남긴 백범 김구도 한말에 주리 틀기를 당했다. 백범은 을미사변乙未事變으로 죽은 명성황후의 원수를 갚고자 1896년 3월 9일 황해도 안악 치하포에서 일본군 중위 쓰치다 조스케土田讓亮를 살해한 뒤 두 달 만에 집에서 체포되어 해주감옥에 수감됐는데, 5월 11일에 이곳에서 정강이뼈가 허옇게 드러날 정도로 모진 주리 고문을 당했다고 『백범일지』에 기록하고 있다. 이때 생긴 왼쪽 정강이 마루의 큰 흉터는 평생 지워지지 않았다고 한다.

또한 일제 때 만주에서 조직된 항일 무력독립운동 단체인 의열단의 행동강령으로 1923년에 신채호가 작성한 「조선혁명선언」에도 주리가 등장하고 있다. 신채호는 일제의 압제를 지적하면서 일제가 독립운동가에게 가한 고문으로 단근질, 채찍질, 전기고문과 함께 주리 틀기가 있다고 언급하고 있다. 이처럼 조선 후기에 사용된 주리 틀기와 같은 잔혹한 고문이 일제강점기 일본인들에게까지 답습되어 독립운동가들을 괴롭혔다는 사실은 우리를 씁쓸하게 한다.

제 5 장

화형과 낙형 이야기

이단 재판 그리고 화형

　서양의 중세 마녀사냥 하면 떠오르는 것이 있으니 바로 화형이다. 그런데 전근대 서양에서 처형 방식의 하나로 화형이 있었음은 잘 알려진 사실이지만, 조선시대에 있었던 뜨겁게 달군 쇠로 발바닥을 지지는 고문인 낙형에 대해서는 생소한 듯하다. 이 글에서는 뜨거운 불을 이용한 처형과 고문인 화형, 낙형의 사례를 차례로 살펴보기로 한다.

　죄인을 산 채로 태워 죽이는 형벌인 화형은 중세의 유럽, 인도, 아시아 등 각지에서 비교적 광범위하게 행해졌다. 전통시대에 합법적으로, 혹은 불법적으로 행해지던 형벌의 대부분이 그 우열을 가릴 수 없을 만큼 무시무시했지만 필자 개인적으로는 생각하면 할수록 끔찍한 것이 화형이다.

　화형은 일찍이 로마제국에서 기독교 신자들을 박해할 때 종종 자행

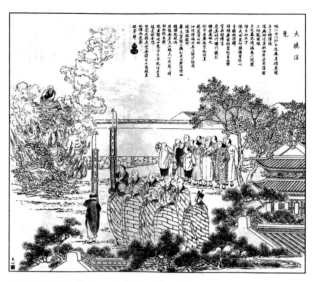

청나라 말의 화형 불가佛家의 계율을 어기고 여자와 간통한 파계승을 화형에 처하는 장면이다. 『점석재화보』 수록.

하던 형벌이었다. 고대의 함무라비 법전에 실려 있는 것과 마찬가지로 당시 로마에서는 방화범을 '이에는 이, 눈에는 눈'의 원칙에 의거하여 화형으로 처단하곤 했다. 그러다 중세 유럽에 와서는 화형의 적용 범위가 더욱 확대됐으며 영국, 프랑스, 독일 등지에서는 이단을 신문하거나 마녀 재판을 할 때에도 사용했다.

특히 17~18세기 자행됐던 마녀 재판에서는 수많은 주민이 마녀로 몰려 처형된 것으로 전해진다. 예컨대 독일에서는 1651년에 42명의 마녀가 한꺼번에 화형에 처해졌고, 1697년 오스트리아의 잘츠부르크에서는 이보다 더 많은 57명의 마녀가 사형당했다고 한다.

화형 집행 방식이야 대강은 알고 있겠지만 프랑스의 사례를 보다 실감나게 소개하면 이렇다. 화형에 처할 죄수가 있을 경우 미리 선정된 장소에 화형 집행대에 해당하는 기둥을 설치했다. 그리고 사람의 키

화형당하는 잔 다르크 백년전쟁 때 위기에 처한 프랑스를 구한 잔 다르크는 이단으로 몰려 1431년에 화형을 당했다.

높이까지 짚과 장작을 몇 겹씩 쌓아올린다. 물론 기둥 주변에는 죄인이 들어갈 수 있는 입구와 죄인을 묶기 위한 공간을 별도로 만들었다.

불에 잘 타도록 죄수에게는 죄수복 대신 유황이 칠해진 셔츠를 입혔다. 그리고 죄수를 줄과 쇠사슬로 기둥에 단단히 묶은 뒤 죄수가 들어가던 입구 통로까지도 짚과 장작으로 채워 넣었다. 이렇게 하면 사방의 장작더미가 일시에 불이 붙었다고 한다.

산 사람을 화마 속에 넣는 행위가 그 얼마나 잔인한 일인가 싶지만 당시 사람들의 관념과 상식으로는 그렇게라도 해야 할 몹쓸 사람들이 많았던 듯하다. 아무튼 이처럼 잔혹한 화형이 과거에 적지 않게 행해졌음은 세계사에 흔히 등장하는 몇몇 인사를 열거해보면 알 수 있다.

15세기 전반 영국과 프랑스 사이에 벌어졌던 백년전쟁에서 프랑스를 위기에서 구한 잔 다르크가 훗날 이단으로 지목되어 화형당했으

얀 후스 동상 얀 후스는 체코에서 가톨릭 종교개혁운동을 이끌다가 화형 당한 순교자다. 얀 후스의 동상은 체코 프라하의 시가지 광장에 세워져 있다.

며, 체코의 유명한 종교개혁자인 얀 후스도 교황 등 교회지도자들의 부패를 비난하다 교황에 의해 파문당해 1415년 화형으로 생을 마감했다.

이단자에 대한 신문과 고문으로 악명이 높았던 스페인 종교재판소에서도 화형을 집행했다고 한다. 당시 화형에 처해질 희생자들 중에는 화형 대신에 교수형에 처해지는 이들도 있었지만, 자신의 뜻을 굽히지 않는 이단자들은 산 채로 화형을 당하기 일쑤였다. 존 스웨인의 『고문실의 쾌락』에는 1796년 1월에 있었던 이단자에 대한 화형 집행을 목도한 사람의 편지가 실려 있다. 편지에는 당시 행해진 화형이 얼마나 참혹했는가를 매우 실감나게 표현하고 있다.

일본의 화형 일본
에도시대에 집행된
화형 장면이다. 『에
도의 형벌고문대전』
수록.

처형은 정말 잔인했습니다. 여자는 화염에 휩싸여 한 시간 반, 남자
는 한 시간 이상 산 채로 고통 속에 몸부림쳤습니다……. 죄인이 계속
해서 갈구하는 것은 단지 몇 더미의 장작을 더 태워달라는 것뿐인데 받
아들여지지 않았습니다. 화염은 타버린 만큼의 장작만 보충하면 똑같
은 온도를 유지하며 탔습니다. 그의 간절한 탄원에도 불구하고 고통이
줄지도 않았고 땔감이 더 많이 허락되어 죽음이 앞당겨지지도 않았습
니다.

이처럼 중세시대에 화형은 이교도들을 처형하는 신성한 형벌로 간
주됐다. 당시 사람들은 이교도들이 죽은 뒤에 지옥에 끌려가 모진 형
벌을 받게 될 것이라 믿었고, 심판자들은 죄인들이 죽기 전에 지옥을
경험하길 원했던 것이다.

한편, 서양에서만 화형이 집행됐던 것은 아니다. 에도 바쿠후幕府 시
대의 일본에서도 방화범에게 화형을 집행하곤 했다. 당시 에도(오늘날
의 도쿄)에서는 화재가 종종 발생했고 대형 화재도 여러 차례 있었다.
한번 화재가 발생하면 회복하기 힘든 심각한 인명·재산 피해가 발생하기 때문에 방화는 살인 이상의 중죄로 다스려 화형으로 처형했던 것이다.

당시의 화형 집행대는 삽화로 전해지고 있어 비교적 상세하게 확인할 수 있다. 화형에 사용하는 각목을 땅에 박아 수직으로 세운 다음, 죄수를 묶기 위해 각목 기둥에 대나무와 새끼줄을 이용하여 거꾸로 된 U자형을 만들었다. '조리돌림'을 당한 뒤 이곳에 도착한 죄인은 각목 기둥과 대나무에 목, 허리, 허벅지, 발목, 양쪽 팔이 묶이게 된다. 이때 몸을 묶는 새끼줄에는 흙을 발라서 불에 타지 않게 했고, 짚과 굵은 장작으로 집행대 전체를 두른 다음 화형을 집행했다.

이처럼 우리와 지리적으로 가까운 일본에서도 화형이 시행됐다. 그렇지만 조선의 경우 화형에 관한 규정은 물론 이와 관련된 기록도 남아 있지 않는 것으로 보아 적어도 조선시대에는 시행된 적이 없었다는 것을 알 수 있다.

발바닥을 지지는 고문, 낙형

생을 마감하도록 하는 형벌인 화형에 비할 바는 아니지만 조선의 낙형 역시 견딜 수 없는 고통을 안겨주는 모진 고문 중 하나였다. 낙형은 앞서 이야기했듯이 뜨겁게 달군 쇠로 발바닥을 지지는 고문으로 화형과 달리 조선시대에 종종 시행됐다.

낙형처럼 불을 이용한 고문과 비슷한 것이 유럽에서도 있었다. 예컨대 프랑스에서는 겨드랑이 아래에 삶은 계란을 끼워 놓는 고문, 용의자의 손가락에 양초를 매달아 태워서 양초와 피부가 동시에 타들어가

도록 하는 고문 등이 있었다
고 전한다.

흔히 낙형을 단근질이라고
하는데, 본래 단근斷筋은 도둑
의 발뒤꿈치 힘줄을 끊어서
다시는 도둑질하지 못하도록
앉은뱅이로 만드는 것을 말한
다. 발바닥을 지지는 낙형이
발뒤꿈치 힘줄을 끊는 단근

단근질 그림에서 보는 것과 같이 단근질은 발바
닥을 지지는 낙형과 달라서 발뒤꿈치 힘줄을 끊어
일어서지 못하게 하는 처벌이다. 『중국의 형벌The
Punishments of China』(1804) 수록.

질과 유사하다는 이유로 낙형을 단근질이라고 부르기도 하지만 이는
와전된 말이다.

신장의 매질로도 자백하지 않는 자들에게는 여러 가지 다른 고문
들이 관습적으로 행해졌으며 그중 조정에서 추국할 때 종종 행해졌던
고문 가운데 하나가 낙형이다.

TV 역사드라마를 보면 숯불에 달군 쇠로 죄수의 온몸을 지지는 장
면이 종종 등장하는데, 이는 원칙에서 벗어나는 것이었다. 낙형으로
고문할 경우 오직 죄수의 발바닥만을 지질 수 있도록 했다. 물론 원
칙대로만 시행된 것은 아니었다. 『조선왕조실록』1689년(숙종 15) 4월
25일자 기사에는 숙종이 자신이 단행한 인현왕후 폐위 조치를 반대하
는 상소를 올린 관리들에게 낙형을 가했다는 기록이 남아 있다.

숙종대의 관리로서 낙형을 비롯하여 모진 고문을 당한 불운한 인물
중에는 소론 학자 박태보가 있었다. 당시 일어났던 사건 관련 기록이
『연려실기술燃藜室記述』 권35의 「숙종조 고사본말肅宗朝 故事本末」에 상세
히 실려 있다.

나장 영조와 정순왕후 가례 반차도 속의 나장으로, 나장은 의금부, 병조, 형조 등
에 배속되어 죄인의 문초나 압송 등의 일을 맡았다. 이 그림은 신랑 가마 행렬의 앞
부분이다.

해당 기사를 읽어보면 박태보는 자신이 옳다고 여기는 것을 거침없
이 밀고 나가는 올곧은 품성의 대쪽 같은 인물이었던 듯하다. 사문난
적斯文亂賊으로 몰렸던 박세당의 아들이었던 그는 1675년(숙종 1)에 사
마시司馬試를 거쳐 1677년에 알성문과謁聖文科에서 장원까지 오른 인물
로 문제의 사건은 1689년(숙종 15)에 발생했다.

그해 숙종이 장희빈이 낳은 아들을 원자로 정하고 인현왕후를 폐
하는 대신 장희빈을 중전으로 삼자 기사환국己巳換局이 일어났다. 이에
박태보는 오두인 등 80여 명과 함께 상소문을 올리고 인현왕후의 폐
위를 강력히 반대했다. 당시 상소문의 소두疏頭(연명連名하여 올린 상소
문에서 맨 먼저 이름을 적은 사람)는 오두인이었지만 그 골격은 박태보가
작성했다.

이 상소에 화가 머리끝까지 치밀어오른 숙종은 4월 25일 한밤중에
상소문 주동자들을 인정문 앞으로 붙잡아오게 하여 친히 국문하기에
이르렀다. 『연려실기술』의 기록을 보면 숙종은 날이 밝아야 추국을 시

작하는 관례를 깨고 한밤중인 2경東에 급히 의금부 당상과 대신大臣, 삼사三司의 관리들을 불렀으며, 친국親鞫을 할 형틀을 준비하라고 재촉했다. 그리고 뜰에 설치할 횃불이 미처 준비되지 않자 궐문 가까이에 있는 시전 가게를 헐어서 땔감으로 쓰도록 했다.

창경궁의 금호문 밖에서 오두인을 비롯한 상소 주동자들이 대죄待罪하던 중 금오랑金吾郎과 나장羅將이 오두인을 잡아가자, 박태보는 오두인에게 상소문은 자신이 짓고 쓴 것이므로 자수하여 죽음을 받아들이겠다고 의연히 말했다. 그리고 박태보는 친국 현장에서 여러 차례의 매질에도 굴하지 않고 꼿꼿하게 숙종의 추궁에 답변했다.

사사건건 자신에게 말대답을 하는 박태보를 보다 못한 숙종은 결국 나장에게 그가 다시 입을 열면 형장으로 입을 때리라고 지시한 뒤, 무릎을 누를 압슬 형틀과 발바닥을 지질 낙형 도구를 가져와 고문하도록 했다.

신장과 압슬에도 굴하지 않던 박태보는 결국 낙형에 처해지는데, 나졸들은 임금의 명에 따라 박태보의 옷에 불을 붙이고 그를 거꾸로 기둥에 매달아 온몸을 지졌다. 이때 옆에서 지켜보던 영의정 권대운이 온몸을 지지는 것은 규정상 법외의 일이며 낙형은 발바닥을 지질 뿐이라고 만류하여 상황이 겨우 진정되긴 했지만, 이미 몇 차례의 압슬과 낙형으로 박태보의 정강이뼈는 부서지고 두 다리를 비롯해 온몸은 이미 타들어간 뒤였다. 숙종은 여러 차례의 신장과 압슬, 낙형에도 고통을 호소하는 소리를 한번도 입 밖에 내지 않은 박태보의 태도에 혀를 내둘렀다고 한다.

다음 날 다시 진행될 예정이었던 국문은 더 이상 고문할 경우 물고될 수도 있다는 권대운 등 신하들의 만류로 취소됐다. 그리고 관련 죄인들은 사형을 감하여 유배를 보내도록 결정됐는데, 오두인은 의주에, 박태보는 진도에 위리안치圍籬安置하는 것으로 했다. 그렇지만 박태보는 이날의 모진 고문으로 진도로 유배를 가는 도중 노량진에서 죽었다.

한편, 강릉에 귀양 가 있던 남구만은 박태보가 준마를 타고 와서 절을 하고 멀리 떠나는 꿈을 꾸었는데, 마침 그날은 박태보가 국문을 당하여 명을 다한 날이었다는 이야기가 전한다. 모진 고문으로 비참한 최후를 맞이한 박태보. 죽음을 두려워하지 않는 그의 기개만큼은 기억할 만하지 않을까.

낙형, 드디어 사라지다

발바닥을 지지는 고문인 낙형은 조선시대 초기부터 등장하는 것으로 확인된다.『조선왕조실록』성종대 기사에 난신적자亂臣賊子와 같은 대역죄인을 신문할 때 낙형을 썼던 관례가 있다는 언급에서 보듯이 이미 15세기에 취조 수단으로 이용됐다. 이후에도 자복을 하지 않는 질긴 죄인들에게 낙형으로 신문하여 자백을 받아내는 사례들을 발견할 수 있으며, 특히 연산군과 광해군대에 낙형이 빈번하게 사용됐다.

한편, 낙형은 숙종 이후에도 가끔 사용됐다가 각종 악형惡刑을 상당수 없앤 영조대에 이르러 완전히 사라진다. 그런데 영조가 낙형을 없앤 직접적인 이유가 재미있다. 영조는 즉위 이후부터 1728년 무신난 등을 겪기까지 무수히 많은 역모 사건을 겪었고 그 과정에서 자신이 친히 국문하며 숙종처럼 죄인에게 낙형을 시행하기도 했다. 그러다가 1733년(영조 9) 8월에 영조는 몸에 난 종기 탓에 무척 고생을 하여 여러 번 뜸을 떴는데, 이때의 괴로움을 낙형의 고통과 오버랩시키면서 앞으로 죄인을 국문할 때에는 낙형을 쓰지 말 것을 결단했다. 이렇게 낙형은 조선에서 공식적으로 사라졌다.

그렇다면 중국은 어떠했을까. 중국에서도 일찍부터 포락炮烙이라 하여 불을 이용한 고문을 썼다는 기록이 있다. 이미 은나라 때 주왕이 동으로 된 기둥을 숯으로 달군 뒤 맨발의 죄수를 그 위로 걷게 했다고 하며, 이후에도 관리들이 죄수를 신문할 때 인두나 달군 가위 등을 사용했다고 한다.

영조 어진 조선의 21대 임금 영조는 조선의 중흥기를 이끌었던 개혁군주였다. 그는 낙형을 비롯하여 각종 가혹한 고문을 금지시킨 것으로 유명하다. 국립고궁박물관 소장.

특수한 사례이기는 하지만 17세기 명나라 때에는 '홍수혜紅繡鞋'라는 신발이 등장하기도 했다. 홍수혜라 하면 그 뜻을 풀이하여 예쁘장한 붉은 자수 신발을 떠올리겠지만, 사실은 숯불 속에서 새빨갛게 달군 쇠신발을 지칭했다. 이처럼 달궈진 쇠신발을 피의자에게 신겨 발 가죽이 타들어가는 고통을 줌으로써 자백을 강요하는 일도 있었다.

전통시대 동서양을 막론하고 인간의 두뇌가 고안할 수 있는 잔혹한 고문이나 형벌은 참으로 다양했던 듯하다. 앞서 화형, 낙형 등의 사례에서 보았듯이 불을 이용한 형벌이나 고문도 그 가운데 하나이리라. 화형과 낙형과 같은 잔혹한 고문의 광경을 더 이상 보지 않아도 되니 다행스러운 일이 아닐 수 없다.

제 6 장

조선시대의 주홍글씨, 자자형

경을 칠 놈!

젊은이들은 유행에 대한 호기심이 크다. 최근에는 청소년들 사이에 '자가 문신'이 유행하고 있다는 이야기를 들은 적이 있다. 자가 문신이란 말 그대로 스스로 바늘을 이용해 팔이나 등을 찔러 상처를 낸 뒤 먹물을 넣어 문신을 새기는 것을 말한다. 일부 학생들 사이에서는 연필깎이 칼을 이용해서 피부를 긁어 무늬나 글자를 남기는 방법까지 사용한다고 한다.

자가 문신을 하는 이유는 물론 다양할 것이다. 한때의 호기심에서 우발적으로, 때로는 또래 친구들 간의 끈끈한 결속과 단결을 다지기 위해서, 또는 자신을 돋보이게 하기 위해서 등. 새로운 유행을 좇는 청소년들을 굳이 탓할 생각은 없지만 역사를 전공한 필자가 보기에는 문신 행위가 그다지 아름답게 보이지만은 않는다.

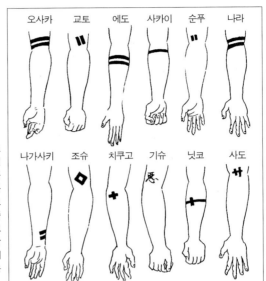

오사카   교토   에도   사카이   순푸   나라

나가사키   조슈   치쿠고   기슈   닛코   사도

다양한 문신 방법 일본 에도 시대에 시행된 다양한 문신형을 보여주는 그림이다. 문신형은 이전부터 시행됐으나 18세기에 와서 정식 형벌로 제정됐다. 에도에서는 왼쪽 팔꿈치 밑에 원을 두 개 그렸고, 기슈에서는 오른쪽 팔꿈치 위쪽에 '악惡'자를 새기는 등 지역에 따라 문신하는 위치, 문양이 각각 달랐다.

　조선시대에 문신은 하나의 형벌이었다. 경형鯨刑 또는 묵형이라고 불리는 자자형刺字刑은 대개 도둑질한 자들에게 가했던 것으로 얼굴이나 팔뚝에 죄명을 새겨 넣는 벌이었다. '경을 칠 놈'이라는 욕은 바로 여기서 유래된 것인데, 죄를 지어 평생 얼굴에 문신을 새긴 채 살아갈 놈이라는 저주를 퍼붓는 말이다.

　자자형, 즉 묵형은 중국 고대의 형벌 가운데 하나였다. 당시 형벌은 오늘날과 달리 죽이거나 신체를 훼손하는 무시무시한 육형투성이였다. 먹으로 몸에 죄명을 문신하는 묵형은 죄인의 코를 베는 의형, 발뒤꿈치를 자르는 월형, 남성의 생식기를 자르는 궁형, 목숨을 빼앗는 사형과 함께 '오형'이라고 했다. 이때의 오형은 수·당나라 이후 정비된 태·장·도·유·사의 오형과 다르며 신체를 심하게 훼손시키는 고대의 오형을 말한다. 한편 일본 에도시대에도 묵형이 시행됐는데 이때의 묵형은 지역에 따라 새기는 글자가 다양했다.

일본 에도시대의 문신형 여
러 명의 간수가 동원됐고
문신이 완전히 마를 때까
지 손이 많이 갔다고 한다.
『사법제도 연혁도보』 수록.

고대의 육형은 한나라 문제文帝에 의해 공식적으로 폐지됐다. 그런
데 예외적으로 자자형은 오대五代 시기에 다시 나타나기 시작했고, 송
나라에 와서는 국가의 공식적인 형벌체계로 제도화됐다.

죄지은 자에게 문신을 새기는 벌은 비단 동양에만 있었던 것은 아
니었다. 17세기 영국의 청교도들이 이주하여 정착한 미국의 보스턴
에서 발생한 간통 사건을 다룬 소설『주홍글씨』에 형벌로서의 문신이
등장하고 있다. 소설은 영화로도 여러 번 제작되어 잘 알려져 있지만
내용을 요약하면 다음과 같다. 목사 아서 딤스데일과 정을 통해 사생
아를 낳게 된 헤스터 프린이라는 젊은 여성이 간통한 벌로 공개된 장
소에서 'A(adultery)'라는 글자를 가슴에 새기는 형을 선고받는다. 자
신의 죄명을 주홍색 실로 새긴 주홍글씨! 이는 문신을 통해 벌을 주는
행위가 동양과 별 차이가 없었음을 보여준다.

이처럼 자자형은 몸에 새겨진 글자가 평생 없어지지 않는다는 점에
서 결코 가벼운 형벌이 아니었다. 그러한 자자형이 오늘날로 치면 일
종의 문신이 아니겠는가. 과거 형벌로서의 자자형은 요즘 젊은이들 사
이의 새로운 멋과 유행의 하나인 문신과는 성격상 분명 다르지만, 행

위 자체만 보면 둘 사이에는 유사한 측면이 있다.

조선시대의 주홍글씨, 자자형

명나라의 법전 『대명률』에는 절도 초범은 오른팔에 '절도竊盜' 두 글자를 새기고, 재범再犯은 왼팔에 새기며, 삼범三犯은 교형에 처한다는 규정이 있다. 조선에서도 『대명률』에 의거하여 절도범에게 자자刺字했다.

그런데 조선시대의 자자형과 같은 형벌로서의 문신은 이전 왕조인 고려시대에도 있었다. 『고려사』를 보면 절도죄를 짓고 귀양 간 죄수가 도망쳤을 경우 얼굴에 글자를 새기는 가중처벌을 한 뒤 육지에서 멀리 떨어진 고을로 쫓아낸다는 기사가 있다. 또한 묘청妙淸의 난에 가담한 자들의 얼굴에 '서경역적西京逆賊', 혹은 '서경西京'이라는 글자를 새겨 유배 보낸 사례도 확인된다. 고려 때부터 종종 집행된 형벌로서의 문신은 조선시대에 들어와서는 절도범이 창궐한 세종대에 본격적으로 시행됐다.

그렇다면 자자를 할 때 신체의 어느 부위에 글자를 새겼을까. 팔꿈치와 팔목 사이인 팔뚝에 글자를 남기는 것이 『대명률』의 규정이었으나 실제로는 중국이나 조선 모두 팔뿐만 아니라 얼굴이나 등에도 새기곤 했다.

팔이 아닌 얼굴에 글자를 새기게 된 가장 큰 이유 중의 하나는 바로 처벌 효과 때문이었다. 15세기에 떼를 지어 도적질하는 자들이 늘고 심지어 관물까지 훔치는 등 절도범이 기승을 부리자, 당시 조정에서는 도적에 대한 처벌로 팔에 글자를 새겨 넣어봐야 옷에 가려 죄인에게 수치심을 주지 못한다는 지적이 있었다.

이에 따라 1443년(세종 25)에 도둑질한 자의 양쪽 뺨에 글자를 새겨 가족과 주변 사람들로부터 격리시키는 조치가 내려졌다. 이처럼 얼굴에 자자하는 것을 특별히 '경면黥面'이라고 한다. 이 같은 경면은 그 처벌 강도가 너무 가혹하다고 하여 잠시 금지된 적이 있지만 사라지지 않고 오히려 성종과 연산군 때 자주 시행됐다.

글자를 새기는 방법은 대개 이렇다. 바늘 10여 개를 묶어서 살갗을 찔러 상처를 내고 먹물을 칠한 뒤 베로 그 부위를 싸매어 죄수를 3일 동안 옥에 가두었다. 3일이나 가둔 것은 먹이 상처를 낸 피부에 깊숙이 스며들게 하기 위한 조치로, 혹여 죄인이 자자한 곳을 물로 씻거나 입으로 빨아내어 흔적을 지울까봐 우려해서였다. 자자에 쓰이는 먹물이 어떤 것인지는 분명하지 않지만 송나라에서 사용하던 자주색이나 흑색의 식물 액즙으로 추정된다.

그럼 자자할 때는 어떤 글자를 새겼을까. 『대명률』을 보면 관용 창고의 곡식이나 돈을 횡령한 자는 '도관물盜官物' 혹은 '도관전盜官錢', 백주 대낮에 남의 물건을 탈취한 강도는 '창탈搶奪', 일반 절도범에게는 '절도' 두 글자를 새겨 넣었는데, 이때 새겨 넣는 글자의 크기는 사방 3센티미터 내외로 했고 매 획의 넓이까지도 법전에 정해두었다.

이에 반해 조선에서는 다양한 글자를 새겼다. 일반 절도범에게는 '절도' 두 글자를 자자했지만 훔친 물건이 소나 말일 경우 각각 '도우盜牛'와 '도마盜馬'를, 그리고 소나 말을 훔쳐서 죽인 자에게는 '도살우盜殺牛'와 '도살마盜殺馬'를 새겼다. 또한 장물아비에게는 '절와竊窩'와 '강와强窩' 두 글자를 자자했고, 훔친 물건이 관용품일 경우에는 '도관물盜官物'이라고 새겨 넣기도 했다.

조선에서 자자형의 처벌 대상은 앞서 이야기한 절도범 외에 강도, 공금 횡령범 등이 포함됐다. 그런데 자자형은 연산군대에 이르러 노비들에게까지 확대됐다. 도망간 노비가 붙잡힐 경우 '도망逃亡', '도노逃奴', '도비逃婢'를 새겨 넣었고, 심지어 자신의 종이 도망치지 못하도록 아예 미리 '아무개 집 종'이라는 글자를 새기기도 했다.

한편 절도범에 대한 처벌로 자자형과 함께 중국 고대의 육형인 월형과 유사한 단근형斷筋刑이 15세기에 잠시 시행된 적이 있다. 단근형은 발뒤꿈치의 힘줄을 끊는

돌팔이에 대한 주홍글씨 돌팔이 의사가 의술을 조금 배운 것을 믿고 함부로 약을 쓰다가 병자를 죽게 하자, 그 죽은 자의 아들이 의사의 얼굴에 '사람을 죽인 돌팔이庸醫殺人'라는 글씨를 칼로 새기고 있다. 『점석재화보』 수록.

형벌로 1435년(세종 17)에 절도 삼범, 즉 절도 행위를 하다 세 번이나 적발된 절도 상습범에게 부과했다.

이는 절도 상습범을 차마 죽이지는 않되 발의 힘줄을 끊어 거동을 불편하게 함으로써 절도 재발을 방지하기 위한 것이었지만, 이마저도 도벽이 심한 자들에게는 형벌 효과가 크지 못했던 듯하다. 왜냐하면 4년 뒤인 1439년(세종 21)에는 왼발의 힘줄을 끊는 단근형을 받은 뒤에도 다시 절도를 저지른 죄인들에게 왼발의 앞쪽 힘줄마저 끊게 하는 초강경 대응책이 시행되고 있었기 때문이다.

영조, 자자형을 없애다

도둑질을 한 자들을 자자형으로 응징했지만 그렇다고 해서 모든 사람을 대상으로 이와 같은 형벌을 가한 것은 아니었다. 먼저 노인과 어린이는 자자형의 대상에서 빠졌다. 이들은 매를 맞아야 할 때에도 한 대에 얼마씩 속전贖錢을 내는 것으로 벌을 대신했는데, 자자의 고통은 매질보다 크기 때문에 당연히 자자해서는 안 된다는 것이 판부사 허조許稠의 생각이었다. 이에 세종은 1429년(세종 11)에 일흔 살 이상의 노인, 열다섯 살 이하의 어린이는 자자하지 못하도록 명령했다. 그리고 군인과 여자에게도 자자형을 시행하지 않았다.

그리고 양반 관료들의 경우도 자자형을 면해주는 것이 일반적이었다. 즉 이들이 자자형에 해당하는 공금횡령을 저질렀더라도 실제로 형이 집행된 경우는 드물었다. 뇌물과 공금횡령 등이 드러난 전임 남원부사 이간李侃이나 황희 정승의 아들 황보신 등에게 세종이 자자하는 것만은 특별히 면해준 것이 그 예다. 하지만 관리라고 해서 자자형으로부터 항상 안전했던 것은 아니었다. 1424년(세종 6) 경상도 선산부사 시절의 비리에 연루된 조진趙瑞처럼 자자형에 처해진 사례도 없지 않았다.

그나저나 양반도 아닌 보통사람들이 자자, 특히 얼굴에 주홍글씨가 새겨지게 되면 정상적인 생활을 하기가 힘들었다. 얼마나 신빙성이 있는지는 모르겠지만, 김화진이 쓴 『한국의 풍토와 인물』에서는 자자형을 당한 자들의 애환을 다음과 같이 소개하고 있다.

자자로 인해 얼굴에 새겨진 글자는 전과자임을 보여주는 것이기 때문에 주변 사람들의 멸시와 경멸의 대상이 됐다. 조상의 제사에 참석하지 못했을 뿐만 아니라 마을 애경사에 왕래할 수도 없었다. 혹여 고약으로 흉터를 가리고 갓을 쓰고 나다니다가 발각되기라도 하면 고약이 떼어지고 갓이 부러지는 수모를 겪기 일쑤였다.

그뿐만이 아니었다. 동네 아이들도 '저 집은 경친 놈의 집'이라고 침을 뱉고, 그 집 아이들이 지나가면 '저놈은 경친 놈의 자식'이라고 따돌림을 했다. 그리하여 자자형을 당한 사람들끼리 인적이 드문 동대문 안에 움집을 파고 살아 그들을 '땅군'

자자형 금지 규정 『속대전』 형전 「추단」 항목에 실려 있는 자자형의 금지 규정이다. 「추단」 항목에는 이 밖에도 영조가 금지한 압슬형과 낙형 관련 규정도 보인다. 내용에 나오는 '당저當宁 경신庚申'은 영조 16년(1740)을 말한다. 국립중앙도서관 소장.

이라 불렀다고 한다. 땅군들은 빌어먹는 거지 노릇을 전전했으니 한마디로 천덕꾸러기 인생이었다.

그렇다면 자자형은 언제까지 시행됐을까. 조선 전기에 시행됐던 자자형은 조선 후기에 와서 그 횟수가 줄어든 것으로 보이지만 적어도 숙종대까지는 이따끔씩 있었다.

『비변사등록備邊司謄錄』 1689년(숙종 15) 12월 18일자 기사를 보면, 이 무렵 흉년을 맞아 경기와 충청도에서 도적이 많이 나타나자 도적의 체포 및 처벌과 관련한 시행세칙에 해당하는 「구포절목購捕節目」을 만들었다고 하는데 이 절목에 도적질한 자들에게 자자한다는 규정이 실려 있었다.

이에 따르면 집단적으로 모여 도적질하는 명화적明火賊의 무리는 법대로 처단하되, 그 외의 도적 가운데 절도 행각이 중한 자에게는 자자하도록 되어 있다. 즉 사람을 죽이지 않은 일반 도적들 가운데 도적질한 물품의 다소를 계산하여 중한 자는 팔과 어깨에 '도盜'라는 글자를 새겨 외딴 섬에 귀양 보낸다는 것이다. 또한 재범으로서 그 죄질이 중한 자는 효시梟示하고 가벼운 자는 종으로 삼아 정배定配한다고도 했다.

이처럼 숙종대에도 간혹 기록에 등장하던 자자형은 그 뒤 법조문으로만 남았으며 실제로 시행되지는 않았다. 그러다가 마침내 영조가 자자형을 완전히 폐지할 것을 지시했으니, 이때가 1740년(영조 16)의 일이다.

당시 영조는 자자 도구를 모두 불살라버리고 이를 다시 사용하는 자는 엄중히 징계하도록 했는데, 이와 같은 자자형 금지 조치는 당시의 법전인 『속대전續大典』에 실려 있다. 중국에서는 자자형이 1905년에 공식적으로 폐지됐으니 조선은 그에 비해 한참 앞서 시행을 멈춘 셈이다.

문신의 또 다른 용도

앞서 보았듯이 조선시대의 자자형은 몸에 일종의 문신을 새기는 벌이다. 그런데 과거에 문신이 반드시 형벌로써만 존재한 것은 아니었다.

조선시대에도 사랑의 결속 표시로 팔에 문신을 새겨 넣었다. 조선 후기의 실학자 이규경은 그의 저서 『오주연문장전산고五洲衍文長箋散稿』에서 사랑하는 남녀가 서로의 팔뚝에 바늘로 글자를 새기는 것을 '연비聯臂'라 부르고 있다. 이를 통해 당시 남녀간에 문신 행위가 적잖게 행해진 것을 알 수 있으며, 실제로 연비에 대한 구체적인 기록은 이보다 한참 앞선 성종 때의 어우동 사건에서도 살펴볼 수 있다.

당시 어우동은 자신과 사랑을 나누었던 사내들 중 특히 좋아했던 대여섯 명의 이름을 팔에 새겨두었다고 하는데, 이것이 바로 훗날 이규경이 이야기한 연비의 대표적인 사례가 아닐까 싶다.

드물긴 하지만 효를 맹세하는 행위로 문신을 하는 경우도 있었다. 『조선왕조실록』 1555년(명조 10) 기사에는 강원도 양양에 사는 효자 김수영의 이야기가 나온다. 그는 부모가 죽자 채소와 과일도 먹지 않고 3년간 죽으로 연명했으며, 하늘에 맹세하는 글 132자를 지어 자신의 손으로 좌우 무릎에 문신으로 새겨 넣었다고 한다.

요즘의 자발적인 문신과 과거 형벌로서의 문신은 그 행위 자체가 일견 유사해 보이지만, 조선시대 시행된 자자형은 오늘날 유행하는 자발적인 문신과 달리 죽을 때까지 자신의 범죄 사실을 몸에 새긴 채 살아가야 하는 무거운 형벌의 하나였다.

제 7 장

『흠휼전칙』과 조선의 형구

수갑, 포승 그리고……

　지난 2010년 국가인권위원회는 교도소의 교도관들이 소란을 피우는 수형자들에게 며칠 동안 수갑을 채워 그들에게 신체적·정신적 피해를 입힌 경우 인권 침해에 해당한다는 입장을 밝혀 기사화된 적이 있었다. 굳이 직접 경험해보지 않더라도 수갑이 채워졌을 때의 갑갑함은 미루어 짐작할 만하다.

　현재 우리나라의 수용시설에서는 수갑 외에도 여러 가지 도구를 사용할 수 있도록 되어 있다. 이처럼 수형자가 도주, 폭행, 소요 또는 자살의 우려가 있을 때 이를 제압하기 위해 이용하는 도구를 '계구戒具'라고 한다.

　1950년에 처음 제정된 「행형법行刑法」에 명시된 계구는 포승捕繩, 수갑手匣, 연쇄連鎖, 방성구防聲具 등 모두 네 가지였다. 포승과 수갑의 생김새와 쓰임은 이미 잘 알려져 있으며, 연쇄와 방성구는 한자에서 그 의미를 짐작할 수 있듯이 발을 묶는 쇠사슬과 소리를 지르지 못하게 입을 막는 보호대를 말한다. 1995년 1월 「행형법」이 개정되면서 연쇄는 '사슬'로, 방성구는 '안면보호구'로 명칭이 변경됐다.

한편, 2008년 12월에는 행형법이 반세기 만에 사라지고 「형의 집행 및 수용자의 처우에 관한 법률」로 개정됐다. 이때 계구도 '보호장비'라는 이름으로 바뀌었는데 명칭만이 아니라 보호장비의 종류도 달라졌다. 인권단체 및 국제연합UN의 권고를 수용하여 기존의 사슬을 없애고 수갑, 머리보호장비, 발목보호장비, 보호대, 보호의자, 보호침대, 보호복, 포승 등 여덟 가지로 세분화됐다. 또한 보호장비의 남용을 막기 위해 교도관이 최소한의 범위 안에서 사용하도록 하는 조항도 조문화했다.

이처럼 보호장비의 변천사를 살펴보면 인권 존중에 대한 의식이 사회적으로 공감대를 형성하면서 수형자들의 교도소 안 인권도 신장되고 있음을 알 수 있다. 그렇다면 조선시대 죄수들의 처지는 어떠했을까. 조선시대 감옥 안의 풍경 하면 『춘향전』의 '목에 칼(伽)을 찬 춘향'의 모습이 익숙하게 떠오른다. 이와 같은 소설 속 모습은 과연 규정과 얼마나 부합되는 것일까. 또 목에 씌운 칼 외에 다른 형구로는 어떤 것들이 있었을까.

형구의 크기와 사용 범위를 명시한 책, 『흠휼전칙』

지금은 보호장비라 부르지만 조선시대 감옥에서 죄수들에게 사용

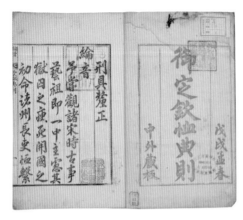

『흠휼전칙』에 수록된 형구이정윤음刑
具釐正綸音 정조가 형구를 규격에 맞
게 제작하여 사용할 것을 지시하는
내용이다. 국립중앙도서관 소장.

하던 도구는 옥구獄具, 혹은 형구라 통칭했다. 칼과 수갑과 같은 형구
외에도 신체형을 집행하는 형장도 포함됐다. 조선시대 형구는 지금의
보호장비처럼 죄수들의 도주 방지용으로만 사용된 것은 아니었다. 뒤
에 살펴보겠지만 형구는 죄수들에게 착용시켜 큰 고통을 주는 일종의
고문 도구이기도 했다.

조선의 형구에 관해서는 기록이 많이 남아 있는 편이 아니다. 당연히
관련 그림도 거의 남아 있지 않다. 따라서 한말의 풍속화가 김윤보가
그린 『형정도첩刑政圖帖』이나 그 당시의 몇몇 사진을 통해 조선시대 형
구의 모습을 짐작할 뿐이다. 그러다 보니 왜곡이나 오해가 없지 않다.

당시의 형구를 설명해 줄 또 다른 문헌은 없을까. 그것이 바로 지금
까지 별로 주목하지 않았던 『흠휼전칙』이다.

『흠휼전칙』은 정조가 즉위한 지 만 2년이 채 안 된 1778년 정월에
왕명으로 편찬한 책으로 당시 사용하던 형구의 크기를 명시하고, 형
구 사용의 남용을 막기 위해 각 형구의 사용 주체, 범위 등을 명확히
제시하고 있다.

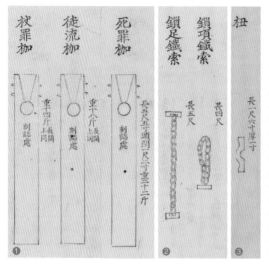

『흠휼전칙』에 수록된 형구들
국립중앙도서관 소장.
❶ 목에 씌우는 칼인 가枷. 칼은 모두 세 종류이며 죄의 경중에 따라 착용하는 칼의 무게도 달랐다. 왼쪽 것은 장형杖刑 죄수가 차는 칼, 중간 것은 도형徒刑·유형流刑 죄수가 차는 칼, 오른쪽 것은 사형死刑 죄수가 차는 칼이다.
❷ 철삭 왼쪽이 발에 채우는 쇄족철삭, 오른쪽이 목에 채우는 쇄항철삭이다.
❸ 뉴 손에 채우는 형구다.

정조는 한양이든 지방이든 할 것 없이 당시 관리들이 법으로 정해져 있는 형구의 크기를 무시하고 지역마다 형구를 제각각 사용한다고 판단했다. 백성들에 대한 교화 못지않게 관리의 형정刑政을 중시한 정조에게 이는 묵과할 수 없는 일이었고, 즉위 직후 산적한 현안에도 불구하고 이 문제를 우선적으로 해결하고자 했다. 정조의 이와 같은 집념과 노력으로 당시 쓰이던 형구를 상세히 규정한 『흠휼전칙』이 탄생했다. 이는 적어도 필자가 아는 한 형구에 관련된 현존하는 책으로서 조선시대의 처음이자 마지막 종합 매뉴얼이라 할 수 있다.

『흠휼전칙』에 등장하는 형구로는 태형과 장형을 집행할 때 쓰는 형장인 태와 장, 그리고 고문할 때 쓰는 신장, 군법을 집행하거나 도적에게 사용한 곤장, 목에 씌우는 칼, 일종의 나무 수갑인 뉴杻, 그리고 목과 다리를 감는 쇠사슬인 철삭鐵索 등이 있다.

이 가운데 수갑으로 쓰인 '뉴'의 발음과 관련한 논란이 있어 짚어보

태형 집행대 일제시대에 죄수에게 태형을 가할 때 몸을 묶어놓기 위한 기구로 발목과 허리, 팔을 묶는 가죽띠가 보인다. 한말의 『형정도첩』 등에도 이와 유사한 모양의 형틀이 그려져 있다. 『조선형무소 사진첩』 수록.

고자 한다. 현대에 나온 법제처의 법전 번역서나 『목민심서』 번역서 등을 찾아보면 '杻'를 '추' 혹은 '축'으로 읽는 경우가 있는데 필자는 자전字典에 나오는 대로 '뉴'라고 읽는 것이 좋겠다는 생각이다. 조선시대의 언해본들을 보면 '杻'를 『훈몽자회訓蒙字會』에서는 판본에 따라 '뉴' 혹은 '츄'로 읽고, 『동국정운東國正韻』에서는 '뉴' 혹은 '튜', 『석보상절釋譜詳節』에서는 '튜', 『능엄경언해楞嚴經諺解』와 『법화경언해法華經諺解』에서는 '뉴'로 읽고 있다. 지금 식으로 하면 '튜'와 '츄'는 '추'로 발음할 수 있으므로 결국 '杻'는 '뉴' 혹은 '추'로 읽을 수 있을 것이다. 하지만 당시 문헌에는 '뉴'로 읽힌 경우가 더 많았으므로 여기서는 '뉴'라고 읽기로 한다.

'뉴'의 발음 문제로 다소 장황해졌지만, 아무튼 이들 중 오늘날의 보호장비에 해당하는 것은 칼, 뉴, 철삭이다. 태와 장, 신장, 곤장 등의 형장은 앞의 글에서 언급했으므로 다음에서는 칼, 뉴, 철삭에 집중하여 소개하려 한다. 다만 사람들의 오해를 불식시키기 위해 조선에서 사용한 형장의 몇 가지 특징을 다시 상기시켜보자.

먼저, 형장의 재질이다. 『흠휼전칙』에는 곤장의 재료가 버드나무로 나오는데 『목민심서』와 『조선왕조실록』 기사를 보면 태와 장은 물푸레나무, 신장은 곤장과 마찬가지로 버드나무로 만들었다는 것을 알 수 있다.

그리고 태와 장은 죄인의 볼기를 치도록 한 반면, 신장은 무릎 아래 장딴지 혹은 정강이 부분을, 곤장은 볼기와 넓적다리를 번갈아 치는 것이 원칙이었다.

신장 역시 중국과 상당 부분이 다르다. 물론 명나라의 『대명률』에도 고문할 때 쓰는 형장인 신장이 나오지만 조선의 것과는 형태에서 차이가 있었다. 명나라의 신장은 태와 장처럼 회초리 모양이었으나, 조선에서는 손잡이 부분이 둥글고 타격 부분은 넓적하게 만들었다. 타격 방식도 조선과 달리 명나라에서는 죄인의 볼기와 넓적다리를 번갈아 치도록 했다.

선조대부터 사용한 것으로 추정되는 곤장은 군대에서 군법을 집행할 때 사용했다. 우리가 흔히 곤장과 태, 장을 혼동하는데 곤장은 태와 장과는 비교가 안 될 정도로 위력적이었으며 그 종류도 다섯 가지나 됐다. 게다가 규정상 작은 고을의 수령은 곤장을 사용할 권한조차 없었다.

아무튼 형정에 대한 정조의 세심한 관심 덕분에 우리는 『흠휼전칙』의 기록을 통해 당시 사용된 형구의 원형을 비교적 상세히 추적할 수 있다.

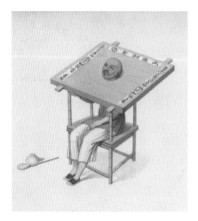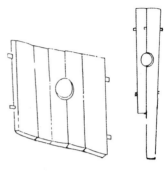

목에 가枷를 찬 죄수(왼쪽 그림) 19세기 초 영국 런던에서 출간된 책에 소개된 청나라의 가枷를 찬 죄수의 모습이다. 『중국의 형벌』(1804) 수록.
가枷와 장판(오른쪽 그림) 가(왼쪽)가 방형인 대신, 장판(오른쪽)은 한쪽이 다른 쪽보다 길다. 『삼재도회』 수록.

그림으로 보는 중국의 다양한 형구들

전통시대 우리나라는 중국법의 영향을 크게 받았기 때문에 형구의 명칭이나 쓰임새도 중국과 유사한 것이 적지 않다. 따라서 조선의 형구를 살피기에 앞서 같은 시기 중국에서 사용된 형구들부터 살펴보면 두 나라의 형구를 비교하는 데 수월할 것이다.

다행히 중국의 경우 관련 문헌뿐만 아니라 그림, 삽화가 비교적 많이 남아 있어 이를 검토하기가 용이하다. 특히 중국 명나라 때에 간행된 『삼재도회三才圖會』와 원·명·청나라 때의 희곡소설에 당시 사용된 다양한 형구 관련 삽화가 그려져 있으므로, 이들 문헌을 중심으로 각 형구의 쓰임새를 보도록 하자.

먼저 우리에게 익숙한 목에 씌우는 형구인 칼에는 가枷, 장판長板 등이 있다. 가枷와 장판 모두 두 개의 나무판으로 되어 있으며 각 판에

삼련가를 찬 여죄수들 1907
년 중국 상하이에서 삼련가
를 찬 여죄수들이다.

는 반달 모양의 구멍이 있어 두 개를 합하면 원형이 되고 거기에 죄수
의 목을 집어넣었다. 그런데 가枷의 경우 두 판의 크기가 같아 방형에
가까운 반면, 장판은 한 판이 다른 판보다 길이가 길었다.

목에 칼을 찬 죄인들은 도망가기가 쉽지 않았을 뿐만 아니라, 형구
의 무게 때문에 가만히 있어도 고통을 받았다. 당연히 죄의 등급에 따
라 칼의 무게도 달랐는데 사형수가 쓰는 것이 가장 무거웠다.

그런데 이외에도 칼은 그 용도에 따라 연가連枷와 입가立枷가 있었다.
먼저 연가는 여러 죄인을 한꺼번에 채우는 칼을 일컫는데 세 명의 목을
동시에 채우는 칼은 삼련가三連枷라고 했다. 이처럼 연가는 하나의 칼
로 두세 명의 죄인을 묶어둘 수 있어 옥졸의 입장에서는 하나의 도구
로 여러 죄인을 한꺼번에 관리하는 편리한 도구였다고 할 수 있다.

문제는 입가인데 일반적으로 목에 씌우는 칼과는 비교가 안 될 정
도로 매우 가혹한 형구였다. 입가는 나무 바구니 모양을 하고 있어 죄
인의 머리가 위로 나오도록 했으며 그 모양을 본떠 '참롱站籠'이라고도
불렀다. 목을 채우는 부분이 사람 키보다 높아서 죄인이 입가에 갇히
면 열흘을 버티기 힘들었다고 한다.

「삼국지」에서 조맹덕이 길평을 고문하는 장면(왼쪽) 누워 있는 길평의 왼쪽에 놓인 것이 수뉴이며 그
오른쪽에 있는 것은 발을 채우는 각료다. 길평의 오른쪽, 즉 그림 아래에 있는 것은 목에 씌우는
장판이다.『삼국지통속연의』수록.
감옥 풍경(오른쪽) 목에 칼을 찬 죄수 옆에 죄수를 가두는 형구인 갑상의 일부가 보인다.『고금소
설』수록.

　　대개 입가 속에 죄인을 가둘 경우 발밑에 두세 개의 벽돌을 넣어서
죄수의 목이 조여도 3~4일은 버틸 수 있도록 했으나, 뇌물이 충분하
지 않을 경우 옥리들이 죄수의 발밑에 넣은 벽돌을 빼내어 하루도 못
가 죽게 하는 경우도 있었다고 한다. 한마디로 입가는 고문을 위한
도구이지만 도망을 막는 형구 이상의 사형 집행 도구로 쓰인 셈이다.

　　목에 씌우는 형구 다음으로 살펴볼 것이 손에 채우는 형구다. 이를
뉴杻라고 하는데,『삼재도회』에 나오는 수뉴手杻가 바로 이것이다. 칼이
머리에 가하는 형구라면 뉴는 손에 채우는 형구, 즉 수계手械인 셈이다.

　　수뉴는 마른 나무로 만들었으며, 양손을 포박할 원형의 두 구멍이
있어 한마디로 네모난 수갑이라 생각하면 된다. 유의할 점은 수뉴는

관아 앞의 입가 청나라 말기 이백
원이 쓴 소설 『활지옥活地獄』의 삽
화 가운데 하나다. 관아의 문 좌우
에 여러 개의 입가가 있으며, 그중
왼쪽 입가에 죄수가 갇혀 있다.

사형수 중에서도 남자에게만 채웠으며, 여자에게는 어떤 경우라도 사
용하지 않았다고 한다. 여자들의 경우 음식을 먹거나 용변을 보는 것
을 남에게 맡길 수 없기 때문이라는 것인데 그나마 여자에 대한 배려
인 것이다.

　손에 채우는 형구로 수뉴가 있듯이 발을 채우는 형구도 있었으니
그것을 각료脚鐐라 한다. 각료는 나무로 된 것도 있지만 명·청나라 때
에는 규정상 금속으로 만들었다. 각료는 철제의 두 고리를 사슬로 이
은 것으로 양발을 묶어서 보행의 자유를 빼앗았다.

　이 밖에도 죄인을 묶는 쇄鎖와 철삭, 죄인을 옴짝달싹 못하게 하는

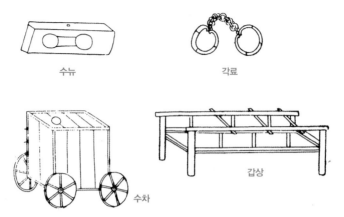

『삼재도회』에 수록된 형구들 손에 채우는 형구인 수뉴, 죄인의 두 발에 채우는 각료, 죄수를 호송할 때 사용하는 수레인 수차, 죄인을 눕혀서 움직이지 못하게 한 갑상이다.

갑상匣床, 죄수 호송용 수레인 수차囚車 등의 형구가 있었다. 이 중 갑상은 죄수를 눕혀 신체의 자유를 빼앗는 것으로 평평한 상자 모양인데 뚜껑이 달려 있었다. 그런데 갑상은 상상 이상으로 엄중한 구조로 되어 있어 죄수를 단순히 눕혀놓을 뿐만 아니라 못과 사슬 등으로 죄수의 여기저기를 고정시키는 바람에 쥐가 물고 뱀이 휘감아도 꼼짝할 수 없을 정도였다고 한다.

마지막으로 함거檻車라고도 불리는 수차는 바퀴가 네 개인 상자 모양의 차다. 죄수를 호송할 때에는 이 수차에 태웠는데, 그림을 자세히 보면 알 수 있듯이 죄수의 머리는 상자 밖으로 내놓을 수 있도록 구멍이 나 있었다. 샤를 달레는 『한국천주교회사』에 조선에서는 공개 처형을 할 때 십자가를 세운 수레에 죄수를 태워 형장까지 이송한다고 적고 있다. 이를 통해 모양은 약간 변형됐지만 우리나라에서도 참형을 집행할 때 수차와 유사한 수레를 이용했음을 짐작할 수 있다.

조선 형구의 이모저모

앞서 현대의 보호장비와 중국 전통시대의 각종 형구를 소개했다. 이제 조선에서 쓰인 것들, 특히 오늘날의 보호장비에 해당하는 형구에 대해 살펴보자. 중국의 경우 여러 가지 다양한 형구가 쓰인 데 반해 조선에서는 그보다 단순한 세 종류의 형구가 있었다. 그것이 바로 가枷, 뉴, 철삭이다.

마른 나무로 만든 칼인 가枷는 그 모양이 중국에서 쓰인 것과 크게 다르지 않았는데, 조선의 경우 길이는 172센티미터 정도이고 목을 넣는 부분의 둘레는 약 37센티미터였다. 그런데 칼은 그 무게에 따라 세 종류가 있었으며, 사형수가 차는 것의 무게는 약 1.4킬로그램, 도형이나 유형에 처할 죄수는 약 1.1킬로그램, 장형에 해당하는 죄수는 약 0.8킬로그램 정도 됐다. 중죄수일수록 그만큼 더 무거운 칼을 채웠다는 것을 알 수 있다.

뉴는 손을 채우는 일종의 수갑이라는 점에서 중국의 수뉴와 용도는 같았다. 그러나 모양에서 차이가 있었으며 착용 방식도 완전히 달랐다. 조선에서는 칼 위에 오른손을 올려놓고 그 위에 뉴를 채워 못을 박는 방식이었으며 뉴의 길이는 약 50센티미터 정도였다.

이처럼 오른손만 채우는 나무 수갑인 뉴는 간혹 두 손 모두에 채워서 문제가 되곤 했다. 1728년(영조 4) 무신난에 가담한 죄수들을 잡아 국청鞫廳을 설치했는데, 이때 규정과 다르게 이들의 양손을 뉴에 채워 손을 전혀 쓰지 못하게 한 사실이 이듬해 1월 10일 홍치중의 발언으로 밝혀졌다. 보고를 들은 영조가 규정대로 하여 앞으로는 이런 일이 없도록 재차 지시하는 것으로 일은 마무리됐다.

뉴 조선의 뉴는 형태와 착용 방식이 중국과 달랐다. 사진 중앙의 죄수처럼 칼 위에 뉴를 고정했으며 뉴에는 오른손만 채우는 것이 원칙이었다.

다음으로 철삭은 죄수를 포박하는 데 쓰인 쇠사슬을 말한다. 철삭은 용도에 따라서 죄인의 목을 감는 쇄항철삭鎖項鐵索, 발을 감는 쇄족철삭鎖足鐵索으로 나뉘며, 앞의 것은 길이가 125센티미터 정도, 뒤의 것은 이보다 조금 더 긴 156센티미터 정도였다.

그런데 이들 형구를 모든 피의자에게 착용시킨 것은 아니었다. 『경국대전』 규정에 따르면 왕실과 가까운 친인척, 공신, 관리 그리고 부녀자의 경우 설사 사형에 처할 죄를 지었더라도 칼과 뉴를 채우지 못하게 했으며 대신 몸을 포박하기 위해 쇄항철삭이나 쇄족철삭만을 쓰도록 했다.

따라서 칼, 뉴 대신 감옥에서는 주로 철삭을 사용했으며 왕의 특별한 지시가 없는 한 칼과 뉴는 평민과 천민, 그중에서도 남자에게만 쓸 수 있었다. 보다 정확히 이야기하면 칼은 장형 이상의 죄를 지은 평민·천민 남자들에게 사용하고 뉴 역시 평민·천민 남자만 착용하게 하되, 조선 전기에는 도형과 유형의 죄를 지은 자들에게도 사용했으나 조선 후기에는 사형에 처하는 죄를 지은 경우로 범위가 제한됐다. 물론 규

한말의 칼을 찬 죄수들 남자 죄수는 목에 칼을 차고 있지만 여자 죄수는 칼을 차고 있지 않다. 여자는 칼을 채우지 않는다는 영조 때 규정이 잘 지켜지고 있는 모습이다.

정이 이러하다는 것이지 특정 죄인에게 칼과 수갑을 채우는 일은 왕명에 따라 얼마든지 가능했다.

『수교정례受敎定例』에 나오는 1747년(영조 23) 영조의 수교에 따르면 영조는 당시 여자 죄수에게 불법적으로 칼을 채우는 사례가 종종 있었음을 지적하고 원칙대로 할 것을 다시 한번 지시하고 있다. 적어도 영조 때까지는 특별한 사유가 없는 한 여자들에게 칼을 채우지 않았음을 알 수 있다. 그러므로 『춘향전』에서 감옥에 갇힌 춘향이가 칼을 차고 있는 모습은 당시 규정에 맞지 않은 것이었다. 단, 수청을 거부했다는 이유로 애꿎은 춘향이를 괴롭히던 변학도에게 규정 따위가 그리 중요한 것은 아니었을지도 모를 일이다.

한편, 고종연간(1863~1907)에 편찬한 법전인 『육전조례六典條例』에는 중앙의 법 집행 관청에서 쓰는 철차꼬鐵着庫, 목차꼬木着庫, 소쇄약小鎖鑰 등 세 가지 형구가 나오는데, 이는 정조연간(1776~1800)의 『흠휼전칙』에는 보이지 않는 것들이다. 이들 형구의 경우 명칭만 나와 있어 모

양이나 정확한 용도를 알 수 없지만 철차꼬, 목차꼬는 『형정도첩』, 『기산풍속도첩箕山風俗圖帖』 등을 보았을 때 죄수의 발목에 채우는 형구인 일종의 발족쇄임을 알 수 있다.

선교사 리델은 고종 때 포도청에 수감되어 차꼬를 찼는데 이는 목판 두 개를 맞대어 놓은 것으로 길이가 약 4미터, 폭이 15센티미터에 달한다고 묘사하고 있다. 그리고 김준근과 김윤보의 그림에서 볼 수 있듯이 여러 명의 발목을 채울 수 있도록 구멍

목차꼬 김윤보의 『형정도첩』에 실린 그림으로 죄인의 발목에 채워진 형구는 『육전조례』에 나오는 목차꼬로 보인다.

이 나 있었다.

이상 조선의 형구 규격을 개괄적으로 살펴보았다. 대개 칼, 뉴, 철삭 등이 사용되다가 나중에는 철차꼬, 목차꼬, 소쇄약 등의 형구도 쓰인 것으로 여겨진다. 중국과 달리 조선에는 형구 관련 삽화나 그림이 거의 남아 있지 않지만 『흠휼전칙』과 그 밖의 자료들을 종합해볼 때 주요 형구에 대한 대체적인 윤곽은 확인할 수 있다. 이를 바탕으로 현재 우리 주변에 있는 박물관이나 조선시대의 감옥 또는 형구를 재현해 놓은 시설물에 대해 전반적으로 재점검하는 것이 필요하다. 비교적 고증을 충실히 한 곳도 있지만 일부 잘못된 경우도 눈에 띄기 때문이다.

죄수 호송용 수레(위 왼쪽) 남원 춘향테마파크의 감옥 세트 안에 복원한 수레로 명나라의 수차를 본떠 만든 것으로 보인다. 수레 안에 필자의 아들이 들어가 체험하고 있다.

한국민속촌의 동헌 앞 풍경(위 오른쪽) 조선에서 사용한 태와 장, 신장, 곤장 등 형장의 크기와 사용처는 각각 달랐다. 사진에서 필자의 아들이 들고 있는 형구는 『흠휼전칙』에 수록된 여러 형구와 차이가 있다.

복원된 조선의 각종 형구들(아래) 한국민속촌의 관아에 전시되어 있는 것으로 언뜻 보아서는 형구를 비교적 사실에 가깝게 복원한 것처럼 보이지만 하나하나 면밀히 검토하여 잘못된 부분은 바로잡을 필요가 있다.

TV 역사드라마에서 잘못 고증된 장면이 한번 방송되면 고쳐지지 않고 계속 반복되는 것처럼 사소하더라도 잘못된 재현이 방치될 경우 일반인들의 그와 관련한 오해나 편견은 단시간에 바로잡기 쉽지 않아서 하는 말이다.

제 8 장

눈뜨고 보기 힘든 능지처사

'각을 뜬다'는 것은

"미제의 각을 뜨자!"

"전○○의 각을 뜨자!"

1980년대에 대학 생활을 했다면, 특히 학내의 각종 민주화 시위에 적극 참여했던 열혈 학생이었다면 간혹 위와 같은 말을 외치거나 들은 적이 있을 것이다. 1986년 대학에 입학한 필자의 경우 당시 서울대학교 중앙도서관 앞 아크로폴리스 광장에서 이와 같은 절규의 외침을 들은 기억이 있다. 독재 타도, 반미 자주화의 함성이 울려퍼지던 그 시절, 이 땅의 민주화를 거스르는 독재정권과 거대 제국을 향한 저주의 외침은 비장한 자신의 마음속 심경을 드러내는 호소력 있는 메아리였음에 분명하다.

당시에도 그 뜻을 대강은 알고 있었지만 필자는 요즘 들어 '각을 뜬다'는 말이 얼마나 섬뜩한 표현인가 새삼 생각한다. 혹 잘 모르는 사람들을 위해서 사족을 단다면 여기서 '각脚'은 짐승의 고기 조각을 말한다. 북한의 속어 중 "각을 떠서 매 밥을 만들어도 시원치 않다"는 말이 있는데 이는 뼛속 사무치게 증오스러운 대상에게 퍼붓는 욕으로 사지를 따로따로 떠서 매 먹이를 만들어도 맺힌 속마음이 풀리지 않는다는 뜻이다.

지금이야 구호 속, 혹은 욕설로만 남아 있지만 과거에는 실제로 사람의 각을 뜨는 형벌이 존재했다. 바로 '능지처사'다. 청말에 능지처사를 직접 목도한 서양인들은 이것이 동양인의 잔인성, 처벌문화의 야만성을 적나라하게 보여준다고 생각했다.

그러한 인식에는 다분히 편견과 오해가 내재되어 있다는 것이 최근 연구를 통해 밝혀지고 있지만, 여기서는 이 문제에 대한 논의는 일단 제쳐두고 중국과 조선의 법전 속 가장 악명 높은 사형 방식인 능지처사 집행 사례를 있는 그대로 보여주고자 한다. 자연히 끔찍하고 찜찜한 이야기가 될 수밖에 없을 테지만, 이는 현대사회의 문명 진화에 대해 생각해보는 계기가 될 것이라 생각한다.

능지처사, 더 이상 잔혹할 수 없는

능지처사에서 '능지'의 원래 뜻은 산이나 구릉의 완만한 경사를 말한다. 따라서 능지처사라는 용어는 가능한 한 느린 속도로 고통을 극대화하면서 사형에 처한다는 뜻이었다. 실제로 신체절단형인 능지처사 집행 사례 가운데는 천천히 칼로 한점 한점 몸을 베어내고 거의 다

능지처사형　청나라 『금산현보갑장정정金山縣保甲章程』에 수록된 능치처사형
집행 장면을 묘사한 판화다. 죄인의 두 팔과 왼쪽 다리가 이미 잘렸으며,
사형집행인이 오른쪽 다리를 자르고 있다.

베어냈을 때 배를 가르고 목을 잘라 죄인의 목숨을 빼앗은 경우도 있
었다. 흔히들 '능지처참'이라고 말하지만 법전에 나오는 '능지처사'라
는 용어가 더 정확한 표현이다.

　죄인의 신체 여기저기를 절단하여 죽이는 가장 잔혹한 극형 중 하
나인 능지처사는 중국의 거란족인 요遼 왕조에서 연원하여 대략 10세
기경부터 시작됐다고 보는 것이 일반적이다. 물론 그 이전에도 산 사
람의 살을 베어 죽인 사례가 없진 않았지만 이 무렵에 정식 형벌로 채
택되어 행해졌다.

　반역 죄인이나 부모를 살해한 패륜아 등을 처단하는 극형으로써 시
작된 능지처사는 송·원·명나라를 거쳐 청나라 말기까지 지속됐다. 특
히 송나라에서는 능지처사의 공개 처형이 자주 행해진 것으로 알려져
있다. 송나라를 배경으로 하는 명나라 때의 장편무협소설 『수호지』에
등장하는 이규가 황문병이라는 자의 살을 베어 죽이는 대목은 이렇다.

이규는 "너는 빨리 죽고 싶겠지만 내가 천천히 죽여주마"라고 말하고 비수를 꺼내어 황문병의 사타구니부터 베기 시작했다. 그리고 도려낸 가장자리에서 먹음직스런 살점을 숯불에 구워 술안주로 입에 집어넣었다. 이윽고 베어낸 살점이 다 없어지자 이규는 비수로 황문병의 흉부를 가르고 심장을 꺼내 취기를 가시기 위한 술국을 끓였다.

소설 속의 능지처사형 명나라 때 소설 『충의 수호전전忠義水滸全傳』에 실려 있는 능지처사형 장면이다.

이와 같이 소름끼치는 광경은 소설 속에서나 가능할 법하지만 현실에서 능지처사 집행이 이처럼 가혹했던 적도 없진 않았다. 중국 역사 속에서 능지처사가 항상 일정한 방식으로 행해진 것은 아니었지만 몇몇 사례는 소설 못지않다.

원나라 때 시행된 능지처사는 대체로 120회의 살 베기로 끝났지만, 명나라 때의 칼질 횟수는 상상을 초월하는 경우도 있었다. 명나라 정덕正德연간(1505~21)인 1510년 권력을 남용하던 환관 유근劉瑾은 반역 음모를 꾸민 죄로 사흘 동안의 능지처사형을 선고받았다. 그에게는 전례 없이 무려 3,357도刀, 즉 3,357회의 절개를 집행하라는 명령이 내려진 것이다. 심지어 당쟁의 소용돌이 속에서 패륜을 저질렀다는 죄목으로 관리 정만鄭鄤이라는 자는 숭정崇禎연간(1628~44)인 1639년에 능지처사형에 처해지는데 앞서 소개한 유근보다 더 많은 3,600회의 절개

명령이 내려졌다고 한다.

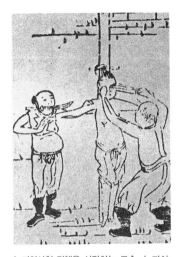

능지처사형 집행을 시작하는 모습 능지처
사에 처할 때 양 눈꺼풀을 먼저 칼질하
여 죄수의 눈을 가렸다. 『대청형률도설』
수록.

환관 유근의 능지처사 집행 현장에 있었던 사람이 기록한 바에 따르면 형 집행은 이틀에 걸쳐 진행됐다. 처음 하루는 회자수가 엄지, 손등, 흉부의 좌우를 357회의 칼질로 얇게 베어냈는데, 형을 집행한 자가 10회마다 잠깐 쉬었고 중간 중간에 기절한 죄수를 깨웠다. 저녁에는 감옥에 가두어 죽을 먹인 뒤 다음 날 다시 칼질이 시작됐는데 수십 번의 절개를 계속 받던 중 유근의 숨이 끊어졌다고 한다. 그러자 유근에게 그간 죽임을 당한 사람들의 가족들이 유근의 잘린 살점을 조상의 사당에 제물로 바쳤다고 전해진다.

능지처사형으로 도려낸 살점과 관련하여 또 하나 흥미로운 이야기가 있다. 고려인들이 중국어를 습득하기 위한 외국어 교재인 『박통사언해朴通事諺解』에는 원나라 수도인 북경성 안에서 능지처사를 집행하는 광경이 묘사되어 있는데, 형장에 세워진 큰 기둥에 죄수를 묶고 회자수가 칼로 살점을 도려내어 개에게 먹이고 뼈만 남겼다고 기록하고 있다. 또한 숭정연간에 처형된 정만의 잘게 썰린 살점은 형 집행을 구경하던 군중들에게 팔렸는데, 당시 군중들은 부스럼을 치료하는 약의 재료로 정만의 인육을 샀다고 한다.

청나라에서 집행한 능지처사의 경우 죄인들의 입장에서는 불행 중 다행으로 고통의 순간이 앞선 시기보다는 짧았다. 즉 청나라에서는

청나라 말 능치처사형 집행 사진
중국 북경에서 1904년에 집행
된 능지처사형 장면을 찍은 사진
이다. 사진 속에서 처형되고 있
는 사형수는 왕웨이친王維勤이란
인물이다. 그는 재산소유권 다툼
과정에서 이웃 가족 12명을 살
해한 죄목으로 처형됐다. 『능지
처참』 수록.

능지처사의 칼질 횟수가 8회, 24회, 36회, 72회, 120회로 규정되어 있
었다고 한다.

이 중 24회에 걸쳐 살을 도려내는 순서는 먼저 1·2회로 양 눈꺼풀,
3·4회로 양 어깨 살, 5·6회로 양 젖가슴, 7·8회로 양손과 양팔 사이,
9·10회로 양팔과 양 어깨 사이, 11·12회로 양 넓적다리 살, 13·14회
로 양다리의 장딴지, 15회로 심장, 16회로 목을 자르고, 17·18회로 양
손, 19·20회로 양팔, 21·22회로 양발, 23·24회로 양다리를 잘랐다.

한편 8회에 걸쳐 살을 잘라내는 경우에는 먼저 1·2회로 양 눈꺼풀,
3·4회로 양 어깨, 5·6회로 양 젖가슴, 7회로 심장을 관통하고, 8회로
목을 잘랐다는 이야기가 전해진다. 여기서 흥미로운 것은 능지처사의
칼질이 두 눈꺼풀에서 시작한다는 점이다. 이는 눈꺼풀을 얇게 저며
눈을 가림으로써 능지처사를 당하는 죄수가 앞을 보지 못하게 하기
위한 것이었다.

한편 극형을 집행하는 급박한 상황에서도 뇌물은 오갔다. 즉 회자수의 재량으로 목숨을 끊는 것에 완급이 조절되곤 했는데, 죄인의 가족으로부터 웃돈을 받는 경우 회자수는 능지처사 죄인이라 하더라도 대번에 심장을 칼로 찔러 생명을 끊고 그 뒤에 신체를 풀어헤치는 관용을 베풀었다.

그런데 19세기 말 『런던 타임스』의 북경 주재원이었던 조지 모리슨이 목격한 바에 따르면 능지처사형을 집행할 때 회자수가 긴 칼로 양 눈썹 위를 절개하여 눈꺼풀을 끌어내리고 가슴 쪽을 두 번 절개한 뒤 심장을 칼로 찔러 죽이고서 희생자의 시신을 조각조각 잘랐다고 한다. 적어도 청나라 말기의 능지처사형은 죄인의 숨이 붙어 있을 때 여기저기 살을 도려내며 오랫동안 고통을 주지는 않았던 것이다.

조선에서는 거열형으로 대신하다

중국 역사 속에서 오랜 세월 지속됐던 능지처사의 형벌은 조선왕조 수도 한양에서도 볼 수 있었다. 『조선왕조실록』 기사에 의하면 조선시대 내내 능지처사의 극형이 종종 시행된 사실을 확인할 수 있다.

그렇다면 조선시대에는 어떤 자들을 능지처사형으로 처단했을까. 이 시기의 기본 형법인 『대명률』에서는 능지처사형에 해당하는 죄목으로 15가지 행위를 꼽고 있다.

우선 역모를 꾀하거나 종묘, 왕릉, 궁궐을 훼손한 경우로 이 같은 모반·대역죄인은 모의만 했을지라도, 그리고 주모자가 아니라 하더라도 모두 능지처사로 처단했다. 다음으로 조부모, 부모, 외조부모를 살해하거나 남편 혹은 남편의 부모, 조부모를 살해한 자, 주인을 살해한 노비 등 당시 관념으로 도저히 용납 못할 패륜 살인을 저지른 자도 능지처사로 다스렸다. 일가족 세 명을 살해하거나, 사람의 신체를 절단하여 살해한 자, 외간 남자와 짜고 남편을 살해한 처첩도 능지처사를 피해갈 수 없었다. 요컨대 반역자는 물론이고 살인을 저지른 패륜아·흉악범들은 능지처사로 처벌하는 것이 원칙이었다.

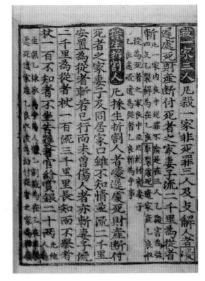

살인범의 처벌 규정 『대명률직해』에 나와 있는 일가족 세 명 이상을 살해한 살인범에 대한 처벌 규정이다. 원문에서는 '능지처사'로 나와 있으나 해설문에서는 '거열처사'로 풀이하고 있다. 서울대 규장각 소장.

여기서 한 가지 알아둘 사실은 조선의 능지처사형 집행은 중국과 달리 대개 수레에 죄인의 팔다리와 목을 매달아 수레를 끌어서 찢어 죽이는 거열로 대신했다는 점이다. 1395년(태조 3)에 간행된 조선에서 『대명률』의 해설서에 해당하는 『대명률직해大明律直解』에는 대명률 원문의 '능지처사'를 모두 '거열처사車裂處死'로 옮겨놓았다. '거열'은 '환형轘刑', '환렬轘裂'이라고도 하는데 수레에 죄인의 팔다리와 목을 매달아 수레를 끌어서 찢어 죽이는 것을 말한다.

거열형은 고대 중국에서 이미 시작됐으며 『좌전左傳』에서는 거열을 '환轘'이라고도 했다. 대개 죄인의 몸을 묶는 수레는 다섯 대가 이용됐고 죄인의 목과 팔다리를 각각 다섯 수레에 매달아 갈기갈기 찢었다고 한다.

효시 1890년 군문軍門에서 목을 베어 걸어 놓은 모습이다. 누가 어떤 죄목으로 처형됐는지는 알 수 없다.

이로 미루어 조선에서도 중국과 마찬가지로 거열형을 집행할 때 여러 대의 수레가 동원됐을 것으로 추정된다. 그런데 거열형은 조선시대 이전에도 이미 집행됐다. 공민왕 때에 반역 죄인인 홍륜洪倫 등을 환형에 처했다는 『고려사』 기사에서 보듯이 고려 말에 거열이 집행된 것이다.

조선에서 능지처사형을 왜 거열형으로 대신했는지는 분명하지 않다. 또한 이것이 중국과 조선의 법문화의 차이에서 비롯됐는지도 명확하지 않다. 그렇지만 조선에서 거열형의 역사가 고려시대까지 소급된다는 점은 분명하다.

흥미로운 사실은 거열형이 유럽에서도 시행됐던 처형의 하나였다는 점이다. 다른 사례를 들 것도 없이 미셸 푸코의 『감시와 처벌』 앞부분에 거열이 등장한다. 이 책에서는 1757년 프랑스의 국왕 루이 15세를 살해하려다 실패한 다미앵에게 네 마리의 말에 매달아 사지를 절단하여 처형하라는 판결이 내려졌다고 한다. 이를 통해 볼 때 거열형의 전통이 중국이나 조선에서만 존재했던 것이 아니라, 과거 동서양에서 함께 공유한 잔혹한 사형 집행 방식의 하나였음을 알 수 있다.

조선의 능지처사 집행 사례들

거열로 능지처사를 대신한 사례로 조선 건국 초기인 태종대의 이야기를 살펴보자. 1407년(태종 7) 충청도 연산현에 사는 여인이 이웃 남자와 짜고 남편을 살해해 시신을 땅에 유기한 사건이 발생했는데, 이 사건의 주모자인 부인 내은가이에게 능지처사형이 내려졌다. 당시 황희는 태종에게 이전부터 능지처사는 거열로 대신했다는 사실을 아뢰었고 내은가이는 군중들이 지켜보는 한양의 저잣거리에서 거열됐다고 한다. 그녀의 절단된 사지가 여러 도로 나누어 보내져 전시된 사실이 『조선왕조실록』에 기록되어 있다.

효시 두 명의 효수한 목을 매달아 놓은 한말에 찍은 사진이다. 효시 장소는 분명하지 않다.

이후에도 능지처사에 해당하는 죄인을 거열했다는 세조·성종대의 기사로 보아 조선에서 능지처사형은 곧 거열형을 의미했다. 그렇다면 죄인을 거열하는 장소는 어디였을까. 거열형은 대개 도성 밖에서 집행하던 일반 사형수와 달리 많은 사람들이 모여 볼 수 있는 도성 안 저잣거리에서 이루어졌으며, 지금의 서울시 중구 태평로 한국프레스센터 근처에 있었던 군기시軍器寺 앞길이 자주 이용됐다.

특히 역모에 연루된 죄인을 거열할 때에 임금은 경각심을 불러일으키기 위해 모든 관리를 군기시 앞길에 빙 둘러서게 한 다음 싫든 좋든 거열 장면을 보도록 했다. 세조가 사육신死六臣을 비롯한 관련 죄인을 처단할 때 이같이 지시한 것이 그 한 예다. 사육신 중에 성삼문, 이개, 하위지는 군기감軍器監(1466년 군기시로 개칭) 앞길에서 거열로 처형당한 뒤 그 머리가 3일 동안 저잣거리에 효시됐으며, 고문으로 숨진 박팽년, 유성원 등은 죽어서도 시신이 거열당하는 참화를 겪었다.

이처럼 거열 뒤 절단된 머리는 효수梟首, 혹은 효시라 하여 대개 3일간 거리에 매달아두었으며, 잘라낸 팔과 다리는 팔도의 각 지역에서 돌려보도록 했다. 조선 후기에 죄인의 머리를 내거는 장소는 대개 지금의 서울시 종로 2가 보신각 근처에 있던 철물교鐵物橋였다.

경우에 따라 거열된 죄수의 머리는 3일 이상 매달아두거나 여러 곳에서 효시를 하기도 했다. 소론 강경파로 경종 때 신임사화辛壬士禍를 일으키고, 영조 즉위 뒤에는 이인좌의 난에 가담한 박필몽에게 1728년(영조 4) 4월에 영조가 내린 조치가 그것이다. 당시 박필몽은 군기시 앞길에서 처형됐고, 그의 머리는 저잣거리에서 6일 동안 효시된 뒤 소금에 담가 반란군 소탕 본부인 도순무영에 보내져 다시 효시됐다. 그의 팔다리는 별도로 팔도에 각각 보내졌음은 물론이다.

육시, 부관참시 그리고 박피

능지처사를 이야기할 때 빼놓을 수 없는 것으로 육시戮屍와 부관참시剖棺斬屍가 있다. 요즘도 간혹 들을 수 있는 욕인 '육시랄 놈'에서의 '육시'란 시신을 훼손하는 형벌로, 죽은 자에 대한 능지처사로 생각하면 된다. 조선왕조에서 자주 있는 일은 아니었지만 취조 도중에 죽은 대역죄인의 시신은 종종 육시에 처해졌다.

세조 때 고문으로 죽은 사육신의 일부가 육시된 것은 잘 알려져 있거니와, 앞서 언급한 박필몽과 함께 신임사화의 빌미를 제공한 목호룡 역시 영조 즉위년인 1724년에 육시를 면치 못했다. 목호룡이 옥중에서 고문으로 급사하자 영조는 도성 밖의 당고개에서 목호룡의 시신을 토막내어 머리는 서소문 밖에 효시하고, 사흘 뒤에 다시 머리와 팔

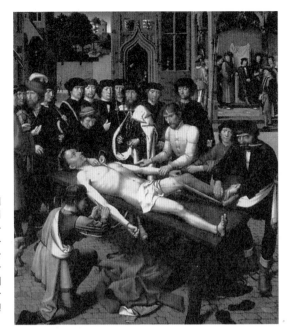

캄비세스의 재판 고대 페르시아에서는 자기 직무를 태만히 한 판사는 산 채로 가죽을 벗기는 형벌에 처해졌다고 한다. 그림은 캄비세스 왕 때 부패한 판사 시삼네스의 가죽을 벗기는 장면이다. 네덜란드 흐로닝언 미술관 소장.

다리를 지방에서 돌려보도록 했다. 이때 당고개는 지금의 서울시 지하철 당고개역 근처가 아니라, 삼각지로터리에서 공덕동로터리 쪽으로 조금 가면 위치해 있는 곳이었다.

대역죄인의 끔찍한 수난은 무덤에 묻힌 시신이라고 예외가 아니었다. 무덤을 파헤쳐 관을 부수고 시신의 목을 잘랐으니, 연산군 때에 김종직, 한명회는 물론이고 임금의 유모까지도 이와 같은 부관참시를 당했다.

이쯤 해서 글을 끝냈으면 하는 독자들이 있을지도 모르겠지만, 이왕 능지처사에 대해 말한 김에 잔혹함에 있어 결코 능지처사에 뒤지지 않는 형벌 하나를 더 소개하기로 한다. 조선에서는 시행된 적이 없지만 중국 역사 속에서 행해졌던 형벌인 '박피剝皮'다.

박피는 살아 있는 사람의 살가죽을 칼로 벗겨 죽이는 것으로 법전에 규정되어 있는 형벌은 아니었다. 그런 점에서 공식적인 국가 형벌이었던 능지처사형과는 구분되어야 할 것이다. 박피는 원·명나라 때부터 집행됐다고 하며, 가죽을 벗기는 도중에 혹은 가죽을 다 벗기자마자 바로 죄인이 죽으면 가죽을 벗기던 형리가 처벌을 받았다고 한다.

특히 명나라 때 박피의 형벌이 간간이 시행됐다. 명나라 태조 홍무제는 탐관오리를 처형할 때 그를 박피한 뒤 그 안에 잡초를 넣고 꿰매 인형을 만들어서 관청 안에 걸어두곤 했다. 또한 정덕제는 1512년 모반을 꾀한 자들 가운데 여섯 명에게 박피를 명하여 이들의 가죽으로 말안장을 만들어 자신의 말에 얹어 타고 다녔다고 한다.

다행스럽게도 이 잔혹한 처벌에도 그 끝은 있었다. 능지처사형은 조선의 경우 1894년 갑오개혁을 거치면서, 청나라는 1905년에 각각 금지됐다. 잘 알고 있듯이 인간은 중세의 신 중심의 존재론적 세계관을 벗어나 인간 중심의 세계관으로 전환하면서 근대 문명을 발전시켰다. 이때 근대를 추동시킨 원동력은 바로 인간의 이성이었다. 최근 근대 문명과 이성에 대한 비판적 사유가 탈근대 논의를 중심으로 다양한 형태로 제기되고 있긴 하지만, 적어도 법전 속에서 과거의 잔혹한 형벌을 몰아낸 이성의 힘은 찬사받아야 마땅하지 않을까 싶다.

제 9 장

임금이 내려주는 약, 사약

품위 있게 죽는 것도 임금의 은혜?

왕조사회인 조선에서 국가의 상징이자 최고 권력자는 당연히 국왕이었으며, 왕비는 권력의 중심축이었던 국왕의 정실부인이었다. 그러나 권력자의 아내라고 해서 모든 왕비가 항상 권력과 부귀영화를 누렸던 것은 아니었다.

조선시대 왕비 가운데는 왕비의 지위에서 쫓겨난 폐비가 여덟 명이나 된다. 이들 중에는 폐비로 그치지 않고 남편인 국왕에 의해 죽음을 당한 여인도 있었다. 성종의 계비이자 연산군의 어머니였던 폐비 윤씨가 그중 한 명이다. 성종 때 윤씨는 폐비되어 자신의 친가에서 사약을 받았는데, 그 이유는 왕의 얼굴을 할퀴는 등 투기를 일삼고 왕실을 저주했기 때문이었다.

조선에서 사약을 받고 역사의 무대에서 사라진 인물은 비단 폐비

사약을 받는 광경 김윤보의 『형
정도첩』에 실린 것으로 왼쪽의
무릎을 꿇고 앉아 있는 자가 사
약을 마시는 모습을 주변의 관리
와 관속들이 지켜보고 있다.

윤씨만이 아니다. 숙종 때의 장희빈도 사약을 받았다. 하지만 조선시
대에 사약을 받은 이들은 대부분이 관리였다. 그런데 조선시대에 중
죄인을 처단하기 위한 사형 집행 방식으로 법전에 기록되어 있는 것은
교형, 참형, 능지처사형 등 세 가지일 뿐 사약은 포함되지 않는다. 사
약이 공식적인 형벌은 아니었던 것이다.

　그 용어에서 짐작할 수 있듯이 사약은 임금이 내리는 약이다. 나라
에 큰 죄를 지어 죽여야 할 죄인이라 하더라도 왕실 가족이거나 지체
높은 고위 관리인 경우 임금은 이들을 죽이는 데 최대한의 예우를 갖
추었으며 이때 사용한 것이 바로 사약이었다.

　사약을 받는다는 것은 신체를 훼손당하지 않는 동시에 일반 사형
수들처럼 저잣거리와 같은 공개된 장소가 아닌 거주지에서 조용히 죽

을 수 있다는 것을 의미했다. 물론 이는 죄인이 상당한 사회적 지위를 가졌을 때 가능한 일이었다.

그렇다면 임금이 교형이나 참형과 같은 처형 대신 사약으로 죄를 다스리는 근거는 무엇이었을까. 『예기禮記』에 보면 '사가살 불가욕士可殺 不可辱'이라는 말이 나온다. 이는 선비를 죽일 수는 있어도 욕보여서는 안 된다는 말로써 그만큼 이들의 염치와 의리를 존중해주라는 뜻이다. 따라서 양반 관리나 왕실 가족들은 죽더라도 임금이 내린 사약을 받고 스스로 목숨을 끊는 방식으로 그나마 명예롭게 죽을 수 있었다. 한마디로 위계와 질서를 중시했던 조선에서는 목숨을 앗아가는 것도 신분에 따라 차이를 둔 셈이다. 이는 유교적 명분론과 신분제를 기반으로 한 당시로써는 어찌 보면 자연스러운 일이었다.

사약의 재료

안타깝게도 사약의 성분이 무엇인지 알려 줄 관련 기록이나 문헌이 남아 있지 않아 그 성분을 단정적으로 말하기는 어렵다. 다만 사약의 재료에 대한 추정은 가능하다.

먼저 중국의 예부터 들어보자. 고대 중국에서는 독약으로 짐새의 독, 즉 짐독鴆毒을 썼다고 전한다. 짐새는 검은 자색의 깃털, 긴 목, 붉은 부리를 가진 광둥성廣東省에 사는 새의 일종으로 수리나 독수리와 비슷하다. 전해 내려오는 이야기에 따르면 짐새는 독사만 먹으며 살았다고 하는데, 이 때문에 독사의 독이 짐새의 온몸에 퍼져 있었다. 이 짐새의 깃털을 술에 담가 독주를 만들어 독약으로 사용하면 그 맹렬한

『당률소의』 7세기 중엽에 편찬된 중국 당나라의 형법전으로 모두 12편 502조로 구성되어 있다. 중국의 전통적 형법의 전형을 이루며, 우리나라를 비롯한 주변국에 많은 영향을 미친 법전이다.

독성이 빠른 속도로 온몸에 퍼져 치사에 이르렀다고 한다.

진나라 이후에는 독살 방법이 다양해졌으며 짐독이 아닌 비소砒素를 일반적으로 사용했다고 한다. 비소는 금속 광택이 나는 비금속 원소로 그 화합물은 독성이 있어 현재에도 농약 및 의약의 원료로 쓰이는 물질이다.

한편, 당나라의 형법을 담은 『당률소의』 권18, 「도적율盜賊律」에는 독살에 관한 이야기가 나온다. 여기 등장하는 독약으로는 앞서 언급한 짐독 외에도, 독성 식물인 야갈冶葛, 오두烏頭, 부자附子 등이 있다. 당시 민간에서는 독살에 여러 가지 독성 식물을 이용했던 것으로 보이는데, 이 중 부자는 중국이 원산지로 한국, 일본 등 동아시아 각지에 분포하는 미나리아재비과의 여러해살이 식물이다.

조선에서 사용한 사약의 경우 비소를 가공해서 만든 비상砒霜이 주재료였던 듯하다. 혹은 부자를 비상과 합하여 조제했다고도 하지만, 짧은 시간에 독이 몸에 퍼지려면 비상이 사약의 핵심이 아니었을까 추정된다. 『한국천주교회사』에서 샤를 달레가 사약 성분을 비소라 언급한 것도 하나의 방증이다. 그렇다면 비상의 독성은 도대체 얼마나 강했을까.

19세기 학자 이규경이 집필한 과학기술서적인 『오주서종박물고변五洲書種博物考辨』에는 비상을 제조하는 방법이 나와 있다. 비소 덩어리砒石

를 흙가마에 올려놓고 다시 그 위에 솥을 거꾸로 엎어놓은 채 태우면 비소 증기가 위로 올라가 솥 안쪽 벽에 붙게 되는데 이것을 떼어내면 비상이 된다는 것이다. 중국에서는 이 비상을 논밭의 농약으로 사용했기 때문에 당시 비상 제조가 활발했다고 한다.

한편 이규경은 비상의 강한 독성에 대해서 경고했다. 비소 덩어리를 태워서 비상을 만드는 동안 연기에 노출된 초목은 모두 죽어버릴 정도로 독이 강하기 때문에 사람들이 연기를 흡입하지 않도록 각별히 주의해야 한다는 것이다. 또 이 일을 하는 사람은 2년 안에 전업해야지 그렇지 않으면 독에 노출되어 수염이나 머리카락이 다 빠져버린다고도 했다.

한편, 조선시대에 죽은 사람의 사망 원인을 밝히는 데 참고가 된 법의학서인 『무원록無寃錄』에는 비상을 먹고 자살한 사람들의 모습을 묘사한 대목이 있다.

비상에 중독되어 죽은 자는 만 하루가 지나면 온몸에 작은 포진이 발생하고 몸의 색깔도 청흑색으로 변한다. 게다가 눈동자와 혀가 터져나오고, 입술이 파열되며, 두 귀가 부어서 커질 뿐만 아니라 복부가 팽창하고 항문이 부어 벌어진다고 했다. 한마디로 맹독으로 인해 온몸이 상한 처참한 모습이라 하지 않을 수 없는데, 이와 같은 묘사로 볼 때 사약을 마신 자들이 역사드라마에서처럼 우아한 모습으로 죽기는 어려웠을 것 같다.

할복자살 그리고 사회적 사형 '팽형'

조선에서 죄인에게 사약을 내리는 것이 임금의 마지막 배려였다면,

일본에서도 이와 유사한 것으로 할복자살이 있었다. 셋푸쿠切腹라 불린 이것은 무사에게만 주어지는 가장 무거운 처벌이었다.

조선시대의 사약에 얽힌 여러 가지 이야기를 하기에 앞서 잠시 일본의 할복에 대해 알아보자. 할복은 헤이안平安시대에 시작되어 중세에 이르러 일반화됐다. 에도시대에는 장군이 중죄를 지은 무사의 정상을 참작할 경우 그를 참수에 처하는 대신 스스로 할복하도록 했는데, 이는 무사가 그나마 자신의 체면을 지킬 수 있도록 배려한 것이라고 한다.

할복 장소에는 대개 사방으로 흰 천을 둘러쳐서 다른 사람이 구경할 수 없도록 했으며, 할복할 당사자 말고도 여러 집행인이 입회했다. 할복자는 이들과 인사를 한 뒤 앉아서 겉옷을 벗어 할복할 복부를 드러낸다. 이후 미리 준비된 단도를 오른손에 거꾸로 쥐고 왼쪽 복부에 칼끝을 꽂아 한 일一 자가 되게 오른쪽으로 가르는 방식으로 이루어진다. 이때 집행인의 한 사람이 할복인의 등 뒤에 있다가 할복하는 동안에 할복인의 머리에 칼을 내리쳐서 목을 베면 의식은 끝이 난다.

말이야 할복자살이지만 사실상 명령에 의한 할복, 처형으로서의 할복인 것이다. 어찌됐든 할복은 공식적인 형벌이라 할 수는 없지만 무사의 자존심을 지켜주는 사형 방식이라는 점에서 조선의 사약과 일맥상통하는 부분이 있다.

그런데 할복을 통해, 혹은 사약을 내리는 것처럼 직접 죄인을 죽음에 이르게는 하지 않지만 죄인의 인격을 박탈함으로써 실질적으로는 죽게 하는 것과 다름없도록 하는 형벌이 있었으니 조선의 팽형이 그것이다.

조선에서 시행된 것으로 알려진 팽형은 단어의 의미에서 연상되는 것처럼 사람을 삶아 죽이는 형벌은 아니었다. 대신 당사자를 사회적

일본 에도시대의 할복 가운데 앉아 있는 이의 앞에는 할복에 쓰일 단도가 놓여 있으며, 오른쪽의 집행인은 할복 중에 목을 베기 위해 칼을 들고 있다. 『사법제도 연혁도보』 수록.

으로 영구 매장시키는 벌로써, 범인의 명예를 욕되게 하는 일종의 명예형이자 사회적 사형이라 할 수 있다.

일제시대 경성형무소장을 역임한 나카하시 마사요시中橋政吉의 글을 통해 팽형의 집행 과정을 소개하면 이렇다. 팽형은 뇌물수수 등 부정행위를 저지른 관리들에게 시행했는데, 한양의 중심부인 종로에서 많은 사람들이 지켜보는 앞에서 집행됐다. 먼저 준비된 가마솥에 죄인을 넣은 뒤 불을 때어 삶아 죽이는 시늉을 한다. 이렇게 해서 가마솥에 들어갔다가 나온 죄수는 가족에게 인계됐고 가족들은 죽은 사람을 떠나보내는 장례를 지냈으며, 팽형을 당한 자는 사형당한 것과 마찬가지로 평생 죽은 것처럼 살아야 했다. 친척들도 만나지 못하고 집안에만 갇혀 지내야 했다고 한다.

팽형에 관한 내용은 이보다 앞선 기록에도 등장한다. 1737년(영조

13)에 영조가 당습(黨習)에 젖었다는 이유로 사간 조태언을 돈화문 밖에서 팽형에 처할 것을 명했다가 결국 흑산도로 위리안치시켰다는 기사가 있다. 그리고 1890년(고종 27) 유본예가 쓴 『한경지략(漢京識略)』의 「교량(橋梁)」 항목에도 혜정교(惠政橋) 등 도성 안 다리에서 탐관오리를 팽형에 처했다는 기록이 있다.

다만 이러한 관련 문헌에도 불구하고 조선에서 이와 같은 방식으로 팽형을 당했다고 알려진 인물은 아직 없다. 따라서 조선시대에 종종 내려졌던 사약과 달리 팽형이 과연 실제로 집행된 적이 있었는지에 대해서는 불분명하다.

사약에 얽힌 이야기

조선시대 정쟁의 와중에서 적지 않은 사람들이 사약을 마시고 죽었다. 이 가운데는 정치적 지위와 학문적 업적이 뛰어난 관료들도 있었고 왕비와 후궁을 비롯하여 왕실의 종친, 외척들도 있었다. 지위가 높은 관리들을 처형할 때 임금이 법전에 명시된 방식의 처형을 면하는 대신에 사약을 내리곤 했지만, 그것은 임금의 결정 사항이어서 사약을 받을 수 있는 관리가 따로 정해져 있지는 않았다.

사약 집행 과정을 보다 자세히 살펴보면 왕명을 받은 관리는 죄인이 있는 곳에 직접 찾아가 사약을 내리기에 앞서 죄인에게 왕명을 유시했다. 비록 죽음을 맞이하는 것이지만 죄인은 왕명을 받드는 예의를 갖춘 뒤 사약을 마셨다.

임금의 사사(賜死) 명령을 집행하는 방식에 대해서는 광해군 즉위년인

말 탄 의금부 도사 영조
가 정순왕후를 궁궐로
맞이하는 행렬을 그린
반차도의 일부다. 영조
가 탄 가마 뒤편에 의금
부 도사가 보인다. 왕명
에 따라 사약을 내리기
위해서 대개 의금부 도
사가 파견됐다.

1608년 의금부의 보고에 나와 있다. 왕명을 집행하기 위해 사약을 가
지고 파견되는 관리는 의금부의 낭청郎廳 중에서도 대개 도사都事가 맡
았다. 인조반정仁祖反正 이후 강화에 유배된 폐세자에게 사약을 내릴 때
의금부 도사 이유형이 파견된 것이 그 한 예다.

이때 의금부 도사는 의녀醫女를 대동했으며 약물은 왕실의 의료기관
인 전의감典醫監에서 가져왔다. 간혹 사약을 받을 죄인이 한양에 있는
경우 의금부 도사 대신에 승정원 승지가 직접 파견되기도 했다. 성종
때 폐비 윤씨에게 사약을 전한 인물은 형방승지 이세좌였으며, 광해군
때 인목대비의 아버지로 계축옥사癸丑獄事에 연루된 김제남을 사사할
때는 형방승지 권진이 맡았다.

이 중 이세좌는 운이 아주 나쁜 경우다. 연산군은 즉위한 뒤 어머니

인 윤씨를 폐비시키고 사사한 사건과 관련된 인물들을 제거하고자 갑자사화甲子士禍를 일으켰는데, 윤씨에게 사약을 전한 이세좌는 선왕의 심부름을 한 죄로 이 같은 화를 피할 방법이 없었다. 결국 경상도 곤양에서 자진自盡하라는 왕명을 받고 목매어 죽고 말았다.

명종 때로 내려와보자. 1534년(중종 29) 제주목사로 부임한 인연으로 훗날 제주 오현五賢의 한 명으로 추앙받은 규암 송인수가 사약을 받던 날에 있었던 이야기가 『기문총화記聞叢話』에 실려 있어 소개해보고자 한다.

명종이 즉위하던 해인 1545년 을사사화乙巳士禍로 한성부좌윤에서 파직되어 청주에 유배된 송인수는 1547년(명종 2) 결국 윤원형 등에 의해 사사됐다. 송인수가 죽던 날, 송인수의 집안사람들은 조정에서 사약을 내리라는 명령이 떨어졌다는 것을 알지 못했다. 그런데 신주神主를 모신 방안에서 문을 두드리는 소리가 들려 집안사람들이 살펴보니 송인수의 부친 송세량의 신주가 저절로 움직여 벽을 두드리며 매우 절박한 모습을 하고 있었다는 것이다. 하늘에 있던 부친도 송인수의 불행한 최후를 안타깝게 여겼던 것이 아닐까.

한편, 고위 관리라고 해서 모두 사약을 받은 것은 아니었다. 노론 4대신의 한 명으로 정승의 자리에까지 오른 이건명은 경종 때 신임사화로 노론이 실각하면서 유배지인 전라도 흥양의 섬 나로도에서 죽게 됐는데, 경종은 그에게 사약을 내리는 대신 참형에 처하도록 했다.

조선시대 사약을 받은 인물들과 관련한 흥미로운 이야기 중 하나는 숙종 때 서인의 영수 격인 송시열에 관한 것이다. 그는 장희빈의 소생인 훗날의 경종을 세자로 책봉하는 것을 반대하다가 제주도로 유배됐고, 다시 한양으로 압송되던 중에 전라도 정읍에서 사약을 받았는데 사약 한 사발로도 죽지 않아 두 사발을 마셨다는 이야기가 전해지고 있다. 그만큼 사약에 잘 견뎠다는 것이다.

그러나 송시열의 사례는 명종 때 을사사화에 연루되어 사약을 받은 임형수에 비하면 아무것도 아니다. 그는 제주목사 등을 역임하다가 뒤에 관직에서 쫓겨나 고향인 전라도 나주에서 거처하던 도중 을사사화로 인해 사사되는 운명에 처했다. 이긍익의 『연려실기술』에 따르면 임형수는 독에 꽤나 잘 견뎠던 듯하다. 그는 사약을 16사발이나 마셨는데도 까딱하지 않았고, 다시 두 사발을 더 마셨는데도 멀쩡하자 파견된 관리들이 할 수 없이 목을 졸라 죽게 했다고 한다.

당시 사약은 그나마 임금의 배려로 명예롭게 죽을 수 있는 하나의 방편이었다. 하지만 그것이 결국 목숨을 빼앗는 일인 한 권력에 의해 집행되는 사형 그 이상도 그 이하도 아니다. 역사의 흔적을 좇다보면 그 가운데 적지 않은 인물들이 때로는 억울하게, 때로는 죽음 앞에서도 의연하게 사약과 함께 사라졌음을 알 수 있다.

제2부

법과 권력, 그리고 사람들

제 1 장

조선시대의 소송과 원님 재판

분쟁 없는 사회를 위하여

최근 우리나라에서도 인권, 환경 등이 강조되면서 그와 관련한 소송들이 적지 않게 증가하고 있는 듯하다. 실제로 2010년도 사법연감의 기록에 따르면 2009년도에 우리나라 법원에서 처리한 민사 사건은 400만 건이 훨씬 넘었다고 한다. 소송 중간에 취하한 건수까지 합하면 이보다 더 많을 텐데, 인구수 대비 소송 건수를 비교하면 특히 유럽과는 비교가 되지 않을 정도로 많다고 한다. 한마디로 지금 한국은 '소송공화국'이라 할 만하다.

과거에는 어떠했을까. 많은 법학자들이 동의하는 것처럼 전통시대에는 중국과 조선의 법률이 민사 소송보다는 형사 사건에 훨씬 더 주목하여 형법 위주로 구성되어 있었다. 따라서 조선시대에는 민사 분쟁에 대한 국가의 관심이 적었고, 소송도 별로 없었을 것이라 생각할 수 있지만 반드시 그런 것만은 아니었다. 뒤에 언급하겠지만 크고 작은 분쟁과 소송이 있었음을 기록으로 확인할 수 있다.

물론 조선의 조정과 관리들은 소송이 만연하는 것을 바람직하게 여기지 않았다. 그 이유는 유학의 종장인 공자가 『논어論語』에서 한 "송사를 심리한다면 나도 다른 이와 같겠지만, 나는 반드시 쟁송이 일어나지 않도록 할 것이다"라는 말에서 찾을 수 있다. 공자는 소송이 없는 '무송無訟'의 경지, 예禮로 다스려져 형벌과 다툼이 필요 없는 사회를 가장 이상적인 정치가 실현된 것으로 간주했고 조선의 유학자들 모두 이 말을 금과옥조로 여겼다.

사대부 관리들 입장에서 소송이 성행한다는 것은 사람들 간에 반목과 다툼이 증가하는 것을 의미하며, 이는 민심이 각박해지고 도덕과 체통이 타락했음을 보여주는 증표로 인식됐다. 한마디로 그들이 생각하는 바람직한 사회의 모습과는 거리가 먼 상황이 벌어지고 있는 것이었다.

조선시대 관에서 시행한 정책 중에는 소송을 제한하는 내용과 관련한 것들도 있었다. 먼저 조선시대 각 고을을 다스리는 지방관들이 중점적으로 지켜야 할 일곱 가지 업무를 규정한 '수령 7사守令七事'의 한 조목에는 소송을 줄이도록 하는 '사송간詞訟簡'이 있었다. 수령 7사는 수령의 근무 성적을 평가하는 기준이었으며 고을 수령이 처리한 소송이 적을수록 잘 다스린 것으로 간주됐다.

그리고 관에 소송장을 낼 수 있는 시기를 제한하기도 했다. 즉 춘분 뒤부터 추분 전까지는 형사 사건이나 도망간 노비 문제 등 중대 사안이 아닌 삽송雜訟은 수리하지 않도록 했다. 농번기에 불필요한 소송으로 백성들이 농사일을 망치는 것을 막고자 하는 의도인데, 이 조

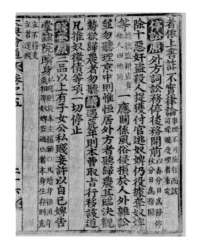

항은 『경국대전』 형전의 「정송停訟」 항목에 실렸고, 고종 때 만든 법전 『대전회통』에도 수록됐다.

이뿐만이 아니었다. 조선시대 지방 양반들은 향약鄕約 등을 통해 사회 문제를 자체적으로 조정 처리했으며 웬만한 분쟁은 관에까지 가는 대신에 양반들의 회의를 통해 마무리 짓도록 했다. 이때 가까운 친인척 사이의 분쟁이라든가, 혹은 양반들의 조정 의견을 무시하고 함부로 관에 소송을 제

소송 제한 규정 『대전회통』 형전의 「정송」 항목에는 조선 전기부터 농번기나 흉년에 중요하지 않은 소송은 수리하지 않도록 하는 조문이 실려 있다. 국립중앙도서관 소장.

기하는 행위에 대해 쓸데없이 송사를 일삼는다는 뜻으로 '비리호송非理好訟'이라 지목하여 처벌하기도 했다. 교화로 백성들의 풍속을 순박하게 하면 소송도 사라질 것이라는 유학자들의 생각은 어찌 보면 타당한 면이 있다. 그렇지만 현실도 과연 그러했을까.

조선시대 소송 건수는 얼마나 됐을까

앞서 중국이나 조선은 형법 위주로 법률이 규정되어 있어 법의 근간이 주로 백성의 통제에만 있었으므로 당시 민사 소송이 적었을 것이라고 많은 사람들이 생각해왔음을 지적했다. 그러나 이는 편견에 불과하다.

조선시대 소송 김윤보의 『형정도첩』에 실린 것으로 백성들이 관아에 소장을 제출하고 있다.

중국사 연구자인 일본 교토대학교 후마 스스무夫馬進 교수는 조선과 같은 시기에 존재했던 명·청나라의 사회가 소송이 매우 활발했던 '소송사회'였다고 한다. 소송 억제라는 사대부 관리의 일반적 원칙과 달리 현실의 관아에서는 백성들의 소송을 막지 않았고, 보통사람들도 소송을 포기할 만큼 관아를 두려워하지 않았다는 것이다.

그 실례로 당시 지방관들이 1년 동안 처리한 소송 문서를 분석한 결과 그 양이 약 1만 건을 넘는 경우가 많았다고 한다. 그 가운데 원고가 피고를 불러 심리하여 실제 판결을 내린 사건이 10퍼센트를 넘지 않았다고 가정해도, 지방관 한 사람이 1년에 1천 건이라는 어마어마한 소송 사건을 처리했다는 결과가 나온다.

인구가 늘어나고 경제적 분규가 증가하면서 특히 명나라 중기 이후 민산민의 소송 풍조가 만연했다는 것이다. 또 다른 조사 결과에 따르면 청나라 가경嘉慶연간(1796~1820)에 안후이성安徽省 류안저우六安州

고을의 지방관은 10개월의 재임 기간 동안 1,360건의 소송 안건을 처리했다고 한다.

이에 반해 조선시대의 소송이 전국적으로 얼마나 빈번했는지는 정확히 알 수 없다. 그렇지만 1838년(헌종 4) 전라도 영암군수가 그해 7월 한 달 동안 백성들이 올린 소송장인 민장民狀을 처리하여 모아놓은 『영암군소지등서책靈巖郡所志謄書冊』은 저간의 사정을 보여주는 한 예다.

이 민장을 분석한 서울대학교 김인걸 교수에 따르면 당시 영암군에서는 한 달 동안 모두 187건의 소송장이 접수됐다고 한다. 민장의 내용은 민사 소송에 관한 것 외에도 오늘날의 청원서, 행정 소송에 해당하는 것들이 적지 않기 때문에 소송의 특징을 단정 지어 말할 수는 없다. 그렇지만 수치만 놓고 보았을 때 군수가 하루도 쉬지 않는다 하더라도 하루에 최소한 여섯 건의 민장을 처리해야 했다.

이와 같은 사실은 좀 더 면밀한 분석이 필요하겠지만 조선 후기 지방관들이 과중한 소송 부담을 안고 있었다는 것을 말해준다. 또한 조선에서도 같은 시기 중국에서와 마찬가지로 백성들이 자신의 권리를 지키기 위해 소송을 제기하는 데 큰 거리낌이 없었을 가능성을 보여준다.

이렇게 관에 제기된 소송은 어떠한 방식으로 처리됐을까. 당시 백성들은 피고가 소재한 고을에 소장을 제출하게 되어 있었는데, 이는 오늘날 피고의 주소지 관할 법원에 소장을 제출하는 것과 마찬가지다. 그런데 조선시대 재판의 가장 큰 특징 중 하나는 재판에 필요한 증거 수집 및 변론의 책임이 소장을 제기한 당사자에게 있었다는 점이다. 더욱이 소장을 내는 것에 그치지 않고 경우에 따라서는 원고 자신이 직접 피고를 데려와야 재판이 진행될 수 있었다.

무지한 백성들이 자신의 억울함을 해결하기 위해 각종 증거를 확보하여 재판관을 설득하는 일, 원고가 상놈이고 피고가 양반일 경우 피고를 재판정에 데려오는 일 등은 모두 쉽지 않은 과정이었을 것이다. 이런 상황에서는 소송이 지체되게 마련이었고, 설사 판결이 잘 나더라도 여러 가지 후유증을 낳기도 했다. 이에 비추어볼 때 전해 내려오는 '송사는 패가망신'이라는 말이 충분히 수긍할 만하다는 생각이 든다.

'원님 재판'에 담긴 부정적 인식

지금과 달리 행정권과 사법권이 명확히 분리되어 있지 않은 조선에서 각 고을의 소송 처리는 지방관인 수령이 담당했다. 물론 수령의 판결에 불복할 경우 상급기관에 제소할 수 있도록 하는 제도적 장치도 마련되어 있었다.

재판 결과가 억울할 경우 지금의 도지사에 해당하는 관찰사에게 호소할 수 있었으며 해결이 안 되면 다시 중앙기관인 사헌부에 항소할 수 있었다. 그리고 그마저도 안 되면 신문고를 치거나, 조선 후기에서처럼 상언上言·격쟁擊錚의 방식으로 국왕에게 직접 호소하는 길도 있었다.

이와 같은 소원 절차를 갖추었다 하더라도 가장 중요한 것은 소송 처리의 일차적인 책임을 맡은 고을 수령의 역할이었다. 흔히 '원님 재판'이라 하면 일정한 절차나 원칙도 없이 수령이 제멋대로 판결을 내렸을 것이라 생각하기 쉽다. 사람 사는 세상에 물론 그런 엉터리 같은 수령이 왜 없었겠느냐마는 조선시대 소송 제도 자체가 미비했다거나

한말 재판장 풍경 재판관인 수령이 앉아 있고 마당의 중앙에는 소송에 관계된 두 사람이 꿇어앉아 있으며 이들 좌우로 관속들이 늘어서 있다. 언제 어디에서 촬영한 것인지는 알 수 없으며, 한일합방 직전에 통감부에서 발행한 보고서에 '구식 법정'이란 명칭으로 처음 소개된 지방 수령(군수) 재판 사진이다.

운영이 허술했다고 단정 지어서는 곤란하다.

한국 법사학계의 원로인 서울대학교 박병호 명예교수가 서울대학교 규장각의 수많은 고문서를 뒤지면서 어렵게 찾아낸 조선시대 민사 판결문을 보면 소송의 내용, 원고와 피고의 진술, 제출된 증거문서와 최종 판결 등 소송의 진행 상황이 상세히 기재되어 있다. 이와 같은 재판의 진행 및 변론 과정을 볼 때 원님 재판이 갖는 부정적 이미지를 재고할 필요가 있다.

한편, 조선 후기에 들어 사회가 복잡다단해지면서 소송이 증가하자 고을 수령들은 소송에 대비하기 위한 나름의 대책을 마련하기도 했다. 『경국대전』 등 여러 법전에서 소송에 필요한 주요 법규만을 뽑아 분류하여 정리해놓은 실무용 간편 법률서를 만들어 활용한 것이 그 예다.

이와 같은 작업은 조선 전기부터 이미 이루어졌는데, 대표적인 실무

포청천의 무덤　북송 때 개봉부 판관判官을 지낸 포청천 무덤으로 오늘날의 안후이성 허페이合肥 시에 있다. 본명이 포증인 포청천은 강직한 재판관으로 유명했다.

용 소송법서가 경기도 안산군수를 지낸 김백간이 편집한『사송유취詞訟類聚』다. 이 책은 1585년(선조 18) 김백간의 아들 김태정이 전라도관찰사로 있으면서 간행한 것으로 후대에까지 많이 활용됐으며 증보판도 발간됐다. 이 밖에도 실무용 법률서는 여러 권이 더 만들어졌다. 일본에 유출된 것으로 숭실대학교 임상혁 교수가 최근 확인한 관련 문헌만 해도『청송제강聽訟提綱』,『사송유초詞訟類抄』,『대전사송유취大典詞訟類聚』,『상피相避』등 다양하다.

　조선 후기에 만들어진 지방관의 업무지침서 격인 목민서牧民書에서는 소장 접수가 폭주했을 때 예측되는 소송을 유형별로 나누어 미리 모범적인 판결 문안을 만들어 두었다가 사용할 것을 권장하고 있다. 예컨대 19세기의『목강牧綱』에서는 관에 제기될 수 있는 소송의 유형으로 양반과 상놈 간의 다툼, 노비와 전답분쟁, 채무 문제, 구타 사건, 부세 문제, 산송 등을 상정해놓고 수령이 각각 어떻게 처리할 것인가에 대한 일종의 매뉴얼을 실어놓았다. 이로 미루어보아 재판이 당시 수령들의 매우 중요한 업무 중의 하나였고, 이 문제에 신경을 써야 했던 상황이었음이 분명하다.

그래서 재판을 공정하게 처리하는 지방관들은 백성들의 입에서 입으로 전해지곤 했다. 중국의 경우 북송대 개봉부 판관을 지낸 포청천包青天으로 유명한 포증包拯은 청백리의 전형으로 여겨져 죽은 뒤에도 그의 재판 이야기가 소설이나 영화, TV 드라마 등으로 소개되고 있다. 또한 정약용은 명판결을 내린 조선의 지방관인 신응시, 이몽량, 이시현 등의 사례를 『목민심서』에 소개하고 있다.

묏자리를 둘러싼 다툼, 산송

조선시대에는 어떤 유형의 소송이 가장 많았을까. 당시 소송의 유형을 세밀하게 분석할 수 있는 판례나 고문서가 충분하지 않아 일률적으로 이야기하기는 어렵지만, 일반적으로 조선시대 3대 소송을 꼽으라면 노비 소송, 전답 소송, 그리고 산송山訟을 들 수 있다. 조선 전기까지만 해도 노비 소송이 많았으나 조선 후기에 오면서 새롭게 등장한 산송은 다른 소송의 수를 훨씬 능가하면서 사회 문제로 대두될 정도였다.

산송은 한마디로 더 좋은 산소 자리를 차지하기 위한 다툼이다. 정약용은 『목민심서』에서 이 같은 묏자리를 둘러싼 소송이 폐단임을 지적하면서, 당시 구타나 살인 사건의 거의 절반이 묘지를 둘러싼 산송 때문에 일어났다고 했다.

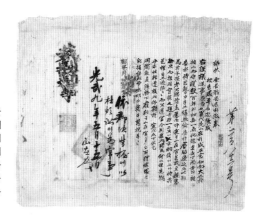

산송 1905년 5월에 전남 무안군에 사는 박희봉이 전남 관찰부에 제출한 것으로, 자신의 선산 근처에 몰래 투장한 안덕함이 군수의 판결에도 불구하고 이를 시정하지 않고 버티자 그 집의 묘소를 즉시 파내게 해달라고 호소하는 내용이다. 전북대박물관 소장.

정약용의 지적은 지나치게 과장된 면이 없지 않지만, 당시 산송이 매우 빈번하게 일어나고 있었음은 분명한 사실이며 실제로 산송으로 인해 살인 사건이 발생한 사례가 간혹 있었다. 예컨대 서울대학교 규장각 소장 자료 가운데 검안檢案에는 1900년(광무 4) 11월 충청북도 영춘군에서 이씨 집안사람들과 장씨 집안사람들이 다투다가 장씨 집안사람 중 한 명이 몽둥이에 맞아 사망한 사건이 기록되어 있다. 이 사건은 이씨 집안의 선산에 장씨 집안 묘를 쓰기 위해 상여를 운구하는 과정에서 발생한 전형적인 묏자리 다툼이었다.

한편, 산송의 유형으로는 다른 사람이 이미 쓴 묏자리를 차지하기 위해 몰래 그 근처에 묘를 쓰는 투장偸葬, 먼저 묏자리를 씀으로써 분묘 수호권을 확보한 사람이 이를 근거로 다른 사람이 근처에 묘를 쓰지 못하도록 막는 금장禁葬 등 다양했다.

묘지를 둘러싼 송사가 크게 두드러지는 가장 큰 이유 중 하나는 무엇보다 명당자리에 묘를 쓸 경우 자손들이 번창할 것이라는 풍수설 때문이었다. 그렇다고 산송이 모두 풍수설 때문에 일어난 것은 아니다. 다른 여러 가지 요인들도 복합적으로 작용했기 때문이다.

조선시대 성리학이 보급되면서 유교적 장례 문화가 확산됐고, 문중별로 대대의 산소를 한 곳에 모시는 종산_{宗山}을 두는 경우가 많았다. 자연스럽게 다른 사람이 자신들의 종산에 묘를 씀으로써 종산을 침해하는 행위가 발생할 경우 산송으로 비화됐던 것이다. 그리고 조상묘지 주변의 산림에 대한 이용권 확보 차원에서도 산송이 벌어지곤 했다.

당초에 산송은 양반, 토호 등을 중심으로 야기됐지만 점차 새로이 성장하는 일반 평민, 심지어 노비들까지 산송에 참여기도 했다. 1790년(정조 14) 경기도 남양의 유학幼學 송복규가 정조에게 올린 상언의 내용인즉, 노비가 상전인 자신을 능멸하고 함부로 집안 묘소 근처에 묏자리를 만들었으니 법에 따라 엄히 처벌하고 노비가 새로 만든 묘는 파내게 해달라는 것이었다. 이제 노비가 상전의 묘소에 투장하는 일도 일어난 것이다.

수백 년을 끈 소송

산송을 이야기할 때 빼놓을 수 없는 사례는 수백 년을 끌어온 파평 윤씨와 청송 심씨의 다툼이다. 위낙 오랫동안 이어진 데다 매스컴에 보도된 사건이기도 하여 유명하다. 조상의 무덤 자리를 두고 조선시대 두 명문 가문이 벌여온 분쟁은 최근에야 겨우 종결됐다.

사건의 내막은 이렇다. 지금의 경기도 파주시 광탄면 분수리에는 국가 사적 제323호로 지정된 윤관 장군 묘소가 자리하고 있는데, 이

곳에는 불과 몇 년 전인 2008년 6
월까지만 해도 17세기 효종 때 영
의정을 지낸 심지원을 비롯한 심
씨 집안 문중에서 조성한 묘소들
이 윤관의 묘 지척에 있었다.

청송 심씨 문중에서 묘역을 조
성할 때만 해도 바로 근처에 윤관
장군의 묘가 있었다는 사실을 몰
랐는데, 당시 파평 윤씨 집안에서
는 선조인 윤관 장군 묘의 소재를
파악하지 못하고 있었기 때문이었
다. 그러나 영조 때 파평 윤씨 집
안에서 잃어버린 윤관 장군 묘를
심지원의 묘 바로 3미터 아래에서
찾아냈고 이에 청송 심씨 묘소의
이장을 주장하면서 두 집안의 묘
지 분쟁이 시작된 것이다.

이 다툼은 관할 수령인 고양군

산송 도형圖形 산송이 발생할 경우 분쟁 당사
자들 간의 묘소 위치를 상세히 그림으로 그려
재판의 증거로 활용했다. 사진은 한말 전북 고
부군 주민들 간의 산송 사건 조사를 위해 집
강執綱 김학술이 그린 그림이다. 전북대박물관
소장.

수를 거쳐 영조에게까지 보고됐다. 영조는 심씨 집안에서 윤관의 묘인
줄 모르고 묘소를 조성했으므로 영의정 심지원의 묘와 윤관 장군의
묘 모두 그대로 두도록 하여 문중의 화해를 시도했다. 그렇지만 두 집
안의 묘소가 지척에 있었기 때문에 그 뒤로도 다툼이 끊이지 않았다.
그러다가 2005년에서야 마침내 분쟁의 마침표를 찍었다. 이때 두 집
안의 후손들이 합의한 내용은 청송 심씨 문중이 윤관 장군의 묘 근처

에 조성한 10여 기의 조상 묘를 인근 부지로 이장하되, 이장에 필요한 부지는 파평 윤씨 문중에서 제공한다는 것이었다. 이와 같은 합의는 2007년 문화재위원회의 심의를 통해 최종 확정됐으며 두 문중의 수백 년에 걸친 지루한 산송은 이렇게 막을 내리게 됐다.

인간 세상에 분쟁이 없을 수는 없으며 권리를 부당하게 침해당했을 때 자신의 권리와 소유권을 지키기 위해 행동하는 것은 정당하다. 그러나 파평 윤씨와 청송 심씨의 수백 년을 끌어온 소송은 이것이 언제나 모든 분쟁의 바람직한 해법이 될 수 없다는 사실을 우리에게 보여주고 있다. 이는 오늘날 소송으로 모든 것을 해결하려는 소송 만능주의에 따끔한 일침을 놓는 사건이 아닐까 싶다.

불법과 비리의 감시자, 암행어사

조선의 암행어사

요즘 현대판 암행어사 이야기가 종종 언론에 등장하곤 한다. 군대 내무반의 악습을 감찰하기 위해 암행어사 제도를 도입한 부대가 화제가 되는가 하면, 몇 해 전의 지방선거에서는 부정·탈법선거 단속의 실효성을 높이기 위해 선거판 암행어사인 비공개 선거부정감시단이 활동했다는 이야기도 들린다.

상대를 기죽이는 관복 대신 남루한 차림으로 전국을 누비며 백성들과 어울려 억울한 일을 속시원히 해결해주는 친근한 인상의 암행어사暗行御史! 우리에게 조선시대의 암행어사는 부패한 관리를 처벌하고 백성들의 고통을 어루만지기 위해 지방에 파견된 민초들의 희망의 메신저로서 기억되고 있다. 불법과 비리를 적발하고 민폐를 해결해주는 감시자의 역할을 수행한 조선시대 암행어사에 얽힌 역사 속 이야기를 좀 더 자세히 들여다보기로 한다.

우선 암행어사에 앞서 어사에 대해서 알아보자. 어사란 조선시대에 왕의 특명을 받고 지방에 파견되던 임시 관리를 말한다. 어사는 당하관堂下官 중에서 선발했으므로 그 직급은 우리가 생각하는 것처럼 그리 높은 편이 아니었다.

당하관은 정3품 이하의 벼슬로 같은 정3품이라도 통정대부 이상은 당상관堂上官, 통훈대부 이하는 당하관으로 분류해 당상관에게만 중진 대접을 했다. 그래서 당시 승정원, 삼사, 예문관 등 임금을 직접 모시는 시종신侍從臣 중에서 어사를 선발해 정3품 이상의 힘을 발휘하게 했다.

어사는 그 임무에 따라 감진어사監賑御史, 순무어사巡撫御史, 안핵어사按覈御史 등이 있었다. 감진어사는 기근이 들었을 때 해당 지방에 파견되어 기근의 실태를 조사하고 지방관들의 구제 활동을 감독했다. 다른 어사들과 마찬가지로 주로 당하관 중에서 선발했는데, 특별히 당상관이 선발될 경우에는 '사史' 대신 '사使'를 썼다. 순무어사는 지방에서 변란이 일어났거나 재해가 생겼을 때 해당 지방을 두루 돌아다니며 사건을 진정했고, 안핵어사는 지방에서 발생하는 민란을 수습하기 위해 파견됐다.

그런데 이렇게 왕의 특명이 공개된 일반 어사들과 달리 암행어사는 그 목적과 행선지, 자신의 정체를 아무에게도 알리지 않고 비밀리에 맡은 일을 수행했다. 이들의 주요 임무는 비밀 감사관, 특별 수사관처럼 지방관의 비리와 불법, 백성들의 고충을 조사하는 것이었다.

이처럼 일반 어사와 암행어사의 구별은 있었지만, 법제사가 전봉덕이 『한국법제사연구』에서 지적한 것처럼 조선 후기가 되면 일반 어사가 때로는 암행 감찰 권한을 부여받거나, 암행어사가 진휼 감독 등 일반 어사의 역할을 맡기도 하여 두 어사의 임무가 명확하게 구분되지 않았다.

아무튼 흥미로운 점은 조선에서 시행한 암행어사 제도는 다른 나라에서 유래를 찾기 힘든 독특한 감찰 제도였다는 것이다. 가까운 중국의 경우 일찍부터 절대 권력자인 황제가 자기의 측근을 어사로 임명해 지

박문수 초상 조선시대 어사로 TV 드라마나 책으로 가장 많이 알려진 인물이 박문수다. 박용기 소유, 천안박물관 소장.

방을 살펴보도록 했지만, 조선의 암행어사처럼 자신의 신분을 숨기며 감찰을 한 것은 아니었다.

지금처럼 교통과 통신시설이 발달하지 않은 상황에서는 방방곡곡 지방 관리들의 동태와 비리를 감시하고 백성들의 형편을 살피기 위해서 국왕이 비밀리에 암행어사를 파견한 것이 효과적이었을 것이다. 어찌 보면 암행어사는 거리가 멀어서 도저히 미칠 것 같지 않은 산간벽지의 백성들에게까지 왕의 성덕을 베풀고 그들의 하소연을 들어주는 자들이었다.

힘든 노정, 예상하지 못한 일들

조선 숭종대부터 조선 말기인 고종대까지 무려 400여 년 동안 암행어사는 계속 파견됐으며 이들은 백성들에게 마른 땅의 단비와 같은

암행어사의 보고서 『수의록』에 실린 1714년 경상좌도 암행어사 이병상의 복명서 앞부분이다. 서울대 규장각 소장.

존재였다. 중국 당나라 때 백성들의 억울한 옥사獄事가 쌓여 극심한 가뭄이 들었는데 이때 감찰어사 안진경이 옥사의 원한을 풀어주자 비가 내렸다고 한다. 이로 인해 어사 덕택에 내리는 단비라는 의미의 '어사우御史雨'라는 말이 생겼다고 한다.

『조선왕조실록』을 보면 1482년(성종 13) 7월에 가뭄이 심하게 들자 성종은 조정 대신들을 불러 무슨 일을 해결하지 못했기에 가뭄이 가시지 않는지를 물었다. 이에 좌참찬 성임成任은 예전에도 어사가 각 지방을 돌며 잘못 처리된 옥사를 다시 판결하자 하늘에서 곧 비가 내렸다고 하고, 여러 사건에 대한 철저한 심리를 바탕으로 혹여 있을지도 모르는 억울한 사람들의 사건을 해결해달라고 임금에게 간언했다.

이처럼 '어사우'의 고사를 바탕으로 조선에서도 어사는 지방을 돌며 원옥冤獄, 즉 지방관이 잘못 판결하여 호소할 길 없는 백성들의 부당한 옥사를 재심리하는 경우가 많았다. 『춘향전』의 이몽룡이 그랬듯이 당시 부패한 관리를 징계하고 백성들의 원통함을 해결해주던 이들이 암행어사였다.

그런데 암행어사로 파견된다는 것은 한편으로 고난의 길에 들어선 것이기도 했다. 탐관오리들의 혼백을 빼놓는 추상같은 암행어사도 임무 수행 과정에서 어려움을 겪는 일이 허다했다. 해진 도포와 망가진 갓으로 변변한 여비도 없이 암행길에 올라 좁디좁은 주막에서 새우잠을 자는 것은 다반사였다.

때로는 임무 중에 사단이 생기곤 했다. 1539년(중종 34)에 강원도에 파견된 어사 송기수는 강릉에서 수령의 비리를 증명할 수 있는 불법문서를 적발했지만 조정에 보고하기도 전에 이를 도난당하는 바람에 큰 낭패를 보기도 했다.

암행어사는 자신의 신분을 숨기고 감찰을 해야 했기 때문에 쉽게 위험에 노출됐으며, 심한 경우 파견된 어사가 의문의 죽음을 당하는 경우도 있었다. 조선시대 암행어사의 대명사인 박문수가 죽은 지 얼마 되지

『서수일기』 박내겸이 1822년에 평안남도 암행어사에 임명되어 임무를 수행하는 과정을 기록한 일기다. 서울대 규장각 소장.

않은 1763년(영조 39)의 『조선왕조실록』 기사를 보면 "전라도 암행어사 홍양한이 태인현에 이르러 갑자기 죽었는데 사람들이 그가 중독된 것이라고 의심했다"는 기록이 있다. 홍양한은 출두를 앞두고 점심밥을 먹고 난 뒤에 급사했는데, 사건 발생 이후 유력한 용의자를 붙잡아 신문했지만 독살로 추정되는 홍양한의 죽음은 미스터리로 남게 됐다.

어사 활동 도중 죽은 경우는 홍양한뿐만이 아니었다. 1822년(순조 22) 6월 26일 평안감사 김이교의 보고에 따르면 평안북도 암행어사로 파견된 임준상이 강계부에 이르러 갑자기 구토와 설사를 하다가 사망했다. 임준상의 사망 원인이 열악한 암행 조건으로 인한 것인지, 아니면 다른 원인이 있었는지는 알 수 없지만 홍양한, 임준상의 예에서 보듯이 어사의 임무는 때때로 죽음을 각오해야 하는 일이었다.

한편, 어사 활동을 어렵게 한 원인 중 하나로 암행어사의 파견이 지방에 알려지는 경우가 많았다는 점을 들 수 있다. 암행어사라는 말이 무색

하게 지방에서 파견 사실을 미리 파악하고 대비하는 경우도 많았다. 앞서 어사 활동 도중 사망한 임준상과 같은 시기에 평안남도 암행어사에 파견된 박내겸이 남긴『서수일기西繡日記』를 보면 자신이 다니는 동안 암행어사가 내려왔다는 소문이 이미 여러 고을에 퍼져 있었다고 한다. 이런 상황에서는 암행 활동이 기대만큼 순조롭게 이루어지기 어려웠다.

또한 어사들의 하루 이동 거리도 만만치 않았다.『서수일기』를 면밀히 분석한 서울대학교 오수창 교수에 따르면 4개월여에 걸친 업무 수행 도중 박내겸은 하루에 보통 70리에서 90리 정도를 이동했다고 한다. 물론 말을 타고 다니는 경우가 많았지만 신분을 감추기 위해 걸어다니기도 했다는 것을 고려할 때 그의 노정은 쉬운 일이 아니었다.

암행어사의 상징, 마패

어사들은 마패를 지니고 다녔다. 마패는 과연 암행어사만의 전유물이었을까. 그렇지 않다. 마패는 역마를 사용할 수 있는 일종의 증명서다. 당시 교통은 역을 중심으로 이루어졌고, 말을 타고 가는 것이 가장 빠른 이동 방법이었기 때문에 어사뿐만 아니라 공무로 지방 출장을 떠나는 관원들 역시 마패를 발급받아 역마를 이용했다.

암행어사만이 아니라 왕명을 받고 지방에 파견된 여러 봉명사신奉命使臣들도 공무상 마패를 소지했으며,『조선왕조실록』1414년(태종 14) 2월 12일자 기사에서 보듯이 심지어 말을 타고 각종 공문서나 전령을 전달하던 역졸驛卒인 기마역자騎馬驛子에게까지 마패가 지급됐다. 따라서 마패가 암행어사의 증표이기는 하지만 암행어사만 마패를 소지할 수 있었던 것은 아니다.

어사는 소지한 마패에 조각된 수만큼 역마를 징발할 수 있었다. 예컨대 말이 세 마리 그려진 3마패의 경우 자신과 수행원이 타는 말, 짐을 싣는 말을 포함하여 모두 3필의 말을 사용할 수 있었다. 1696년(숙종 22) 황해도 암행어사로 파견된 박만정의 경우처럼 3마패를 지급받은 경우도

마패 마패는 역마 이용권일 뿐만 아니라 암행어사가 자신의 신분을 증명할 때 쓰이기도 했다. 국립고궁박물관 소장.

있었지만, 고종 때 편찬된 『육전조례』에서 보듯이 19세기에는 2마패가 일반적이었던 듯하다.

암행어사가 가지고 다니는 마패는 역마 이용권을 의미할 뿐 아니라 암행어사가 자신의 신분을 증명할 때 사용하기도 했다. 어사가 출도할 때에는 역졸이 마패를 손에 들고 "암행어사 출도"라고 크게 외쳤으며 출도 이후에는 인장 대용으로 사용하기도 했다.

조선 건국 직후에는 나무로 마패를 만들었으나 파손이 심해 1434년(세종 16)에 철로 제조했다가, 『경국대전』을 반포한 무렵부터는 구리로 만들어 사용했다. 원형으로 된 마패의 앞면에는 징발 가능한 말의 수를 표시하고, 뒷면은 발행처와 연호, 마패를 제작한 날짜 등을 새겼다. 그리고 상부에 구멍이 난 돌출부를 두어 끈으로 허리에 찰 수 있도록 했다.

19세기에 편찬되어 승정원의 소관 사항, 여러 규정 등을 정리해놓은 『은대편고銀臺便攷』 권8, 「병방고兵房考」에는 마패의 제작 과정이 기록되어 있나.

이 기록에 따르면 마패는 1434년(세종 16) 6개, 1510년(중종 5) 5개,

1518년(중종 13) 1개, 1575년(선조 8) 1개, 1582년(선조 15) 2개, 1600년(선조 33) 6개가 제작됐고, 1624년(인조 2)에 와서는 499개라는 엄청난 수의 마패를 제작했다. 그런데 이들 마패는 명나라의 연호가 새겨진 마패였기에 청나라가 들어선 이후에는 청나라 연호로 수정한 마패를 새로 제작하여 사용했다.

이렇게 해서 새로 제작한 마패는 1644년(인조 22) 7개, 1662년(현종 3) 7개, 1723년(경종 3) 189개, 1730년(영조 6) 180개, 1795년(정조 19) 15개다. 『은대편고』 편찬 당시에는 1644년 이후 제작된 마패들 가운데 지방에 지급하거나 분실된 것 등을 제외하면 188개가 사용되고 있었다고 한다.

이를 통해 마패를 왕대별로 늘 만든 것이 아니었음을 알 수 있다. 또한 1624년(인조 2)에 가장 많은 마패가 제작됐으며 조선 후기에는 경종, 영조 때에 들어 다시 많은 마패가 만들어졌다.

여담이지만 현재 전하는 마패 가운데는 모조품이 적지 않다. 암행어사에 관한 이야기가 퍼지면서 조선시대 이후 일제시대, 해방 직후까지도 마패가 모조품이나 기념품으로 많이 만들어졌기 때문이다. 혹 개인이 소장한 마패가 있는 경우 그 진위 여부를 먼저 따져봐야 할 것이다.

그런데 마패와 함께 암행어사가 유척鍮尺을 들고 다녔다는 것은 잘 알려지지 않은 사실이다. 유척은 놋쇠로 만든 자를 말하며 암행어사에게는 대개 영조척營造尺과 주척周尺 등 두 개의 유척을 지급했다고 한다. 하나는 죄인을 매질하는 태나 장 등의 형구 크기를 법전의 규정대로 준수하는지 확인하기 위한 것이고, 다른 하나는 도량형을 통일해서 세금 징수를 고르게 하는 등 각종 길이를 재기 위한 것이었다.

오늘날과 달리 당시에는 형구를 잴 때, 토지를 측량할 때, 가정에

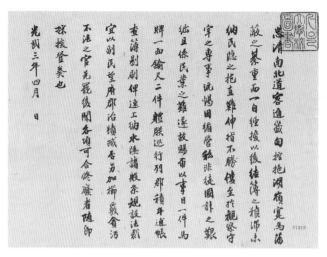

암행어사 봉서 1899년 고종이 윤헌섭을 충청남북도 암행어사로 임명하면서 당부하는 내용을 기록한 문서다. 이 지역의 문제점을 제시하고, 관리의 치적과 제도 개선책 등을 조사·보고할 것을 지시하고 있다. 서울대 규장각 소장.

서 의복을 제조할 때 등 각각의 용도마다 쓰이는 자의 규격에 차이가 있었다. 따라서 암행어사는 필요한 용도에 따라 사용할 수 있도록 두 개의 자를 가지고 다녔다.

한편 암행어사는 임금으로부터 봉서封書와 사목事目을 받았다. 봉서는 일종의 어사 임명장과 같은 것으로 임명 취지, 감찰 대상 지역의 명칭, 임무에 대한 임금의 당부사항 등이 적혀 있었다. 사목은 어사가 파견될 지역의 민폐, 주요 염탐 대상 및 처리 방향 등이 조목조목 기재되어 있어 봉서를 보완하는 역할을 했다.

특히 암행어사 파견이 활발해지는 정조대에 오면 각 도별로 제각기 필요에 따라 만들어진 사목을 종합한 통합 사목이 만들어졌다. 그것이 바로 『조선왕조실록』 1783년(정조 7) 기사에 실린 「제도어사재거사목諸道御史齎去事目」이다. 이 사목은 전국적으로 통일된 첫 사목으로써 경기도 25조, 충청도 36조, 전라도 34조, 경상도 36조, 황해도 39조, 평안도 42조, 함경도 33조, 강원도 26조 등 모두 271조문으로 구성되어 있어, 각 도별로 암행어사들이 역점을 두고 살펴야 했던 업무가 무엇이었는지를 파악할 수 있게 해준다.

이와 함께 암행어사는 업무 수행 뒤 임금에게 서계, 별단別單과 같은 보고서를 올렸는데 이 자료들을 통해 당시 암행어사의 주요 임무와 활동 내용을 살펴볼 수 있다.

어사의 활약상

지방에 파견된 암행어사는 지방관의 치적에 대해 상세히 살펴봐야 했으며 그중 형정도 중요한 감찰 대상의 하나였다. 암행어사의 주요 임무가 적힌 사목의 내용을 소개하면 다음과 같다. 고을에 지체되거나 억울한 옥사가 있는지, 형구가 규격에 맞으며 형벌을 남용하는지, 고을에 귀양 온 죄인들의 관리가 소홀하여 유배인들이 배소配所를 이탈하는지 등의 여부다.

이처럼 어사가 지방관이 처리한 민·형사 소송 사건을 점검했기 때문에 파견된 어사에게 민원을 해결하려고 각종 청원서나 소장을 올리는 백성들도 많았다. 앞서 나온 박내겸 역시 암행어사의 행차 소식에 억울함을 호소하려고 자신을 찾아온 사람들을 만났다. 1793년(정조 17) 충청도 암행어사 윤노동의 경우 그가 출도한 이후에 청주와 영동 지역에서 부당한 군포 징수 문제 등을 해결해달라고 하루에 1천여 명이 호소하는 등 백성들의 고소와 진정이 엄청났다.

백성들이 소지, 즉 소송장을 올리면 암행어사는 그 문서에 자신의 서명에 해당하는 수결手決, 판결문題辭, 어사의 상징인 마패 도장을 찍어서 제출자에게 다시 돌려주었다. 예컨대, 1867년(고종 4) 전라도 암행어사 윤자승은 자신의 선산에 몰래 쓴 무덤을 다른 곳으로 옮겨달라는 남원 고을 오치생 등의 소장을 접수하고 그의 요청대로 해 줄 것을 허락하는 처분을 내렸다.

또한 1874년(고종 11) 전라우도 암행어사 엄세영도 우반동 부안 김씨가의 종부로서 남

암행어사가 판결한 산송 소지 1867년 전라도 암행어사 윤자승이 처리한 것으로 추정되는 산송 소지다. 선산 근처에 몰래 쓴 무덤을 처리해달라는 남원 백성의 요청에 대해 무덤 주인을 찾아내서 관에서 파내도록 허락하는 내용이다. 왼쪽 하단에 휘갈려 쓴 글씨가 어사의 처분이며 마패 도장도 찍혀 있다. 전북대박물관 소장.

편을 따라 스스로 스무 살의 생을 마감한 열부烈婦 고씨 부인의 열녀 표창을 요청하는 전라도 유생 20여 명의 연명 소장에 그 처리를 약속하는 처분을 내렸다.

조선시대에 활약한 암행어사들 중 우리에게 가장 친숙한 인물로는 박문수가 꼽힌다. 그 때문인지 박문수가 관직 생활 내내 전국을 돌며 암행어사로 활동한 것처럼 알려져 있지만, 실제로 그의 어사 활동은 1727년(영조 3) 흉년이 든 경상도 지역의 민심을 수습하고 상황을 점검하기 위해 안집어사安集御史로 파견된 것을 포함하여 몇 차례의 짧은 기

간에 불과하다.

지금까지 전해지는 구전이나 설화를 보면 조선시대 뛰어난 암행어사들의 활약상이 모두 박문수의 이야기로 알려져 있지만, 박문수 외에도 매우 많은 학자와 관리가 어사를 역임했음을 기억할 필요가 있다.

몇몇 예를 들자면 조선 중기 대표적인 성리학자 퇴계 이황, 시대를 앞서는 개혁적 사고로 결국 사문난적으로 몰린 박세당, 숙종 때 영의정까지 올라 정치 운영의 중심에 섰던 학자 남구만, 19세기 최고의 학자인 정약용과 김정희, 박지원의 손자로서 개화파 형성에 중심 역할을 한 박규수, 고종 때의 어윤중과 이건창 등도 어사 활동을 한 인물들이다.

이처럼 조선왕조 500년 동안 각양각색의 탁월한 감찰 능력을 발휘한 암행어사들이 뒤를 이었다. 비록 그들 중 일부는 사심에 젖어 지방관의 공과功過를 제대로 평가하지 못했지만, 상당수의 암행어사들은 전국을 누비며 힘없고 가난한 백성들과 함께 호흡하려고 노력했다. 시대는 바뀌었지만 지금 이 순간에도 백성의 편에 선 현대판 암행어사가 요구되는 것은 왜일까.

제 3 장

머나먼 유배길
―조선의 유배인 ❶

사형 다음으로 무거운 형벌, 유배

영국의 철학자이자 법학자이며 공리주의자였던 제러미 벤담은 1791년에 원형감옥 '판옵티콘Panopticon'을 설계했다. 판옵티콘의 구조는 감옥의 중앙에 감시탑을 세우고 원형의 벽면 둘레에 죄인들의 감방을 배치하는 형태로, 감방은 밝게 하고 감시탑은 늘 어둡게 해서 죄인들이 교도관을 볼 수 없게 만들었다. 자연히 판옵티콘에 갇힌 죄인들은 보이지 않는 감시탑 속의 누군가로부터 늘 감시받고 있다고 여기게 되고, 나중에는 자신을 스스로 통제하고 자발적으로 복종하게 된다.

벤담이 설계했으나 그다지 호응을 얻지 못한 판옵티콘은 뒷날 프랑스의 철학자 미셸 푸코에 의해 새롭게 주목받게 됐다. 푸코는 저서 『감시와 처벌』에서 판옵티콘의 감시 체계를 사회 전체를 해석하는 데 활용하여 근대 자본주의 사회를 권력자가 만인을 감시하는 거대한 감금

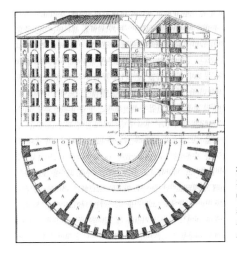

판옵티콘 제러미 벤담이 설계한 원형 감옥 판옵티콘의 설계도. A가 죄인의 방이고, F는 교도관의 감시 공간이다. 죄인은 교도관을 볼 수 없으며 교도관은 모든 죄인을 쉽게 감시할 수 있는 구조로 되어 있다.

사회, 감시 사회로 이해했다.

사회에 대한 푸코의 진단이 과연 적실한가에 대해서는 논란이 있을 수 있겠지만, 최근 들어 전자주민카드, 전자출입증 등 각종 전자 문서를 통해 권력기관의 사생활 파악이 가능해지면서 푸코의 경고는 엄연한 현실로 다가오고 있다. 그의 지적처럼 이제 가정, 학교, 군대, 병원, 공장 등은 감옥과 다름없는 또 하나의 감시 통제기구일지도 모르겠다.

푸코의 철학적 담론은 제쳐두고라도 한 가지 분명한 것은 오늘날 수형자의 신체를 구속하는 대표적인 감시기구가 감옥이라는 사실이다. 우리나라 현행 형법에 등장하는 형벌은 사형, 징역, 금고, 자격상실, 자격정지, 벌금, 구류, 과료, 몰수 등 모두 9종으로, 사형 다음의 무거운 형벌인 징역과 금고는 감옥살이를 의미한다. 다만 같은 감옥살이라 하더라도 일을 해야 하는 징역형에 비해, 노역에서 면제된 금고형이 더 가벼운 형벌이다.

조선시대에도 감옥이 있었지만 이는 형이 미처 확정되지 않은 미결수를 가두어두는 곳이었으므로 지금으로 치면 구치소인 셈이다. 따라서 기결수를 가두어둘 감옥이 따로 없었기 때문에 사형보다 한 단계 아래의 큰 죄를 지은 자들은 별도의 형벌로 다스렸는데 그것이 바로 유배형이다.

귀양이라는 말로 잘 알려진 유배형은 중죄를 지은 자를 고향에서 멀리 떨어진 타관 땅에 보내 종신토록 살게 하는 형벌이다. 그런데 여기에는 오해가 있다. 유배형이 양반들에게만 해당되는 형벌이라는 것이다. 정치범으로서 양반 관료들이 유배된 사례가 많기는 하지만 평민, 노비들도 유배형에 처해지곤 했다. 또 하나 조정에서뿐만 아니라 지방의 관찰사 직권으로도 형사 잡범을 유배형에 처할 수 있었다.

어찌 보면 유배형은 형기가 종신이라는 점, 유배지에서 노역에 종사하지 않는다는 점에서 오늘날의 '무기금고'에 비유할 수 있다. 유배지에서의 활동이 자유로웠기 때문에 유배형이 좁은 감옥살이에 비해 훨씬 나았다고 할지 모르겠지만 그 나름의 적지 않은 애환이 있었다. 조선시대의 독특한 형벌인 유배형의 특징은 무엇인지, 유배지 선정과 죄수들의 유배길은 어떠했는지 살펴보기로 한다.

유배형의 등급과 유배지 선정

유배형은 죄인의 거주지에서 유배지까지 거리에 따라 2천 리, 2,500리, 3천 리 등 세 가지 등급으로 나뉘며, 죄가 무거울수록 더 먼 곳으로 귀양을 보냈다. 그런데 문제는 국토가 좁은 조선에서 3천 리 밖으로의 유배가 가능했는가 하는 점이다.

　중국의 경우 워낙 땅이 넓다보니 세 등급으로 유배를 보내는 데 별 문제가 없었지만 조선에서는 사정이 달랐다. 그래서 죄수가 정해진 유배지로 이동할 때 빙빙 돌고 돌아 해당 거리를 채우게 했으며, 아예 1430년(세종 12)에는 죄의 등급, 죄인의 거주지 등을 고려하여 대상 유배지를 정해버렸다.

　세종대 규정에 따르면 죄인이 전라도에 사는 경우 유배지는 경상도와 강원도, 함경도의 고을이었으며 함경도에 사는 경우에는 강원도, 평안도, 경상도, 전라도의 고을로 한정했는데, 다른 도 역시 마찬가지로 각각 대상 유배지가 정해져 있었다. 또한 '유 2천 리'는 거주지로부터 600리 밖 고을, '유 2,500리'는 750리 밖 고을, '유 3천 리'는 900리 밖 해변 고을이 유배지가 된다. 말이 3천 리이지 실제 유배지는 900리 밖이 되는 셈이다.

　그러나 『수교정례』의 1672년(현종 13) 수교에서 보듯이 현종 때에는 최소한 1천 리 밖으로 유배 보내는 것을 원칙으로 하는 등 유배지 조항은 뒤에도 여러 차례 바뀌었다. 또한 실제 운영 면에서도 원칙과 많은 차이를 보였는데, 유배지를 배정하는 데 정실이 개입되어 거주지 인근 고을에 형식적으로 유배를 보내는 사례도 종종 있었다. 그리고 왕족을 유배 보낼 때에는 한양 근교인 강화도, 교동도 등 섬에 주로 보냈다. 실제로 반정으로 쫓겨난 연산군의 유배지이자 광해군이 잠시 머문 곳도 교동도였다.

　사실상 조선시대에는 거의 모든 국토가 유배지였다. 19세기에 편찬된 『의금부노정기義禁府路程記』를 보면 336개 고을이 유배지로 이용됐음을 알 수 있다.

『의금부노정기』『의금부노정기』는 한양에서 유배지까지 이동 일정 등을 기록한 것으로 사진에 보이는 강원도의 경우 춘천이 2일 일정으로 가장 가까웠으며, 11일 일정의 평해가 가장 멀었다. 서울대 규장각 소장.

『의금부노정기』에는 의금부에서 유배를 보내는 죄수들을 대상으로 하여 이들이 도성을 출발하여 각 유배지까지 가는 데 걸리는 일정이 적혀 있다. 좀 더 구체적으로 이를 살펴보면 경기도 지역은 최소 반일에서 2일 일정으로 되어 있으며, 황해도는 3일에서 6일, 강원도는 2일에서 최대 11일, 충청도는 2일에서 5일 반, 전라도는 5일에서 최대 13일, 경상도는 4일 반에서 11일 반, 평안도는 6일에서 17일, 함경도는 6일 반에서 최대 24일 반 일정이다.

한양에서 가까운 경기도의 양천, 시흥, 과천 등이 반일 일정이었으며, 전라도에서는 가장 시간이 많이 걸리는 곳이 13일 일정의 제주도였다. 경상도에서 가장 먼 곳은 거제, 남해로 11일 반 일정이었고, 유배지까지 가는 데 가장 많은 시간이 걸린 곳은 함경도 경흥 지역으로 한 달이 조금 안 되는 24일 반 정도가 소요됐다.

이름난 유배지

유배지 가운데 가장 혹독한 곳으로는 아무래도 삼수, 갑산과 같은 함경도 변경 고을이나 흑산도, 추자도, 제주도 등의 남해안 외딴 섬을 들 수 있다. 이들 지역은 거리도 거리이지만 워낙 변두리다보니 그 지역 사람들이 살기에도 기후나 물자 등 생활 여건이 열악했다. 특히 섬은 육지와 차단되어 있어서 유배인들의 배소 이탈 염려가 없는 최적의 유배지였으니 유배인들이 운 좋게 중간에 사면되어 풀려나거나 죽지 않는 한 절대로 벗어날 수 없는 악몽 같은 곳이었다.

조선 전기까지는 아무리 먼 유배지라도 변경 지역이나 해안 마을에 죄인을 유폐시키는 것이 고작이었다. 그러나 조선 중기 이후 정쟁이 격화되면서 이들 지역 대신에 섬으로의 도배島配가 크게 늘었다. 제주도를 비롯한 남해안 다도해의 여러 섬이 그것이다.

특히 육지에서 가장 멀리 떨어진 제주도는 본토와 격리된 절해고도라는 지리적 여건으로 인해 조선시대 많은 관리들이 이곳을 거쳐갔다. 관리만이 아니었다. 인조반정으로 쫓겨난 광해군의 최종 유배지도 제주도였다. 처음 강화도에 유배된 광해군은 교동도 등 이곳저곳을 몇 차례 옮겨다니면서 15년을 떠돌다가 1637년 제주도에 들어와 1641년 예순일곱 살의 나이로 병사하기까지 마지막 몇 해를 이곳에서 지냈다.

지금 제주시 이도동에는 제주도 사람들이 추앙하는 조선시대 다섯 관리의 위패가 모셔진 '오현단五賢壇'이 있다. 이들 제주 오현은 김정, 김상헌, 정온, 송인수, 송시열 등으로 이 가운데 김정, 정온, 송시열은 유배인 신분이었다. 제주도에서 유배인들의 영향력을 짐작할 수 있는 대목이다.

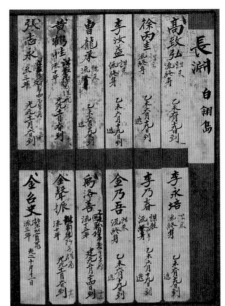

『각도배수안各島配囚案』『각도배수안』은 고종 때 섬에 유배된 죄수의 명단을 기록한 책이다. 사진에는 백령도 유배인 명단이 기재되어 있으며 살인죄가 많다. 유배 죄수 이름 밑에 형량, 유배지 도착 연도가 기재되어 있으며 '도逃'라 적은 것은 유배인이 도망간 사실을 표시한 것이다. 서울대 규장각 소장.

　당시 제주도의 3개 읍 제주목, 정의현, 대정현 가운데 특히 유배인이 몰렸던 곳은 대정현이었다. 이곳은 제주도에서도 가장 바람이 드세고 척박하여 중죄인을 종신 유폐시키기에 적합했기 때문이었다. 오죽하면 많은 유배인에게 하도 시달려서 대정현의 포구 모슬포를 사람이 살지 못할 곳이라 빗대어 '못살포'라고 했을까.

　제주도 외에 유배지로서 악명을 떨친 곳으로는 전라도 연안의 망망대해 외로운 흑산도, 추자도, 거제도, 신지도 등 조그만 섬들이 있었다. 이 중 제주도, 거제도와 함께 조선의 3대 유배지로 일컬어지는 흑산도는 가수 이미자가 노래한 「흑산도 아가씨」로도 유명한데 산과 바다가 푸르다 못해 검게 보인다 하여 흑산도라 불렀다. 좁은 땅에 극도로 열악한 생활 환경, 육지 소식조차 제대로 확인할 길 없는 외롭고도 쓸쓸한 처지. 아마도 "물결은 천번 만번 밀려오는데, 못 견디게 그 유배지 제한 조치 특별한 경우를 제외하고는 추자도, 제주목에 유배인을 보내지 않도록 하는 규정이 『대전회통』에 실려 있다. 국립중앙도서관 소장.

리운 아득한 저 육지를 바라보다 검게 타버린" 노랫말 속 흑산도 아가씨처럼 유배인들의 가슴도 이곳에서 시커멓게 타들어갔을 것이다.

추자도도 유배인들에게는 견디기 어려운 유배지 중 하나였다. 정조 때 이곳에 귀양 온 대전별감 출신 안조환은 자신이 쓴 유배가사에 이곳을 "하늘이 만든 지옥天作地獄"이라고까지 말하고 있다. 이 밖에 거제도, 신지도 등 육지에서 멀리 떨어진 조그만 섬들도 흑산도, 추자도보다 나을 것이 없었다.

그런데 제아무리 중죄를 지은 유배인들이라도 열악한 섬에 평생 방치해두는 것은 가혹한 처사였다. 이 때문에 절도絶島로는 유배를 보내지 못하게 하는 조치가 내려지기도 했다. 영조는 1726년(영조 2) 특별한 경우가 아니면 흑산도에 귀양을 보내지 못하도록 했으며, 2년 뒤에는 관아도 없고 사람도 많이 살지 않는 조그만 섬에는 유배시키지 않도록 지시했는데, 이 수교는 영조 때 만든 법전인 『신보수교집록』 권5, 형전刑典 「추단推斷」 항목에 실려 있다. 또한 고종 초기에 만들어진 『대전회통大典會通』 권5, 형전 「추단」 항목에서는 추자도와 제주도 3개 읍 가운데 하나인 제주목 유배를 원칙적으로 금지시켰다.

그렇지만 이후에도 이들 척박한 섬으로 유배인들의 발길이 끊임없이 이어졌다. 다산 정약용의 형 정약전이 1801년(순조 1) 천주교에 연루되어 흑산도에 유배된 것은 잘 알려진 일이다.

호송 책임자와 유배 경비

유배형이 사형 다음의 중형이었음에도 불구하고 당시 관료들에게 한두 번의 귀양살이는 흔한 일처럼 여겨질 정도였다. 조선시대 당파 간의 대립이 격화되면서 정쟁의 소용돌이에 연루된 지식인들 상당수 가 유배를 갔다왔다. 이들 유배인과 유배지까지의 노정을 함께한 호송 책임자, 경비 문제 등에 대해 살펴보자.

먼저 유배인이 관원 신분일 경우 호송 책임은 의금부에서, 관직이 없 는 자들은 형조에서 담당했다. 그런데 같은 관원이라도 등급에 따라 호송관이 달랐는데 정2품 이상, 즉 지금으로 치면 장관급 이상 고위 관원은 의금부 도사가 맡았다. 그리고 여타 관원들의 경우도 당상관 은 서리書吏, 당하관은 나장이 나누어 맡았으며, 관직과 무관한 자들은 지나는 고을의 역졸이 번갈아가며 호송을 책임졌다.

지금처럼 편리한 교통시설이 갖추어져 있지 않아 죄인들이 유배지 까지 하루 이틀 만에 갈 수 있는 상황은 아니었으며 여러 날에서 수십 일이 소요되는 것이 예사였다. 규정상 하루 평균 80~90리는 가야 했 기 때문에 이동 수단으로는 말이 이용됐다.

그렇다면 유배지까지 가는 비용은 누가 충당했을까. 관리가 유배를 갈 경우 지나는 고을에서 타고 갈 말과 음식을 지원받는 것이 관례였 으나 반느시 그랬던 것만은 아니었으며, 더욱이 관직이 없을 경우 유 배지에 도착하기까지 드는 비용은 대개 유배인이 자비로 해결해야 했다. 선조 때 광해군 책봉을 건의한 정철이 실각하자 그 일파로 몰려 1591년(선조 24) 함경도 부령에 유배된 홍성민은 유배지로 떠나기 위해 타고 갈 말 여섯 필, 옷가지와 음식물 등을 장만하느라 가산을 털었다고 문집에 기록으로 남기고 있다.

또한 압송관의 여행 경비까지도 어느 정도 부담하는 것이 관례였다. 압송관 입장에서도 죄인의 압송은 여간 성가신 일이 아니었으므로 으레 수고비를 챙겼다. 이러한 지출이 유배인들에게 적지 않은 부담이 됐음은 그들이 남긴 기록으로 확인할 수 있다.

한편, 『대명률』에 의거하여 특별한 경우가 아니라면 가족을 동반하여 유배지에서 생활할 수 있도록 허용됐다. 유배인의 가족 동반을 허락하는 이러한 조치는 1449년(세종 31), 1790년(정조 14)에도 재천명됐다.

숙종 때 대표적인 영남사림의 한 명이었던 이현일이 1694년(숙종 20) 갑술환국甲戌換局으로 함경도 종성으로 유배를 갈 때 아들 이재뿐만 아니라 조카, 노비 등이 동행했는데 이는 이재가 부친 이현일의 유배길을 시종하면서 쓴 일기인 『창구객일蒼狗客日』에서 확인할 수 있다. 그렇지만 낯선 유배지에 가족을 데리고 가기란 쉽지 않아서 이러한 사례는 그리 많지 않았다.

머나먼 유배길

어떤 직책, 어떤 신분인가에 따라 압송관이 달랐듯이 유배지를 향하는 긴 여행길도 죄인의 처지에 따라 대우가 크게 달랐다. 관직이 없는

유배 가는 죄인 유배길은 최소 며칠이 걸리는 노정이었기 때문에 그림에서처럼 목에 칼을 차고 가는 것은 있을 수 없었다. 한말의 그림이지만 고증이 잘못된 것이다. 프랑스 국립기메동양박물관 소장.

자이거나 평민·천민들은 대개 정해진 시간까지 유배지에 도착해야 했으며, 이를 위해 이른 새벽부터 밤늦은 시각까지 이동하거나 밤을 꼬박 새워 가는 경우도 있었다. 1672년(현종 13)에 허적을 비판하다가 함경도 갑산에 유배된 윤경교는 경상도 의령에서 함경도 갑산 유배지까지 기한보다 7~8일 정도 지체하여 도착했다는 이유로 추가 징계가 내려졌다.

이에 반해 조만간 정계 복귀 가능성이 높은 관리, 제법 힘깨나 쓰던 돈 많은 양반들의 경우는 유배길이 그리 불편하지 않았다. 이들은 고을 수령과 지인들로부터 극진한 대접을 받았으며, 지나는 길에 선산에 들러 성묘를 하거나 중간에 며칠씩 쉬어가는 여유를 부릴 수도 있나.

조선대학교 김경숙 교수의 유배 일기 분석에 따르면 일부 관직자들

섬으로 추방되는 죄수 일본 에도시대에도 추방형은 사형 다음의 중형이었다. 추방형 중에서 가장 무거운 형벌은 '엔토遠島', 즉 멀리 떨어진 섬으로 추방하는 것이었다. 『사법제도 연혁도보』 수록.

의 유배길은 죄를 짓고 벌을 받으러 간다고는 할 수 없을 만큼 여유 만만했으며, 심지어 호화판 유람길이 되는 경우도 있었다고 한다.

　1722년(경종 2) 위리안치의 명을 받고 함경도 갑산으로 유배길에 오른 윤양래는 18일의 여정 동안 가는 곳마다 고을 수령으로부터 후한 접대는 물론 많은 노자를 받았다. 그가 중간에 얼마나 많은 물자를 제공받았던지 수령이 챙겨준 물건을 싣고 가던 말이 그 무게를 이기지 못해 넘어지는 일까지 있었다. 심지어 윤양래의 호송관인 의금부 도사는 같이 동행하지 않고 별도로 출발했으며 중간에 험준한 고갯길에서는 자신이 타고 가던 가마를 제공하기도 했다.

　1589년(선조 22) 함경도 길주로 유배된 조헌은 경유지인 안변에서 부사와 함께 활쏘기와 만찬 등을 즐기다가 다음 날 술이 깨질 않아 출발하지 못하기도 했다. 1618년(광해군 10) 인목대비의 폐위를 반대하다가 북청으로 유배길에 오른 이항복은 가는 길에 함흥과 홍원에서 기생 덕선과 조생의 집에 묵기도 했다. 특히 기생 조생은 유배인 윤선도와 술자리를 같이하면서 그 총명함이 한양에까지 알려져 있었는데, 이항복은 유배 가는 길에 일부러 그녀를 만나는 호사를 부린 것이었다.

한편, 섬으로 떠나는 유배길은 육지와는 사정이 달랐다. 간혹 파도 때문에 목숨을 걸어야 했기 때문이다. 『조선왕조실록』에는 제주도로 가는 유배인을 실은 배가 풍랑 때문에 표류하여 행방을 찾을 수 없다는 전라도관찰사나 제주목사의 보고가 간혹 등장하고 있다.

육지에서 제주도로 들어갈 때에는 전라도 해남, 강진, 영암 등지에서 출발하여 보길도, 소안도, 진도 등을 경유하는 경우가 일반적이었다. 이 과정에서 거센 바람 때문에 며칠씩 배를 띄우지 못해 지체하기도 했으며 출항하더라도 풍랑에 떠밀려 제주도의 어느 포구에 도착할지도 예측하기 어려웠다.

제주도 대정현에 유배된 추사 김정희가 아우 김명희에게 보낸 편지에서 전라도 강진을 출발해 무사히 제주도에 도착한 사실에 안도한 것을 보면 제주도 유배길은 그곳 생활만큼이나 힘든 여정이었던 듯하다.

이처럼 유배길의 풍경은 사람마다 천차만별이었으나 분명한 것은 조정에서 힘깨나 쓰던 관리여서 유배길의 고단함이 다소 해소될 수 있을지언정 그 마음까지 홀가분할 수는 없었다는 사실이다. 죄를 짓고 벌을 받으러 떠나는 길이었기에 배소에서 벌어질 앞일은 누구도 알 수 없었다.

제 4 장

유배지에서 보낸 편지
―조선의 유배인 ❷

권불십년을 되새기며

"화무십일홍花無十日紅."

"권불십년權不十年."

매스컴을 떠들썩하게 하는 정치인들의 비리 소식을 들을 때마다 자연스럽게 떠오르는 말이다. 아무리 예쁜 꽃도 열흘을 넘기기 힘들며, 권력은 기껏해야 10년을 가지 않는다는 것!

여전히 정치인의 부정·비리 사건은 언론의 단골 메뉴로 등장하고 있다. 권력을 틀어쥔 자들에게 '권불십년' 이야기는 자신과 무관한 일이라 생각될지도 모른다. 그러나 화려한 꽃도 시간이 지나면 자연히 지는 법. 역사에서 교훈을 얻는 것이 그리 어려운 일일까.

한국 현대사는 그야말로 살아 있는 역사 교과서다. 좀 더 거슬러 올라가보면 권력의 무상함은 과거 조선시대의 역사가 이를 증명하고 있다. 한때 권력의 중심에 있던 수많은 조선시대 정치인들이 사화와 정쟁의 소용돌이 속에서 실각하는 불운을 겪었다. 때로는 권력형 비리로 인해, 때로는 반대파라는 이유만으로 형장의 이슬로 사라졌다. 다행히 목숨을 부지하더라도 상당수 관리들이 기약 없이 외딴 곳에 유폐되어 귀양살이의 고초를 겪어야 했다.

유배형은 자신의 생활 근거지에서 멀리 떨어진 외딴 지역에 고립되어 살아가야 하는 종신 추방형이었다. 조정에 복귀할 가능성이 큰 자인가 실세한 인물인가에 따라, 그리고 관리 신분인가 일반 무지렁이인가에 따라 유배길에서의 이들에 대한 처우는 천차만별이었다. 그러나 기본적으로 유배형은 사형 다음의 중형이었고, 유배지로 가는 노정은 물론 그곳에서의 삶 역시 팍팍하기 그지없었다.

최근 관찬官撰 기록뿐만 아니라 유배가사 등 문학작품 등을 분석한 연구성과들로 인해 조선시대 귀양살이의 다양한 면모들이 생생하게 밝혀지고 있다. '권불십년'의 가르침이 절실한 오늘, 조선시대 유배지에서의 생활상을 추적함으로써 권력의 무상함과 아울러 고난 속에서도 희망의 꽃을 피웠던 유배인들의 삶을 짚어보기로 한다.

보수주인에게 달린 유배 생활

유배지로 떠나는 여정이 저마다 제각각이었듯이 유배지에서의 삶 또한 지역, 시기, 신분에 따라 달랐다. 유배지에서 유배인의 생활을 좌우하는 자로는 우선적으로 고을 수령을 꼽아야 할 것이다. 유배인의 관리·감독을 총괄하는 수령은 유배 생활에 큰 영향을 미치는 거처와 보수주인保授主人의 선정을 결정했다.

보수주인은 현지에서 유배인의 숙식을 책임지는 사람으로 어떤 보수주인을 만나느냐는 앞으로의 생활의 질이 걸린 중대 사안이었다. 자신의 가족들을 챙기기도 빠듯한 생활에 군식구가 느는 일이므로 보수주인이 유배인 떠맡기를 영 내켜하지 않은 것은 당연했다. 고을 사람들 입장에서 유배인들은 손님을 뜻하는 유배객, 정확히 이야기하면 불청객에 불과했다.

그래서 보수주인은 수령의 명을 거역하기 쉽지 않은 읍내의 아전, 군교軍校, 관노官奴 등 관속들이 맡는 경우가 많았다. 일반 백성들의 경우 관에서 유배인을 배정할라치면 갖은 핑계를 대고 빠져나가기 일쑤였고 어쩔 수 없이 떠맡는 경우에도 불만이 이만저만이 아니었다.

이 때문에 보수주인들이 유배인들에게 행패부리는 일도 많았다. 1797년(정조 21) 벗 강이천의 유언비어 사건에 연루되어 함경도 부령으로 유배를 간 김려의 『감담일기坎窞日記』에 의하면 그의 보수주인은 고을의 말단 아전붙이인 군뢰軍牢 김명세라는 인물이었다. 그는 명색이 사대부인 자신에게 욕을 해대는가 하면, 때로는 "네가 빈손으로 와서 공밥만 먹고 있으니 그래, 이게 나라의 명이냐 관가의 명이냐" 하며 고함을 지르는 일도 다반사였다고 한다.

그나마 이 정도의 호통은 양호한 편이었다. 서울여자대학교 정연식 교수가 유배가사를 분석하여 밝힌 것처럼 정조 때 추자도로 유배를 간 대전별감이었던 안조환은 보수주인으로부터 노골적으로 구박을 받았다. 그는 추자도에서의 비참한 생활을 유배가사 「만언사萬言詞」에 묘사해 놓았다. 추자도에 도착한 첫날 아무도 그를 맡으려 하지 않아 관원이 강제로 한 집을 지정하자 집주인은 그릇을 내던지며 그에게 역

유배인 민경호에 관한 기록 1899년 전라남도 지도군에 정배된 민경호가 유배지에 도착한 날짜와 그를 책임진 보수주인의 이름 등이 적혀 있다. 이후 민경호는 1년여 만에 유배지에서 풀려났다. 『전라남도 지도군 정배죄인 도배연월일 보수주인성명 병록성책』에 실린 내용이다. 서울대 규장각 소장.

정을 내기 시작했다. 자신도 세 식구 먹여살리기 힘든 마당에 무슨 유배인을 맞느냐는 것이었다.

이처럼 유배인이 유배지에 도착하면 거처를 정해야 했지만 보수주인에게 내맡겨진 처지에서 돈이 없으면 궁색한 꼴을 면할 수 없었다. 관에서 특별히 보살펴주지 않는 이상 심한 경우 끼니 걱정까지 해야 할 정도였다. 그래서 고을에서는 보수주인에게 일방적으로 책임을 맡기는 대신 고을 사람 전체가 돌아가면서 급식을 제공하도록 했지만 유배인이나 고을 사람이나 마뜩찮은 것은 매한가지였다.

다산 정약용은 곡산부사 시절 고을에 배정된 유배인의 거취 문제를 해결하기 위해 아예 기와집 한 채를 사서 유배인들을 모두 그곳에 지내게 했고, 고을 기금을 별도로 마련하여 이들의 곡식, 반찬, 생활용품 등을 충당할 수 있도록 했다. 당시 유배인들의 거처를 '겸제원兼濟院'이라 했는데 고을 사람들과 유배인 모두를 편하게 했다고 해서 붙인 이름이다.

조정에서도 고을의 골칫거리인 유배인 배정에 신경이 쓰이기는 마찬가지였다. 그래서 1784년(정조 8)에는 흉년이 든 재해 지역에 유배인을 내려보내지 못하도록 했으며, 이보다 4년 뒤에는 아예 한 고을의 유배인 숫자를 10명으로 못 박았다.

필요한 경우 유배인의 거처를 다른 곳으로 옮기기도 했다. 『조선왕조실록』 1660(현종 1) 9월 24일자 기사에 따르면 전라도 진도에 극심한 흉년이 들자 전라감사 김시진이 유배인을 다른 지역으로 옮겨 줄 것을 조정에 요청했다. 이에 역모와 관련한 중죄인을 제외한 나머지 유배인을 다른 도道로 이배移配하는 것이 허락됐다. 이처럼 유배인들은 심한 경우 여기저기 떠도는 부평초 신세를 면하기 어려웠다.

산 무덤이나 다름없는 위리안치

유배인들은 고을 경내를 벗어나지 않는 한 이동에도 큰 제약이 없었다. 그리고 앞서 보았듯이 원칙적으로는 유배지에 가족을 데리고 와 함께 살아도 됐다. 다만 마땅한 호구책이 없는 이상 척박한 변방이나 시골마을, 외딴 섬에서 가족과 생활한다는 것은 상상하기 힘든 일이었다. 그래서 유배에 처해지면 가족은 고향이나 집에 두고 혼자 떠나는 것이 일반적이었다.

그런데 위리안치의 경우는 사정이 달랐다. 위리안치형은 무거운 죄를 짓고 국왕의 큰 노여움을 산 왕족이나 관료들에게 종종 내려졌는데 유배형 중에서도 가장 가혹한 조치였다. 위리안치에 처할 경우 가족 동반 자체를 금지시켰음은 물론 집 주위에 탱자나무 따위로 가시 울타리를 둘러 감옥살이나 다를 바 없는 감금·격리 조치를 취했다.

형 금성대군과 함께 단종 복위를 꾀하다 전라도 익산 등지에 안치安置된 화의군 이영과 한남군 이어에게 의금부에서 거주지 제한 조치를 취했다는 것이 『조선왕조실록』 1464년(세조 10) 기사에 나와 있어 이 무렵 위리안치된 죄인의 생활을 엿볼 수 있다.

집의 담장 밖에는 나무로 일종의 바리케이드를 쳤으며, 열흘에 한 번씩 음식을 주는 경우를 제외하곤 집으로 들어가

위리안치된 유배인 가시울타리를 두른 집에서 허망한 표정으로 유배인이 앉아 있다. 『형정도첩』 수록.

는 출입문은 항상 자물쇠로 잠갔다. 또한 담장 안에 우물을 파서 생활하게 했으며, 혹여 집안사람과 내통하거나 물품을 제공하는 자가 있으면 엄하게 처벌했다.

한편, 집 주위를 둘러싼 가시울타리는 우리가 짐작하는 것보다 훨씬 높아서 낮에도 햇빛조차 볼 수 없는 경우가 적지 않았다. 중종 때 기묘사화己卯士禍로 함경도 온성에 위리안치된 기준奇遵의 경우 가시울타리의 높이가 4~5길丈, 울타리 둘레가 50자尺였다고 하며, 영조의 계비 정순왕후의 오빠로 1776년 흑산도로 유배된 김구주도 문집 속에 자신의 거처 주변 울타리의 높이가 3길 정도였다고 한다. 또한 경종 때 명천에 유배된 윤양래의 집 주위 울타리 높이도 5길이었다. 이들의 말을 곧이곧대로 믿는다면 울타리의 높이는 5~9미터에 달했던

영월 청령포에 복원된 단종의 거처 세조에게 왕위를 뺏긴 단종은 강원도 영월 청령포에 유배됐다. 지세가 험하고 강으로 둘러싸여 있어 단종은 이곳을 육지고도陸地孤島라 했다고 한다. 가시울타리를 두른 것은 아니지만 위리안치와 크게 다를 바 없었다.

셈이다.

이처럼 높은 가시울타리가 처마를 가려 집안에 햇빛이 들지 않으므로 대낮이라도 한밤중과 같았고, 숨을 쉬려고 해도 공기가 통하지 않았다는 기준의 불평이 지나친 과장은 아니었던 듯하다. 실제로 고을 사람들은 기준의 집을 '산 무덤生家'이라 부를 정도였다.

1614년(광해군 6)에 영창대군을 죽인 강화부사 정항의 처벌을 주장하다 제주도 대정현에 위리안치된 정온의 사정은 그나마 나았다고 할 수 있다. 정온은 대정현 동문 안에 있는 작은 민가에 안치됐는데, 진흙으로 된 집에는 그나마 부엌과 노비들의 거처, 손님방까지 갖추고 있었고 대정현감의 배려로 서실書室 두 칸에 수백 권의 서가도 비치할 수 있었다. 그렇지만 정온의 집 또한 하자가 있었으니 집이 너무 낮아 똑 바로 설 수조차 없었다고 한다.

갑갑한 감금 생활은 안치된 죄인에게 자연히 탈출을 떠올리게 했을 법하다. 실제로 인조반정으로 졸지에 폐세자가 되어 강화도에 위리안치된 광해군의 아들 왕자 이지李祬가 땅굴을 파 울타리 밖으로 통로를 낸 뒤 밤중에 빠져나가다가 나졸에게 붙잡혔다. 이보다 앞선 1569년(선조 2) 전라도 보성군에 안치된 종친 신의申檥는 소홀한 감시망을 뚫고 아예 제멋대로 밖으로 나가 대담하게도 남의 애첩에게 손을 대 조정에 압송되는 일도 있었다.

힘겨운 귀양살이

비록 생면부지의 땅에서 천덕꾸러기로 전락하기는 했지만 유배인들의 생활에 큰 구속은 없었다. 다만 한 달에 두 차례, 즉 초하루와 보름에 행하는 고을 수령의 점고點考를 받아야 했다. 점고는 유배인의 도망 여부를 확인하는 조치다.

일반 평민·천민들과 달리 양반 관리 출신의 유배인에 대한 점고는 고을 수령들이 배려를 해주는 것이 예의였다. 다산 정약용은 『목민심서』에서 유배인이 사족士族인 경우 관청으로 불러들이는 대신 좌수, 별감이나 아전들로 하여금 대신 점검하게 할 것을 수령들에게 당부하고 있다.

그런데 상황이 반드시 이와 같지는 않아서 점고가 때로 굴욕적이기도 했다. 1781년(정조 5) 진도에 유배된 김약행은 관찰사가 점고를 강화하는 바람에 불시 점고를 받기 위해 수시로 관아를 오가는 불편을 감수해야 했다. 이보다 4년 앞서 정조를 시해하려고 한 사건에 연루되어 제주도에 유배된 조정철은 점고에 대한 불편한 심사를 『정헌영해처감록靜軒瀛海處坎錄』에 남겼다. 그의 한탄에 따르면 점고하면서 관청에서 유배인을 호명할 때에 성은 빼고 이름과 죄명을 부르는 등 관아에서 유배인에 대한 적절한 예우는 찾아볼 수 없었다고 한다.

이처럼 대개 유배인의 심사가 편안할 수는 없었으며 처우 또한 조정에 있을 때와는 비교할 수 없을 터였다. 하지만 사람에 따라서는 이것이 유배인지 유람인지 알 수 없을 정도로 호화판 귀양살이를 하기도 했다. 1853년(철종 4) 함경도 명천에 유배된 김진형의 사례가 대표적이다.

과거에 급제하여 홍문관 교리를 역임한 김진형은 이조판서 서기순을 탄핵하다 관직을 삭탈당하고 명천에 두 달 동안 유배됐다. 그곳 생활을 자신이 지은 「북천가北遷歌」에 자세히 소개했는데, 「북천가」는 앞서 소개한 안조환의 「만언사」와 함께 조선 후기의 대표적인 유배가사다.

「북천가」에서 그는 자신의 유배 생활을 과시하는 내용을 스스럼없이 표현했는데, 심지어 자신의 방탕한 일상을 남자라면 당연한 일이라고까지 말하고 있다. 그가 유배지에서 편안하게 지낼 수 있었던 것은 명천 수령의 절대적인 지원 덕분이었다. 가사에서 수령과 처음 만나는 다음 대목은 그의 유배지에서의 풍류를 짐작하게 해준다.

서로 인사 다한 후에 본관本官이 하는 말이
김교리金校理 이번 정배定配 죄 없이 오는 줄을
북관北關 수령 아는 바요 만인이 울었으니
조금도 슬퍼마오 나와 함께 노사이다

김정희의 유배 처소 제주도 대정현에 유배된 김정희의 거처로 지금의 제주도 서귀포시 대정읍에 남아 있다. 사적 제487호.

삼형三兄 기생 다 불러와 오늘부터 노잣구나

　김진형은 유배지인 명천으로 오는 길에 이미 여러 수령으로부터 극진한 대접을 받았으며, 명천에 도착해서는 삼천석꾼을 보수주인으로 배정받아 넓은 집에 머물며 그곳 선비들과 어울리고 음주가무를 즐겼다. 또한 배소를 벗어난 인근 고을 경성의 칠보산으로 구경을 떠난 것은 물론, 스무 살도 안 된 기생과 동침하며 방탕한 풍류를 즐겼다. 더구나 귀양을 온 지 불과 두 달 만에 해배가 되니 도대체 누가 그를 죄지은 유배인이라 부를 수 있겠는가.

　김진형보다 조금 앞선 1840년(헌종 6) 10월에 제주도 대정현에 당도하여 1848년 12월 해배될 때까지 귀양살이를 한 추사 김정희 역시 딱히 군색한 생활을 했다고 보기 어렵다. 처음 대정현에 도착한 그가 가시울타리를 두르고 거처로 삼은 곳은 읍성 안 송계순의 집이었다.

송계순은 관의 명령으로 미리 집을 수리해 세간과 기물을 완비하고 노비까지 마련해두었는데, 김정희는 그의 문집에서 보수주인 송계순이 매우 순박하며 사람이 좋다고 칭찬을 아끼지 않았다. 이후 그는 거처를 옮겨가며 대정현에서 무려 8년 넘게 외로움을 달래야 했지만, 하인 서너 명이 한양과 제주도를 오가며 그의 수발을 들었고 제자들도 몇 차례나 귀한 책을 사서 보내는 등 적어도 경제적으로는 여유로웠다.

앞서 언급한 김진형 등의 예외적인 경우를 제외한다면 대부분의 유배인은 유배지에서 외롭고 고단한 삶을 살았다. 무엇보다 마음의 허전함을 달랠 길이 없었는데 중종 때 기묘사화로 전라도 능주에 귀양 간 조광조는 자신을 '화살 맞은 새'라 표현했고, 제주도 유배인 조정철은 '부평초 같은 신세'라며 자신의 처지를 한탄했다.

한편 정계 복귀 가능성이 없는 인물이나 빈한한 사람의 경우 유배 생활이 길어질수록 생존을 위한 극도의 수치와 고통까지 경험해야 했다. 제주도의 최초 여성 유배인으로 알려진 인목대비의 어머니 노씨는 1613년(광해군 5) 제주도에 유배되어 왕비를 낳은 귀한 몸임에도 불구하고 막걸리를 팔며 생활해야 했다. 여기서 지금의 '모주'가 유래했다는 것이 벽초 홍명희의 아들 홍기문의 이야기다. 제주도 사람들이 노씨가 판 술을 대비의 어머니가 만든 술, 곧 대비모주大妃母酒라 부르다가 나중에는 '대비'를 빼고 그냥 '모주'라 했다는 것이다.

이보다 앞서 선조의 왕세자 책봉 문제로 실각한 정철의 일파로 몰려 1591년(선조 24) 함경도 부령으로 귀양길에 오른 홍성민도 그곳에서 식량이 떨어져 큰 곤란을 겪었다. 그는 해안지방에 흔한 소금을 내륙지방에서 팔아 곡식으로 바꾸면 그나마 호구를 해결할 수 있을 것

화성 행차도 속의 별감 1795년 정조가 어머니 혜경궁 홍씨의 회갑잔치를 위해 화성에 행차하는 모습을 그린 그림의 일부다. 그림 중앙 오른쪽에 정조의 말이 있고 그 앞에 여섯 명의 별감이 보인다. 유배를 오기 전 안조환은 별감으로서 그림에서처럼 화려한 옷을 입고 정조를 수행했을지도 모른다.

이라는 주위의 의견에 따라 데리고 온 종과 함께 장사에 나서면서 차라리 농부가 부럽다고 토로했다.

　더 궁색한 경우도 많았다. 1798년(정조 22) 서른네 살의 나이로 추자도에 유배된 대전별감 안조환의 귀양살이는 비참함 그 자체였다. 유배지에 도착한 첫날부터 보수주인으로부터 온갖 냉대를 받은 그는 한동안 처마 밑에서 자야 했음은 물론, 일 년 내내 달랑 옷 한 벌로 버티며 버선이나 이불도 없이 추운 겨울을 지내야 했다.

두둑한 돈이 있는 것도 아니요, 코흘리개 아이들이라도 가르칠 학식을 쌓아둔 것도 아닌 이상 척박한 외딴 섬에서 살아남으려면 몸으로 때우는 수밖에 없었다. 흡사 종살이처럼 보수주인집 마당쓸기, 불때기, 쇠똥치기, 도랑치기, 집 지키기 등 하루도 편할 날이 없던 안조환은 마침내 허기진 배를 채우기 위해 비렁뱅이처럼 동네를 돌며 동냥을 하기에 이른다. 이보다 눈물겨운 귀양살이가 또 어디에 있겠는가.

유배지에서 보낸 편지

조선시대 심각한 정치 대립의 와중에서 유배를 비껴간 관리들은 과장해서 이야기하자면 그야말로 행운아였다. 유배는 조선의 정치인들에게 결코 낯선 형벌이 아니었으며, 그들에게 처량하고 비참한 유배지의 생활은 떠올리고 싶지 않은 기억이었을 것이다. 하지만 척박한 불모의 땅 유배지에서도 학문과 예술은 그 꽃을 피웠다.

허균은 이산해의 시가 늘그막에 강원도 평해로 귀양을 가서 심오한 경지에 이르렀다며, 문장이란 부귀영화에 달린 것이 아니라 어려움과 고초를 겪으며 인고의 세월을 견뎌야 묘한 경지에 오를 수 있다고 주장했다. 작가의 유배 경험이 뛰어난 문학작품을 만들어냈다는 것이다.

실제로 유배의 고통을 이겨내며 시대의 아픔을 극복해나간 조선의 지식인들이 적지 않았다. 이들 중에는 활발한 창작 활동을 통해 후세에 길이 남을 명작을 남기기도 했는데, 조선 최고의 지식인 다산 정약용이 그중 한 명이다.

정약용은 정조가 죽은 이듬해인 1801년(순조 1) 신유사옥辛酉邪獄으로 경상도 장기에 유배됐다가 같은 해 10월 조카사위 황사영의 백서 사건에 연루되어 전라도 강진으로 이배됐다. 강진에서 그는 해배되던 1818년(순조 18) 9월까지 무려 18년의 세월 동안 외로운 귀양살이를 해야만 했다.

당시 정약용이 유배지에서 가족들에게 보낸 편지는 박석무가 엮은 『유배지에서 보낸 편지』에 수록되어 있는데, 그의 절절한 가족애와 학문에 대한 불굴의 의지를 읽을 수 있다. 외딴 흑산도에 귀양을 간 형님 정약전에 대한 걱정과 안타까움, 지아비를 유배 보내고 자식들을 키우며 정을 삭이던 한 살 연상의 부인 홍씨에 대한 그리움, 그리고 자식들에 대한 남다른 사랑 등도 잘 드러나 있다. 정약용은 특히 장성한 두 아들의 글공부를 늘 걱정했다. 우리 집안은 화를 입은 폐족廢族이니 남보다 학문에 더욱 정진하라는 것이다.

폐족이면서 글도 못하고 예절도 갖추지 못한다면 어찌 되겠느냐. 보통 집안사람들보다 백배 열심히 노력해야만 겨우 사람 축에 낄 수 있지 않겠느냐. 내 귀양살이 고생이 몹시 크긴 하다만 너희들이 독서에 정진하고 몸가짐을 올바르게 하고 있다는 소식만 들으면 근심이 없겠다.

―1802년 2월. 두 아들에게 보낸 편지

정약용의 학문에 대한 열정도 애틋한 가족애 못지않았다. 그는 유배지에서 결코 좌절하지 않고 자신을 채찍질하여 학문에 힘을 쏟았다. 그의 뛰어난 저작인 『목민심서』, 『경세유표經世遺表』, 『흠흠신서』 등은 모두 유배지 강진에서 이룩한 쾌거였다. 그에게 유배의 시련은 견디기 힘든 고통이 아니라 그저 빛나는 성취의 계기가 됐을 뿐이다.

제 5 장

조선시대 사형집행인, 망나니

사형제 존치 논란

 인간이 다른 사람의 목숨을 빼앗을 권한이 과연 있는 것일까. 그것이 합법적이라면 어떤 근거로 정당화될 수 있을까. 적을 죽이지 않으면 자신이 죽을 수도 있는 냉혹한 전쟁터에서도 같은 인간인 적군을 죽이는 것은 쉬운 일이 아니었다. 군사학을 전공한 미국의 데이브 그로스먼 교수가 집필한 『살인의 심리학』의 사례 분석에 따르면, 제2차 세계대전에 참전한 미군 소총수 중 적을 향해 총을 쏜 병사는 20퍼센트를 넘지 않았다고 한다. 생과 사를 넘나드는 현장에서도 같은 인간을 죽이는 일은 그만큼 어려운 선택인 것이다. 이러한 전쟁터 말고도 누군가의 목숨을 앗아가는 일이 허락되는 합법적인 살인이 있다. 바로 사형제다.

 인권보호 문제가 강조되면서 전 세계적으로 줄곧 논란이 된 사형제가 우리나라에서도 머지않아 폐지될 듯하다. 우리나라는 1997년에 마지막으로 사형을 집행한 뒤 10년이 지났기 때문에 국제적으로는 이미 사형제 폐지 국가로 분류되어 있다.

물론 현재 우리나라는 사형제가 법으로 완전히 폐지된 것은 아니기 때문에 시민단체와 인권단체를 중심으로 사형제 폐지 운동이 꾸준히 제기되고 있는 실정이다. 사형제 폐지를 주장하는 사람들은 사형이 국가에 의한 계획적인 법적 살인으로서 국가 테러리즘의 한 종류라고까지 말한다. 비록 범죄자라 할지라도 생명권을 함부로 박탈해서는 안 된다는 점, 사형이라는 형벌이 기대하는 것만큼 흉악 범죄를 억제하는 효과가 있다고 보기 어렵다는 점 등을 그 이유로 들어 사형제를 비판하고 있다.

그런데 문민정부 시절인 1997년 12월 30일에 사형 집행 대기자 23명에 대한 대규모 사형 집행을 시행한 뒤로 단 한 건의 사형 집행도 하지 않고 있다. 사형제 폐지 논란에도 불구하고 제도는 그대로 두되 집행은 하지 않는 애매한 입장을 정부가 고수하고 있는 셈이다.

사형제가 아직까지는 우리 사회에 필요하다는 목소리도 만만치 않다. 범죄 예방 등의 측면에서도 기대 효과가 미미한 사형제는 폐지하는 것이 시대적 흐름이라는 게 필자의 생각이지만, 여기서는 사형제에 대한 찬반 논란은 접어두고 사형집행인에 대해 이야기하고자 한다. 그동안 사형제를 논할 때 사형수, 그리고 피해자와 그 가족들만 주목했지 사형제의 또 다른 피해자인 사형집행인을 떠올리는 경우는 많지 않았기 때문이다.

사형제의 또 다른 피해자, 사형집행인

지금은 역사전시관으로 탈바꿈한 서대문형무소에서 1950~60년대에 근무했던 권영준 씨는 1971년 『중앙일보』에 「남기고 싶은 이야기들」이라는 기고문을 연재했다. 1922년 서대문감옥의 간수를 시작으로 1960년 10월에 은퇴한 그는 지면에서 그 누구에게도 말한 적이 없는 자신이 겪은 사형장의 풍경과 일화를 회고했다.

그는 직책상 사형 집행장에 자주 입회했다고 한다. 당시 서대문형무소에서 사형을 집행한 곳은 구내 서북쪽 끝 담 밑에 위치한 20평 남짓한 목조단층의 독립 가옥이었다. 죄인들은 이곳을 이른바 '넥타이 공장'이라 불렀는데, 사형장 문에 들어서는 사형수의 열에 일고여덟은 거의 주저앉아 발버둥을 쳤다고 한다.

그런데 진보당 사건에 연루되어 1959년 7월 31일 오전 10시 45분에 사형장에 들어선 조봉암은 여느 사형수와 달랐다고 한다. 조봉암은 사형 집행 직전까지 너무도 조용하고 침착했으며, 그의 마지막 요구 사항은 '술 한잔과 담배 한 대'가 전부였다.

한편, 한 신문 기사에서 20여 년 전 어느 감옥에 근무하며 10여 차례에 걸쳐 사형을 집행한 전직 교도관의 이야기를 읽은 적이 있다. 그는 사형수를 사형장까지 데리고 갈 때, 사형수의 목에 밧줄을 걸 때, 사형수의 의자 밑 마룻바닥이 아래로 꺼지도록 하는 장치로 교도관들이 부르는 용어로 '포인트'를 잡아당길 때의 느낌이 오랜 세월이 지난 지금까지도 생생하다고 증언했다. 사형 집행은 사람이 할 일이 아니었고 생각만 해도 몸서리쳐지는 일이었기에 사형집행인 명단에서 빠지려고 온갖 평계를 둘러댔다고 한다. 며칠에 한 번꼴로 사형을 집행하는

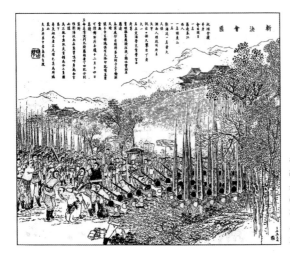

청나라 비적의 참수 청나라 말 비밀결사 가로회哥老會의 두목 등을 체포하여 황제의 명에 따라 저장성浙江省 항저우杭州에서 참수하고 있다. 『점색재화보』 수록.

것이 예사였던 1970년대 유신정권 말기에 교도관으로 근무했던 사람들의 고통을 가히 짐작하기란 어렵지 않다.

사형을 집행한 전직 교도관들 중에는 마약에 손을 대거나, 속세를 떠나 불가佛家에 귀의한 사람이 있다는 이야기도 언뜻 들리는 것을 보면 분명 이들도 사형제의 또 다른 피해자임에 분명하다.

다른 나라들의 사형집행인

현대의 사형집행인 이야기에 이어 조선시대로 거슬러 올라가보자. 조선시대에 참형을 담당한 자들은 흔히 '망나니'라 부르지만 영조대의 법전 『신보수교집록』에 나오는 '행형쇄장行刑鎖匠'이 이들의 공식 명칭이었던 듯하다.

조선에 행형쇄장, 즉 속칭 망나니가 있었듯이 같은 시기 사형제가

루이 16세의 처형　프랑스 혁명 당시 반역죄로 루이 16세가 단두대에서 처형당한 장면이다. 루이 16세의 목을 들고 있는 사형집행인은 샤를 앙리 상송이다.

있었던 다른 나라들에서도 사형집행인이 존재했다. 조선의 망나니에 대해 살피기에 앞서 중국과 유럽의 사례를 먼저 보자.

청나라에서는 참수와 능지처사를 집행하는 회자수가 어떤 성姓을 쓰는 사람이든 일률적으로 강씨姜氏 성을 붙여 '강안姜安'이라 불렸다고 한다. 이는 청나라 개국 초기에 도적질을 하다 참수당한 강씨 성을 가진 오 형제로부터 비롯됐다. 한편, 강안과 회자수의 공식 명칭은 집형병執刑兵, 귀두수鬼頭手다.

법사학자 니이다 노보루가 청나라 말기 강안으로 활동한 인물의 회고담과 박물관의 유물을 조사한 바에 따르면, 강안은 일종의 직업으로서 정원은 10명이며 결원이 생기면 보충을 하고 월급도 4냥씩 받았다고 한다. 그리고 강안은 참수할 때 귀두도鬼頭刀라는 손잡이가 길고 길이가 넉 자나 되는 칼을 썼으며, 능지처사할 때 쓰는 능지도凌遲刀는 이보다 훨씬 작아 한 자가 조금 넘었다고 한다.

중국의 강안에 관한 기록이 소략한 데에 비해 유럽의 사형집행인에 대한 내용은 비교적 풍부한 편이다. 프랑스의 파리에서는 상송 가문이 17세기부터 5대에 걸쳐 대대로 사형집행인이었던 것으로 알려져 있는데, 프랑스 혁명 과정에서 많은 사람을 단두대에 세운 유명인사 중의 하나는 당시 최고의 사형집행인인 샤를 앙리 상송이었다. 혁명에 의해 1793년 1월 처형된 루이 16세의 사형 집행도 그의 손을 거쳤다.

영국에서 1663년부터 1686년까지 20여 년 이상 활동한 잭 케치는 사형집행인 중에서도 잘 알려져 있었다. 그는 많은 사람들의 목을 베거나 교형, 화형을 집행한 것으로 유명하여 후대에 그의 이름은 사형집행인과 동의어로 사용되기까지 했다.

나라에 따라 사형집행인의 출신이나 처우에 차이가 있었지만 사형집행인은 사람의 목숨을 빼앗는 일을 한다는 것만으로도 마음이 편한 직업이 결코 아니었다. 더구나 미셸 푸코의 『감시와 처벌』에 따르면 17세기 말 프랑스의 아비뇽에서는 살인범의 교형을 집행하는 과정에서 사형집행인의 형 집행이 서툰 데 격분한 주변의 구경꾼들이 돌을 던지며 공격하여 오히려 사형집행인이 죽는 경우도 있었다. 이처럼 사형집행인들은 누구나 꺼려하는 최악의 일을 해야 하면서도 때로는 신변의 위협까지 느껴야 했다.

일본 전근대의 사형집행인이 어떤 신분의 인물이었는가에 대해서는 논란이 있지만 에도시대에 사형집행인을 보조한 자들로 '히닌非民'이 있었다. 이들은 신분이 미천하여 천한 일에 종사했는데, 사형 집행 과정을 보조하고 사체를 처리하거나 죄수 관리를 맡았다고 한다.

참형 김윤보의 『형정도첩』에 실린 조선시대 참형 집행 그림이다. 엎드린 사형수의 턱 밑에 나무토막이 괴어 있고, 참수 후에 머리를 걸어놓기 위해서 상투에 줄이 매어져 있다. 사형집행인이 기다란 칼로 막 형을 집행하려는 순간이다.

형 집행 현장에 서서

다시 조선으로 돌아와 당시의 참형 집행 현장을 훑어보자. 참형 집행은 반드시 동일한 장소에서 동일한 방식으로 행해진 것이 아니었다. 『조선왕조실록』 1606년(선조 39) 12월 20일자 기사에서 보듯이 당고개에서 형을 집행한 경우가 많았지만, 일제 때 경성형무소장을 지낸 나카하시 마사요시의 지적처럼 한말에는 추분 이후부터 춘분 이전에 사형을 집행했던 대시待時 사형수와 달리 중죄인으로 즉시 처형하는 이른바 부대시不待時 사형수는 무교동에서 사형을 집행했다고 한다.

한말의 관리나 선교사들의 말을 종합하면 참수 집행 과정은 대략 다음과 같다. 먼저 소달구지 적재 칸에 사형수의 양팔과 머리칼을 매

『무예도보통지』에 나오는 월도月刀 참형을 집행할 때 망나니가 월도를 사용했다고 하는 이야기가 있으나 항상 그랬는지는 분명치 않다. 왼쪽이 조선의 월도이며 오른쪽은 중국의 것이다. 언월도라 부르기도 한다.

달고 감옥에서 사형장으로 압송한다. 샤를 달레의 『한국천주교회사』를 보면 사형장에는 사방 약 50보 내외의 넓이로 장막을 둘러치고 구경꾼이 들어오는 것을 금지했는데 이는 잘 지켜지지 않았다고 한다.

또한 달레는 수레 한가운데에 세워진 십자가에 죄수가 묶여져 사형장으로 이동했다고 설명하지만 이는 사실이었다고 보기 어렵다. 이웃 중국의 경우도 청말 능지처사형 집행을 위한 구조물 중 어떤 것도 십자가 형태가 아니었는데도 이를 목격한 서양인들은 십자가에서 처형됐다고 회고하고 있다. 이는 모두 종교적 상상과 연결된 것으로 보아야 할 것이다.

죄수가 도착하면 사형집행인인 망나니는 죄수의 옷을 벗기고 두 손을 뒤로 묶은 뒤 그의 턱 밑에 나무토막을 받쳐놓고 기다란 자루가 달린 무시무시한 칼로 목을 베었다. 때로는 상투에 줄을 매어 목을 베었는데 이는 잘린 목을 나무에 매달아 효시하기 쉽도록 하기 위해서였다.

고종대 편찬된 『육전조례』를 보면 망나니가 사용하는 칼은 '행형도자行刑刀子'라고 했다. 앞서 참형을 집행하는 모습을 담은 『형정도첩』의 그림에서 보듯이 칼날이 초승달 같다고 해서 붙여진 중국 고대의 무기 언월도偃月刀와 모양이 비슷하다. 한말에 망나니가 실제 사용했던 행형도자는 칼날의 길이가 두 자, 자루 길이가 세 자 정도일 만큼 무겁고 길었다고 한다.

망나니는 어떤 차림새를 하고서 처형장에 나타났을까. 1865년 12월 중순에 중국 북경의 채소시장에서 능지처사를 목격했던 영국인 관료 프리먼 미트포드는 키가 작지만 다부진 체구의 우두머리 회자수가 피묻은 누런 가죽 앞치마를 둘렀다고 전한다.

조선의 경우 한말 시구문屍口門 밖에서 죄인을 참수하는 광경을 목격한 영국인 아널드 새비지 랜도어의 회고에 따르면 사형장으로 이동하는 도중에 망나니들은 이미 주막에서 술을 마셔 얼큰하게 취한 상태로 형을 집행했다고 한다.

지금도 가끔 사극을 보면 참수를 맡은 망나니가 대개 만취한 채 칼을 머리 위로 쳐들고 정신없이 춤을 추다가 흥분한 상태에서 그 여세로 칼을 내리쳐 목을 베는 장면이 심심찮게 등장한다. 또한 사형수의 가족이 사형 집행 당일 망나니에게 뇌물을 주지 않았을 경우 망나니는 사형수를 단칼에 죽이지 않고 일부러 여러 차례 칼을 사용해 참을 수 없는 고통을 주었다는 이야기도 전해지고 있다. 그러나 이는 반드시 그랬다고 단정 짓기에는 극적인 요소가 너무 많다.

망나니를 위한 변명

여기서 궁금한 사실 하나. 도대체 누가 망나니가 됐을까. 조선시대에 죽지 않기 위해 해야만 했던 일이 바로 망나니짓이었다. 죄인의 목을 단 칼에 베어야 하는 망나니가 원래는 사형수였다는 것은 잘 알려지지 않은 이야기다.

작두 북송대 포청천이 사건 판
결 뒤 죄인을 처형할 때 작두
를 이용했다고 전한다. 맨 뒤
의 용 작두는 황친과 귀족, 가
운데 호랑이 작두는 고관들과
사대부, 개 작두는 시정잡배를
처형할 때 각각 사용했다고 한
다. 안후이성 허페이시의 포청
천 사당에 전시되어 있다

　사형수가 사형수의 목을 벤다? 다소 의아하겠지만 사실이다. 18세
기에 만들어진 법전 『신보수교집록』의 형전 「추단」 항목 중에는 행형
쇄장, 즉 참형 집행을 맡은 망나니는 정치범이 아닌 일반 사형수 중에
서 자원하는 자 중에서 허락한다는 1703년(숙종 29) 숙종의 수교가
실려 있다.

　이보다 100여 년 뒤인 고종대 편찬한 법전 『육전조례』에도 지금의
서울구치소에 해당하는 관청인 전옥서典獄署 소속의 행형쇄장 한 명을
사형수 중 원하는 자가 있으면 왕에게 아뢰어 결정한다고 명시되어 있
다. 실제로 구한말 왕가의 친척이었던 김화진의 회고에 따르면 절도
전과 2범과 3범 사형수를 특별히 용서하여 포도청 옆 전옥서에 가두
어두고 필요할 때에 불러내 형을 집행하게 했다고 한다.

　물론 조선시대 내내 사형수만이 망나니 일을 전담한 것은 아니었
다. 그렇지만 앞의 기록들을 볼 때 적어도 조선 후기 망나니의 일부는
사형수였음이 분명하다. 그렇다면 이들은 왜 자원했을까. 망나니가 되
는 일은 언제 죽을지 모르는 죽음의 공포에서 벗어나 자신의 목숨을
보존하기 위한 어쩔 수 없는 선택이었다. 망나니가 된 자는 사형에서

감형됐고, 그들은 감옥에 머물면서 사형 집행이 있을 때에만 눈 한번 딱 감고 칼을 휘두르면 됐던 것이었다.

사형수에서 하루아침에 망나니가 된 그들은 어찌 보면 자신과 비슷한 처지의 동료 죄인들을 향해 칼을 휘두른 흉악무도한 인간들이었을지도 모른다. 그러나 한편으로는 살기 위해 칼을 든 망나니의 삶이 과연 죽기보다 나은 것인지는 장담하기 어렵다.

『승정원일기承政院日記』1676년(숙종 2) 5월 6일자 기사에는 전옥서 소속 망나니인 의종이라는 자가 탈옥한 사건이 실려 있다. 미천한 신분의 죄수 의종에 대해서는 자세히 알려진 것이 없지만, 그는 마적馬賊으로 체포되어 처형될 날만을 기다리다가 망나니를 자원하여 사형 집행을 담당하게 됐다. 탈옥에 성공한 의종의 행적을 이후 기사에서는 찾아볼 수 없지만 과연 의종은 자유를 만끽하면서 새 삶을 살았을까. 의종은 죄책감, 두려움 등으로 알코올 중독, 혹은 환청·환각에 시달리다 자살을 시도했을지 모를 일이다. 동서고금을 막론하고 인간이 인간의 생명을 앗아가는 것은 최소한의 양심을 가졌다면 차마 할 수 없는 일이기 때문이다.

제 6 장

죽은 자는 말이 없다?
─조선의 검시 ❶

'살인의 추억' 그리고 연쇄살인

2006년부터 2008년까지 경기도 서남부 일대에서 실종된 부녀자 연쇄살인 사건으로 전국이 한창 시끄러웠던 적이 있다. 이 사건을 계기로 범죄심리학 책에서나 볼 수 있었던 전문용어들이 일반인들 사이에 낯설지 않게 다가왔다. 살인을 무려 일곱 번이나 저지르고도 죄책감을 느끼지 않는 피의자를 반사회적 인격장애자인 사이코패스로 정의하는가 하면, 연쇄살인 피의자로부터 자백을 이끌어내는 데 결정적 역할을 한 범죄심리 분석관 프로파일러에 대한 대중적 관심도 커졌다.

범죄가 갈수록 지능화되면서 범죄 물증을 확보하기 위해 일선 경찰서 과학수사팀의 역할도 한층 강화되고 있는 추세다. 이들은 범죄 현장에서 범인의 것으로 추정되는 휴지, 담배, 침, 발자국 등을 수집하고, DNA 분석을 위해 핏자국이나 머리카락 등을 확보하기 위해 애쓴다. 위의 사건에서 자백을 받는 데 결정적 역할을 한 것도 범인의 트럭에서 발견한 피해자 중 한 사람의 것과 동일한 DNA를 갖은 혈흔이었다.

한편, 2003년에 개봉된 봉준호 감독의 영화 「살인의 추억」은 1986년부터 1991년까지 일어난 경기도 화성 부녀자 연쇄살인 사건을 소재로 하고 있다. 모두 열 차례에 걸쳐 발생한 이 사건은 1988년 9월에 있었던 여덟 번째 사건을 제외하곤 아직까지 해결

음부淫婦에 의해 독살되는 남편 중국이나 조선에서는 독살됐더라도 병사로 처리하는 경우가 있었기 때문에 검시관은 은비녀 등을 이용해 타살 여부를 밝혀야 했다. 『수호전』 수록.

되지 않은 채로 남아 있다. 잔인한 범행 수법, 희대의 연쇄살인으로 당시 이들 사건은 언론의 주목을 받았다.

호기심을 좀 더 넓혀서 조선시대로 거슬러 올라가보자. 연쇄살인이라는 용어 자체가 현대의 산물이기는 하지만 영화 속 이야기 같은 연쇄살인 사건이 조선시대에도 있었을까. 적어도 기록상으로는 없었다. 다만 『조선왕조실록』을 보면 조선시대에 드물긴 해도 다수의 피해자를 낳은 엽기적인 살인 사건이 전혀 없지는 않았던 것으로 나온다.

『조선왕조실록』 1734년(영조 10) 5월 5일자 기사에 따르면 경기도 광주에 사는 영만이라는 종이 자신의 주인과 동료 노비를 포함하여 무려 30여 명을 집단으로 살해한 사건이 있었다. 수십 명을 죽이는 만행을 저지른 영만은 결국 그에 의해 부모를 잃은 동료 세적에게 죽임

을 당함으로써 잔인한 집단살인의 마침표를 찍게 됐다. 도대체 영만은 왜 살인을 시도했는가. 어떻게 수십 명을 죽일 수 있었을까. 필자역시 독자들과 마찬가지로 이 사건에 대해 궁금한 점이 한두 가지가아니지만 『조선왕조실록』에 실린 기사가 소략하여 사건의 구체적인정황은 아쉽게도 파악할 수 없다.

조선시대 살인 사건의 수사 절차는

조선시대에 살인 등의 변사 사건이 발생하면 신중하고도 엄격한 절차를 거쳐 수사가 진행됐다. 특히 변사자의 사망 원인을 정확히 파악·확정하기 위해서 다양한 법의학적 지식과 방법이 동원되기도 했다.

변사 사건이 발생하여 관에 신고가 들어오면 즉시 사건 수사를 진행하는 것이 원칙이었다. 1차 수사는 시신이 놓여진 장소의 관할 관리가 담당했는데, 한양의 경우 지금의 구청장급에 견줄 수 있는 부장部長이, 지방의 경우 시장·군수에 해당하는 고을 수령이 수사를 총괄했다. 지금이야 수사를 맡은 검찰과 경찰이 행정부로부터 독립되어 있지만, 행정권과 사법권, 수사권 등이 명확하게 구분되어 있지 않았던 당시로서는 행정기관의 수장이 강력 사건 수사까지도 떠맡고 있었던 셈이다.

사건 현장에 관리가 출동할 때에는 아전들을 보조 인력으로 데리고 갔으며 이들은 시체를 다루는 일에서부터 관련자 신문 등의 제반 실무를 담당했다. 이때 사건 수사의 핵심은 크게 두 가지로 나눌 수 있다. 하나는 사망 원인을 밝히는 것이고 다른 하나는 목격자나 관련자들의 증언을 확보하는 일이다. 그런데 "살인 사건의 검시는 사망 원인

『흠흠신서』 『흠흠신서』는 다산 정약용이 쓴 일종의 판례연구서다. 정약용은 조선뿐 아니라 중국에서 발생한 살인 사건의 수사 및 검시 관련 사례를 자세히 뽑아 수록하고, 자신의 의견을 적었다. 국립중앙도서관 소장.

파악이 핵심이요, 관련자 진술은 그 다음이다"라는 말이 자주 회자된 것에서 알 수 있듯이 당시 관리들은 왜 죽었는가를 밝히는 문제에 더 집중했다. 사망에 이르게 한 직접적 원인을 당시에는 '실인實因'이라 불렀다.

죽은 자는 말이 없는 법. 아무런 말도 할 수 없는 싸늘한 시신을 앞에 두고서 자살인지 타살인지를 가려내고, 혹여 억울한 죽음은 아닌지 파악하기 위해서는 법의학적 지식이 총동원될 필요가 있었다. 『무원록』은 이때 참고해야 할 필수적인 책이었다.

시체의 검시 방법을 상세히 기록한 『무원록』은 1308년 중국 원나라에서 간행한 법의학서다. 『무원록』의 저본이 된 책은 남송南宋시대인 1247년에 간행된 『세원록洗寃錄』으로 중국 법의학을 연구하는 학자의 주장처럼 이 책은 세계 최초의 법의학서이자 검시보고서로 손색이 없다.

아무튼 『무원록』은 조선뿐만 아니라 도쿠가와德川시대인 1736년에 일본어로 번역되는 등 일본에까지 영향을 미쳤다. 조선에서 이 책이

응용법물 『증수무원록대전』에 실린 내용으로 시신의 사망 원인을 밝히기 위해 사용한 각종 재료를 응용법물이라고 했다. 국립중앙도서관 소장.

본격적으로 활용된 것은 세종 때 우리 실정에 맞게 주석을 단 『신주무원록新註無寃錄』을 간행하면서부터다. 이후 조선 후기 영조 때에는 시대 변화에 맞게 내용을 보완한 『증수무원록增修無寃錄』을 편했고, 정조 때에는 한글로 풀어 쓴 언해본이 제작됐다.

사망 원인을 정확히 파악하기 위해 『무원록』에서는 시체의 머리부터 검시하기 시작하여 신장과 얼굴의 빛깔, 팔과 다리, 피부의 손상 여부 등 모든 신체 부위를 상세히 살펴보고 조사할 것을 권유하고 있다.

요즘처럼 첨단 장비와 과학기술의 도움을 받아 수사할 수 있는 상황은 아니었지만 『무원록』에서는 사망 원인 조사에 사용할 수 있도록 나름대로 여러 가지 검시용 재료를 제시하고 있다. 응용법물應用法物이라고 하는 이 재료들에는 술, 술 찌꺼기, 식초醋, 소금, 초椒, 파, 매실, 감초, 토분土盆, 망치, 탕수기湯水器, 목탄, 백반, 백지, 솜, 거적자리, 닭, 가는 노끈, 재, 분기盆器, 자, 은비녀 등이 있다.

응용법물을 동원하여 사망 원인을 확정하고, 목격자를 비롯한 관련자들의 신문을 종합하여 상부 관서에 보고하면 1차 수사는 끝이 난다. 그러나 사람의 목숨이 달린 살인 사건의 경우 시신 검시와 수사는 한 번으로 끝나지 않았다. 이어지는 2차 검시는 수사의 공정성을 위해서 동일인이 하지 못하게 했으며, 이에 따라 지방에는 이웃 고을 수령이, 한양에는 한성부의 낭관(郎官)이 맡았다. 두 차례의 검시를 통해서도 사망 원인이 애매한 때에는 심지어 3차, 4차, 5차 검시를 하는 경우도 있었다. 검시 결과는 관찰사를 거쳐 중앙의 형조에 보고됐으며, 마지막으로 이들 수사 기록을 종합하여 사건의 최종 판결을 내리는 사람은 국왕이었다.

이와 같이 조선시대에 이루어진 일련의 수사 및 검시 절차를 살펴볼 때 형사 재판에서 원통한 죽음, 억울한 죄수를 없애고자 하는 노력이 적지 않게 제도화됐음을 확인할 수 있다. 유교의 삼가고 신중하라는 '흠휼(欽恤)' 정신이 녹아 있다고나 할까.

『무원록』과 조선의 검시

현대사회에서 수사는 과학적으로 이루어지고 있다. 살인 등 강력 사건이 발생할 때마다 매스컴에 자주 오르내리는 국립과학수사연구원은 우리나라에서 첨단 과학수사를 이끄는 곳으로 2010년 8월 10일 국립과학수사연구소에서 '원(院)'으로 승격됐다.

그렇다면 조선시대에는 어떠했을까. 당시에는 지금과 같은 과학수사 전담기구가 존재할 리 만무였다. 대신 고을 수령들이 직접 나서서 사건을 처리했는데, 앞서 소개한 『무원록』과 이를 활용한 고을 원의 수사 기록 등을 통해 우리는 조선시대 과학수사의 수준을 가늠할 수 있다.

먼저 궁금한 것은 사망 시간을 어떻게 추정했을까 하는 점이다. 『무원록』에서는 사람이 죽은 뒤 시신이 부패하는 과정과 소요 기간을 정리해두어 이를 바탕으로 사망 시간을 짐작했다. 시신은 크게 세 단계의 부패 과정을 거치는데, 읽기 거북하겠지만 소개하면 이렇다. 먼저 얼굴이나 배 등 피부색이 누렇게 혹은 파랗게 변하는 단계, 코와 귀에서 핏물이 흘러나오고 배가 팽창하며 몸에서 구더기가 나오는 단계, 마지막으로 부패가 더욱 진행되어 머리카락이 빠지는 단계를 거친다. 그리고 부패하는 기간은 계절에 따라 차이를 보이는데, 한여름에는 부패가 빨리 진행되어 3~4일 만에 3단계까지 모두 진행되는 반면, 겨울에는 1단계를 거치는 데도 4~5일이 소요된다고 했다.

육안으로 기본적인 사망 원인을 판별하는 핵심은 시체의 몸 색깔이었다. 『무원록』에서는 사망 원인에 따라 얼굴색이나 피부색이 다르다는 것에 착안하여 검시관은 무엇보다 시체의 안색 등을 잘 살필 것을 주문하고 있다. 예컨대 얻어맞아 죽은 경우는 시신이 적색을 띠는 것이 일반적이며 독살이나 질식사의 경우 청색, 병사한 경우는 황색, 시신이 부패한 경우는 흑색을 띤다는 것이다. 이 밖에도 살해한 뒤에 자살로 위장하기 위해 일부로 목을 매어둔 시체의 경우 기혈氣血이 통하지 않아 백색을 띤다는 주의사항도 적고 있다.

한편, 몸 색깔과 함께 시신에 나타난 상처나 흔적 또한 중요 관찰 대상이었다. 깨끗이 씻은 시체를 검시하는 과정에서는 앞서 제시한 응용법물 중 술 찌꺼기, 식초 등이 활용됐다. 먼저 술 찌꺼기, 식초 등을 시체에 씌우고 죽은 자의 옷가지로 덮은 다음, 그 위에 끓인 식초와 술을 부어두면 식초와 술기운이 스며들어 시체가 부드러워진다. 이때 물로 술 찌꺼기와 식초를 제거하는데, 이렇게 하면 잘 보이지 않던 상흔도 찾아낼 수 있었다.

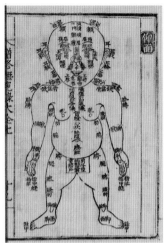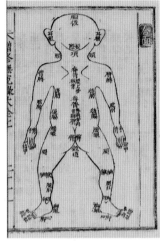

검시 때 살펴보는 신체 부위 『증수무원록대전』에 실린 것으로 검시관은 표시된 각 신체 부위의 상태를 모두 꼼꼼하게 살펴보아야 했다. 앙면仰面은 앞면, 합면合面은 뒷면을 말한다. 국립중앙도서관 소장.

다양한 검시 방법들

『무원록』에는 이 밖에도 흥미로운 수사 기법이 나와 있다. 이에 대한 자세한 내용은 시중에 나와 있는 이 책의 한글 번역본을 읽어보면 궁금증을 해소할 수 있다. 여기서는 두 가지 정도만 소개하기로 한다. 먼저 화학물질을 활용해 혈흔을 찾는 방법이다.

살인자가 사용한 흉기로 의심되는 깨끗한 칼을 숯불로 달군 뒤 칼날을 고농도의 식초로 씻어 핏자국이 선명하게 드러나도록 하는 방법이다. 이는 혈액의 단백질 성분이 산에 노출되면 응고하는 성질을 이용한 것으로, 오늘날 과학수사팀이 현장 감식 과정에서 혈흔을 찾기 위해 루미놀이라는 질소화합물을 이용하는 것과 유사하다.

다음으로 중독사의 판별을 위해 은비녀, 혹은 살아 있는 닭과 백반

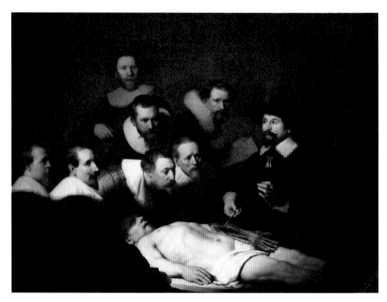

니콜라스 튈프 박사의 해부학 강의 17세기 그림으로 해부하고 있는 인물은 외과의사이자 네덜란드 암스테르담의 시장이었던 니콜라스 튈프이며 그의 주위에서 여러 사람이 강의를 듣고 있다. 한편 1302년 이탈리아에서 최초로 법의학적 해부가 행해진 이후 서양에서 해부학이 발달한 것과 달리 동양에서는 검시할 때 시신을 해부하지 않았다. 네덜란드 마우리츠하이스 왕립미술관 소장.

을 활용하는 것이다. 독에 반응하는 은의 성질을 이용하여 은비녀로 독살 여부를 살폈다는 것은 잘 알려진 방법이다. 독살이 의심스러운 경우 은비녀를 취엄나무 껍질을 삶은 물로 깨끗이 씻은 뒤 죽은 자의 목구멍에 넣어두고 입을 종이로 봉한다. 얼마간의 시간이 지나 은비녀를 빼냈을 때 색이 푸른빛을 띤 검은색으로 변하면 독살이 분명했다.

닭과 백반을 이용했다고 하여 반계법飯鷄法이라 부르는 방법은 비교적 단순하다. 즉 백반 한 뭉치를 죽은 자의 목구멍에 넣었다가 한두 시간 뒤에 꺼내어 닭에게 먹였을 때 닭이 죽으면 독살로 판정하는 것이다. 그런데 당시 백성 중에 이런 실험에 이용한 닭을 먹은 사건이 발생했는지 1764년(영조 40)에 영조는 앞으로 닭을 이용한 방법을 가능한 쓰지 말라고 지시했다.

조선시대 변사 사건 수사는 우리가 짐작하는 것만큼 그렇게 허술하지 않았다. 특히 생활 속에서 얻은 경험이나 과학지식이 실제 검시와 수사에 적극 활용됐다는 점이 인상적이다.

그러나 사건 수사 및 검시 과정에서 드러나는 시대적 한계도 적지 않았다. 먼저 변사자에 대한 검시가 종종 생략되곤 했다는 사실이다. 1601년(선조 34)에는 수령이 관하 백성을 형벌로 다스리다가 죽은 것이 분명할 경우 사망자 검시를 하지 말 것을 규정으로 만들었는데 이는 『수교집록受教輯錄』권5, 형전「검험檢驗」항목에 명문화됐다. 또한 『조선왕조실록』1752년(영조 28) 6월 17일자 기사를 보면 영조는 연좌되어 유배지에 머물던 사족 부녀자가 죽을 경우 이들을 검시하는 것은 불미스러운 일이라 판단하여 이 또한 검시를 중지하도록 명령하였다.

전자는 수령이 관하인을 형장으로 다스리다 죽게 한 경우라도 사형에 처하지는 않았기 때문에 굳이 검시를 할 필요가 없다는 논리다. 후자의 경우 비록 유배인 처지이지만 체통과 품위를 중시하는 양반 출신 여성 망자의 몸을 살피는 것은 죽은 이를 더욱 욕보이는 것이라 여겼기 때문이다. 지금에 와서는 이 같은 조치가 적절해 보이지 않을 수 있지만 이들 규정에는 당시 관념에 따른 나름의 이유가 있었다.

또한 오늘날의 관점에서 볼 때 당시 행했던 검시 방법 중에는 의학적인 근거가 전무한 것도 있었다. 현대 법의학자들은 『무원록』에서 언급한 사망 원인 진단에 일부 섣부른 일반화가 눈에 띈다고 지적하고 있다. 특히 핏방울의 응고 여부로 부모자식, 형제자매 여부를 판명하는 방법이 그러하다. 예컨대, 부모의 해골 위에 자식의 피를 물방울처럼 떨어뜨리면 피가 해골에 스며들지만 친자식이 아닌 경우 스며들지 않는다는 주장이 있는데 이는 의학적 근거가 없는 것이다.

최근 역사를 이해하고 해석하는 데에 그간 큰 관심을 두지 않았던 사건사, 일상생활사, 법의학사 등의 지식이 동원되고 있다. 이러한 추세를 반영하여 조선시대를 배경으로 한 각종 범죄추리소설, 사건 수사 관련 대중서들도 여럿 출간되고 있다.

이러한 경향은 당시 사회상과 생활문화를 다양한 측면에서 해석할 수 있도록 도와주고, 이름 없는 평범한 사람들의 삶을 조명한다는 점에서 의미가 있다. 하지만 아쉬운 부분도 있다. 최근 쏟아지고 있는 영상물이나 책에서 사건이 발생하게 된 시대적 상황을 객관적으로 밝히기보다는 엽기적이거나 극단적인 사건을 침소봉대하는 등 조선시대의 수사 기법이 실제보다 대단히 과학적이었던 것처럼 과장하는 경우가 종종 있기 때문이다. 극적인 재미를 위해 가해진 역사적 사실의 변형이 지나친 왜곡이 되지 않도록 『무원록』 등을 통해 조선시대 검시 세계에 대한 균형 잡힌 시각이 필요하지 않나 싶다.

제 7 장

시신을 만지는 아전 '오작인'의 실체
―조선의 검시 ❷

살인 사건 수사보고서, 검안

살아 있는 모든 인간은 언젠가 죽는다. 법률적으로 인간의 죽음은 크게 자연사와 변사로 구분할 수 있으며, 자연사는 의학적으로 병사 病死를 의미한다. 인간의 생명은 그 무엇보다도 소중하기에 현재 많은 나라에서 다양한 방법으로 사망자의 정확한 사망 원인을 추적해 억울하고 헛된 죽음이 없는지 살피는 검시제도를 갖추고 있다.

현재 우리나라에서는 형사소송법 제222조 제1항에 의거해 변사자, 또는 변사의 의심이 있는 사체에 대해서 지방검찰청 검사가 검시를 하도록 규정하고 있으며, 같은 조 제3항에 따라 사법 경찰관에게 검시를 대행할 수 있도록 했다. 검시의 주체는 기본적으로 검사이며 경찰이 이를 보좌하고 시신 검시와 부검은 의사가 담당한다.

그런데 검사가 모든 변사 사건을 일일이 직접 검시하는 데에는 여러 가지 한계가 있다. 한 통계 조사에 따르면 2002년부터 2005년까지 4년간 우리나라에서 교통사고를 제외한 변사 사건이 연간 평균 2만 5천여 건에 달하는데 이 중 검사가 직접 검시한 경우는 10~20퍼센트에 불과했다. 과도한 업무량, 잦은 인사이동 등 여러 사정으로 검사가 직접 검시하는 것은 기대하기 어려운 실정이다.

조선시대에는 사법 권한을 함께 행사한 지방관인 고을 수령이 검시의 주체였으며 반드시 수령의 입회 아래 검시하도록 규정했다. 이러한 측면에서 수령을 보좌하며 시신 검시, 관련자 신문 등 실무를 담당한 고을 아전들의 역할이 중요했다.

당시 수령들이 검시를 마치고 상부 관청인 감영에 보고한 문서를 '검안'이라고 불렀다. 검안은 '검험문안檢驗文案'을 줄인 말로써, 조선시대 수령이 변사자의 시신을 검시하고 피의자 및 관련자들에 대한 신문 결과를 종합하여 관찰사에게 보고하는 사건 수사보고서인 셈이다.

현재 서울대학교 규장각에는 조선시대 수령들이 작성한 검안이 다수 소장되어 있으며 경인교육대학교 김호 교수가 이를 집중적으로 분석하여 검안의 현황이 상당 부분 밝혀졌다. 규장각 소장 검안은 500여 종이 넘으며 작성 시기는 1895년부터 1907년 사이인 20세기 전후 10여 년간에 집중되어 있다. 이를 통해 대한제국기에 발생한 살인, 자살 사건의 유형, 수령의 수사 과정을 생생하게 확인할 수 있다.

검안의 형식과 몇몇 사례

한말의 살인, 자살 등 변사 사건을 기록한 검안에는 사건을 둘러싸

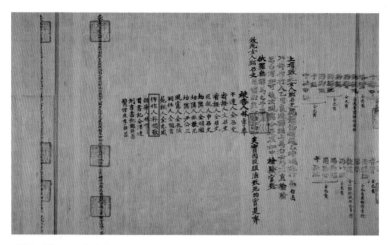

과천군 검안 1906년 과천군에서 발생한 여인 치사 사건에 대한 과천군수의 1차 검시보고서 끝 부분으로 사망 원인과 피고, 증인, 검시에 참여한 아전의 명단이 적혀 있다. 당시 오작인의 이름은 박순경이었다. 서울대 규장각 소장.

고 전개되는 지역사회의 구체적인 생활상, 사회신분 및 인간관계, 백성들의 의식구조 등이 담겨 있다. 앞의 글에서 『무원록』을 중심으로 한 조선시대 여러 가지 검시 방법에 대해 소개했다. 여기서는 검안의 형식과 내용을 살펴보고 검시 과정에 참여한 고을 아전들, 그 가운데 오작인仵作人의 역할에 주목해보기로 한다.

당시 변사 사건의 검시 과정은 크게 세 단계로 진행됐다. 그 첫 단계가 피해자의 가족, 피의자, 증인이나 목격자, 이웃 사람 등을 신문하고 진술을 받는 일이다. 초초初招라고 하는 이 과정이 끝나고 나면 사망자에 대한 법의학적 검시를 행한다. 검시를 통해 사망 원인을 확정한 다음에는 다시 갱초更招라 하여 앞서 신문했던 자들에게서 공초를 받았고 필요한 경우 삼초三招, 사초四招까지 받았다. 쉽게 이야기해서 검시는 1차 신문, 시체 검시, 2차 신문의 순으로 진행됐으며 이상의 과정을 모두 기록하여 검안에 담는 것이다.

흥기가 그려진 검안 1907년 3월에 개성군에서 발생한 살인 사건에 대한 통진군수 조동선의 검시보고서의 일부분이다. 범행에 사용된 흉기의 모양이 그려져 있으며 오작인 등 이 사건 검시에 참여한 아전의 명단도 적혀 있다. 서울대 규장각 소장.

이렇게 해서 작성된 검안의 첫머리에는 사건의 개요와 수사 경위를 적었는데 여기에 사건 신고자의 신고 내용, 수령이 수사에 착수한 경위 등이 포함되어 있다. 다음으로 기록하는 것은 관련자들을 신문한 내용으로 수령이 질문하고 이에 답변하는 방식으로 기술되어 있다.

그 다음에 수령의 '발사跋辭'를 적었다. 이는 상급자인 관찰사에게 보고하는 사건에 대한 수령의 종합적인 의견서에 해당하며 결사結辭라고도 했다. 이곳에 검시 및 신문 내용을 종합하여 사망자의 사망 원인을 확정하고, 관련자들에 대한 처리 결과, 범인 처벌의 방향에 대한 견해, 시신 보존 내용, 2차 검시 필요 여부 등을 적었다. 마지막에는 '시장屍帳'이라 하여 사망자의 신체 부위를 그림으로 그리고 각 부위의 이상 유무를 상세히 기록했다. 한편 검안의 말미에는 때에 따라서 범인이 사용한 것으로 추정되는 흉기 그림, 사건과 관련하여 구속된 자들의 명단 등을 남기기도 했다.

규장각에 소장된 검안들을 들여다보면 여러 가지 사건 양상이나 수사 사례 등이 나온다. 이 중 몇 가지는 한 사건에 대해서 네 번, 심지어 다섯 번에 걸쳐 검시가 이루어지기도 했다. 대개 검시는 초검初檢과 복검覆檢, 즉 1차 및 2차 검시로 마무리를 했으나 그렇지 않은 경우도 있었던 것이다.

1899년(광무 3) 전라도 임피군에서 사소한 다툼 끝에 술에 취한 이웃 주민에게 맞아 죽은 김백룡 치사사건이 그런 경우다. 3월 18일에 얻어맞은 김백룡이 얼마 지나지 않은 5월에 사망한 것이 이 사건의 문제였다. 구타를 사망의 원인으로 삼을 것인가, 사건이 일어난 지 이미 두 달이 됐으니 단순 병사로 처리할 것인가가 논란이 됐다. 1차, 2차 검시의 검시관 임피군수와 함열군수는 구타에 무게를 두었고, 3차, 4차 검시의 검시관 여산군수,

검시에 참여한 아전들 『증수무원록대전』에는 시체를 검시하는 장소에 입회해야 하는 아전, 피의자, 증인 등의 명단이 기록되어 있으며 그중 '오작'도 보인다. 국립중앙도서관 소장.

만경군수는 단순 병사로 결론을 내렸다.

다산 정약용은 『흠흠신서』에서 검시를 4검, 5검까지 하기보다는 청나라에서처럼 3검에서 그치는 것이 좋다는 의견을 개진한 바 있다. 여러 차례의 검시 과정에서 시간이 지체되고 혼란스러운 경우가 생기는 것에 대한 우려 때문이었을 것이다. 하지만 사망 원인을 철저히 가려내기 위해 필요한 경우 여러 차례의 검시를 행하려 했다는 점은 높이 평가할 만하다.

한편 일반적 관례와 다르게 검시관을 지정하는 경우도 있었다. 원칙적으로 검시관은 시신이 놓여진 고을의 수령이 1차 검시를 맡고, 2차 검시부터는 다른 지역 고을의 수령이 담당했다. 그런데 1903년 8월 황해도 곡산 지역에 화전세火田稅를 받기 위해 파견된 홍순응이라는 자가 곡산군의 여러 면민面民으로부터 집단 폭행을 당해 치사한 사건

의 경우 사안의 중요성 때문에 1차 검시 때 곡산군수와 이웃 서흥군수 류석응이 함께 참여했다. 반면, 1898년(광무 2) 11월 21일 평안도 태천군에서 발생한 박봉한 치사 사건에서는 죽은 자가 검시 책임자인 태천군수와 외척 관계라는 이유로 『무원록』 규정에 의거하여 이웃 고을인 박천군수 이철순이 대신 1차 검시관을 맡기도 했다.

한편, 감옥에 수감되어 있는 죄인이 변사한 경우라도 검시 절차가 생략되지는 않았다. 1885년(고종 22) 8월에 살인죄로 경상도 울산부 감옥에 수감됐다가 이질에 걸려 병사한 박한곤이나 1899년 종신형이 확정되어 평안남도 용강군에서 징역을 살다 병사한 임진모 역시 비록 약식이기는 하지만 모두 검시를 거치고 검안도 작성됐다.

몇 가지 사례만을 언급했지만 100여 년 전 검안에 수록된 범인과 증인들의 신문 기록을 통해 우리는 살인 사건을 둘러싸고 전개됐던 사람들의 구체적인 생활 모습과 법관념 등 여러 가지 흥미로운 사실을 생생하게 추적할 수 있다.

검안의 등장인물

검안에는 피의자를 비롯하여 피해자, 피해자 가족, 증인 및 검시에 참여한 아전 등 셀 수 없이 많은 사람들이 등장한다. 그중에서도 수령을 보좌하며 검시에 참여했던 다양한 아전들, 특히 검시할 때 시신을 직접 만지고 살피는 천한 일에 종사한 자가 오작인이다.

고을 수령이 변사 사건의 검시관을 맡아 검시를 주관했지만 이들이 피의자를 신문하고 시신을 만지는 등의 잡다하고 험한 일을 모두 처리할 수는 없었다. 따라서 사실상 검시의 실무는 이들을 보좌하는 아전들이 담당했다. 검시에 참여한 아전들을 '응참각인應參各人'이라 불렀는데 이들은 어떤 인물들이었을까.

정조 때 편찬된 검시지침서인『증수무원록』(『증수무원록대전』)에는 검시관을 보좌하는 응참각인으로 사리司吏, 오작仵作, 항인行人, 의율醫律이 등장한다. 책에 기록된 이들에 대한 설명을 정리하면 다음과 같다.

먼저 사리는 이서吏胥, 즉 일반적인 아전들을 말하며 항인은 심부름을 하거나 경비를 맡

머리 없는 시체 청나라 말 허베이河北의 해자垓子에서 발견된 머리 없는 남자의 시신이다. 그림의 설명에 따르면 시신의 머리는 해자에서 1리 떨어진 곳에서 찾았으며 사망자의 나이는 17~18세로 추정된다. 그림 중간에 시신을 검시하는 인물이 보인다.『점석재화보』수록.

은 사령使令과 같은 부류다. 의율은 의학 및 법률에 능한 특수 기능직 아전인 의생醫生, 율생律生을 일컬으며, 이들은 검시관에게 사망 원인과 관련한 의학적·법률적 자문을 했을 것으로 짐작된다.

마지막으로 오작은 검시 과정에서 시신을 직접 만지는 일을 맡았으며 아전들 중에서도 가장 천한 부류에 속했다. 오작에 대해『신주무원록』에서는 "검시와 시신 매장을 담당하는 사람檢屍及埋葬之人"이라 했고,『증수무원록』에서는 옥에 갇힌 사람을 맡아 지키던 "쇄장鎖匠과 같은 부류"라고 했던 것에서 이들의 역할을 확인할 수 있다.

시신 검시 화가 김준
근의 그림으로 시신을
세척하고 있는 자가 오
작인이다. 독일 함부르
크 민족학박물관 소장.

　오작의 명칭과 관련하여 다산 정약용은 『흠흠신서』 권4, 「비상준초」
에서 오작의 '오仵'는 짝을 뜻하는 '오伍'와 같은 뜻이며, 두 사람이 짝
을 이루어 시신을 뒤집고 만지기 때문에 붙여진 이름이라고 지적하고
있다. 그런데 한말의 검안을 살펴보면 대개 한 명이 이 일을 맡고 있다.

　궁녀 출신에서 숙종의 후궁이 된 숙빈 최씨의 파란만장한 인생사를
담은 최근의 TV 드라마에서 이 같은 오작인이 등장하기도 했다. 주인
공 숙빈 최씨의 아버지 최효원이 바로 시신을 검시하고 처리하는 오작
인으로 나오는 것이다. 숙빈 최씨가 미천한 신분 출신이었음은 분명
한 사실이나 아버지의 직업이 오작인이었는지는 관련 기록이 남아 있
지 않아 알 수 없다.

오작인의 실체

송나라에서는 장의사가 오작인의 역할을 수행했다. 장의사는 시체의 매장 등을 대신 처리해주었으므로 이 계통의 일을 하다보니 관아의 잡역에도 차출됐다는 것이다.

이와 달리 조선에서는 오작인이 관아에 소속된 자들이었다. 1904년(광무 8) 경기도 광주부에서 발생한 정구갑 치사 사건의 검안 말미에는 쉰한 살의 오작사령作作使令 김영진이 나오는데 '사령'이라는 직책을 붙여 관속임을 알 수 있다. 역시 1906년(광무 10) 경기도 과천군에서 발생한 여인 치사 사건을 적은 검안에서도 수령을 보좌하여 시신 검시에 참여한 오작사령이 등장하는 등 오작인이 관아에 소속됐다는 기록은 많이 있다.

그렇다면 오작인의 수는 얼마나 됐을까. 조선시대 각 지방 고을의 아전 중에 오작의 역할을 수행하는 자들이 있었다고 짐작할 수는 있지만 이들에 대한 자세한 기록은 남아 있지 않아 오작인이 당시 몇 명이나 존재했는지는 정확히 알 수 없다. 아마도 오작인의 수나 역할도 고을마다 일정하지 않았을 것이다.

지방과 달리 한양에서는 여러 관청에 오작인을 두고 있었다. 조선전기에 빈민들의 구제와 치료를 담당했던 활인서活人署에 오작인이 배속되어 있었음을 『조선왕조실록』 1470년(성종 1) 6월 11일자 기사를 통해 알 수 있으며, 고종 때 편찬한 법전인 『육전조례』를 보면 감옥을 관장하던 관청인 전옥서 소속 아전 중에도 오작인이 한 명 확인되고 있다.

또한 죄인을 직접 체포하여 수감할 수 있었던 이른바 조선 후기의 직수아문直囚衙門, 즉 형조, 종친부, 의정부, 중추부, 의빈부, 돈녕부, 규장각, 승정원, 홍문관, 예문관, 사헌부, 기로소, 한성부, 권설도감, 의금부에서도 오작의 역할을 한 아전의 존재를 확인할 수 있다.

이상 여러 가지 사실을 종합할 때 조선시대 오작인은 오늘날처럼 전문적인 수사 기법을 배운 수사관이라기보다는, 말단 아전 중의 하나로써 시신을 만지는 일 외에도 감옥 및 죄수 관리 등 잡다한 업무에 종사하던 자들이었다. 다만 이런 일을 오래 수행하면서 점차 범죄 수사 방면에서 재능을 발휘할 수도 있었을 것이다.

19세기 말 조선은 안으로는 왕조국가의 질서가 해체되어갔으며, 밖으로는 제국주의 세력의 도전에 직면하는 등 국내외 사회질서가 근본적으로 재편되는 급격한 사회변동의 소용돌이 속에 빠져들고 있었다. 그 와중에 기층 사회 구성원들의 삶과 갈등 양상이 어떠했는지에 대해서는 그간 역사학자들이 크게 주목하지 않은 것이 사실이다. 앞으로 당시 살인 사건 기록인 검안을 바탕으로 조선의 거대 사회변동 양상의 이면에 가려져 있던 민중들의 삶의 모습이 생생하게 복원되기를 기대해본다.

제 8 장

이승의 지옥, 감옥

아무리 좋아도 감옥은 감옥

1974년 『창작과 비평』 겨울호에는 정을병의 단편소설 「육조지」가 실린 적이 있다. 이 단편소설은 작가 자신의 옥중 체험을 소설화한 것으로 유신 시절 사법 및 교도 행정의 난맥상을 신랄하게 고발하고 있다.

소설 제목은 호되게 남을 때린다의 뜻을 가진 '조지다'에서 따온 것으로, 감옥에 간 죄수와 그 죄수를 '조져대는' 자들 간의 상호 관계가 묘사되어 있다. 소설에 등장하는 '육조지'란 집구석은 팔아 조지고, 죄수는 먹어 조지고, 간수는 세어 조지고, 형사는 때려 조지고, 검사는 불러 조지고, 판사는 미루어 조진다는 것이다.

가족 중에 혹 감옥살이를 하는 자가 있으면 면회 가야지 돈 보내야지 변호사도 구해야지 가족들은 집을 팔아야 할 지경이 된다. 돈 없고 든든한 배경도 없는 죄수들은 가족이나 친지가 넣어주는 사식에 목마

르니 닥치는 대로 먹어낼 수밖에 없다. 간수들은 매번 죄수들이 탈옥했는지 점검해야 하기 때문에 늘 그 수를 세기에 바쁘다. 형사는 다른 일도 바쁜 데 차분히 신문할 여유가 없다. 무조건 두들겨 패서라도 자백을 받으면 그만이다. 검사는 죄수들의 형을 확정하기 위해 시도 때도 없이 구치소에 수감된 죄수를 불러댄다. 판사는 판결을 내리기가 뭐 그리 힘든지 늘 재판을 미루기 일쑤다.

독재정권의 암울했던 시절에 누구라도 견디기 힘든 고통이었을 감옥살이의 경험을 소설은 적나라하게 그려내고 있다.

소설이 나온 지 30년이 훨씬 지난 요즘은 어떨까. 1970년대에 비하면 법조계의 부조리가 줄고 사법 행정도 상당히 개선됐다는 점은 누구나 동의할 수 있을 것이다. 감옥살이 또한 마찬가지다.

2008년 4월부터 교도소와 구치소 등 교정시설에서 그동안 수형자들에게 해오던 알몸 신체검사가 폐지됐다. 이와 같은 알몸 신체검사는 감옥 안에 부정한 물품의 반입을 막기 위한 조치였다. 법무부 발표에 의하면 연간 9만여 명의 신입 수형자 중 항문 등에 담배나 부적절한 물품을 들여오다 적발된 건수가 평균 15건에 달한다고 한다.

법무부가 국가인권위원회의 권고에 따라 성적 수치심을 유발하고 인권침해의 가능성이 있는 알몸 신체검사를 전면 폐지토록 한 조치는 하나의 사례에 불과하지만 재소자 인권에 대한 보호 노력이 지속적으로 제도화되고 있음을 보여주고 있다.

수감 환경이 개선됐음을 보여주는 사례는 또 있다. 기초생활 환경이 갖추어진 현대식 수감 시설, 충분한 음식 공급은 말할 것도 없고 수형자의 노력 여하에 따라 옥중에서 교육을 받을 수도 있게 된 것이다. 1995년부터 교도소, 구치소 등 교정시설에서 수형자를 대상으로

한말 감옥 1890년대 감옥으로 추정된다. 감옥 안에 죄수들이 보이고 밖에는 신식 복장의 간수가 지키고 있다.

학사학위 취득 과정을 비롯한 다양한 교육 과정을 운영함으로써 수형자들의 성공적인 재사회화와 재범 방지에 진력하고 있다.

그렇다고 해서 감옥 생활이 과연 지낼 만한 것일까. 물론 그럴 일은 결코 없을 것이다. '아무리 좋아도 감옥은 감옥'이기 때문이다.

한말의 감옥

아무리 시설이 좋아지고 대접이 나아졌다고 해도 감옥 생활은 여전히 고통스러울 따름이다. 그런 점에서 지금보다 시설이나 처우 등 여러 면에서 훨씬 열악했던 옛날의 감옥살이는 가히 상상하기 힘들 정도였을 것이다. 조선시대 및 한말의 감옥 상황은 구체적으로 어떠했을까. 이것을 알아보기 전에 먼저 감옥의 명칭부터 살펴보자.

죄지은 자를 가두는 수감시설을 뜻하는 '감옥'이라는 용어는 일본

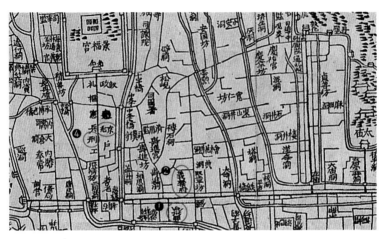

전옥서 한양 지도인 「수선전도首善全圖」에 그려진 전옥서. 1870년대 전옥서의 서리書吏로 근무했던 이의 증언에 따르면 전옥서의 옥사 일부는 판자로 바닥을 깐 여름용이었으며 나머지는 겨울용 온 돌방이었다고 한다. 한편 전옥서(❶) 앞에는 의금부(❷)가 있으며, 경복궁 광화문 앞에 있던 사법기구인 한성부(❸)와 형조(❹)도 보인다.

에서 들여온 말이다. 원래 조선에서는 감옥이라는 용어 대신에 '옥獄'이라고 불렀다. 수도 한양에 지금의 서울구치소 격인 전옥서가 있었고, 의금부, 포도청, 내수사에서도 별도의 옥을 두었다. 지방의 경우 감영 소재지와 각 군현에 옥이 있었다.

그 가운데 전옥서는 형조의 일반 죄수를 가두는 대표적인 수감시설로 지금의 서울 종로구 서린동 광화문우체국 자리에 있었다. 1894년 이후 전옥서가 감옥서監獄署로, 1908년에는 감옥서가 다시 경성감옥으로 바뀐 데서 알 수 있듯이 감옥이라는 명칭이 본격적으로 사용된 것은 이 무렵이다.

상식에 속하는 질문이지만 지금의 교도소와 구치소는 어떻게 다를까. 교도소는 형이 확정된 수형자를 가두고 교정하는 시설인 반면, 구치소는 재판 중에 있는 미결수를 수용하는 곳이다. 조선시대의 옥은 미결수를 수용했던 곳이라는 점에서 구치소에 해당한다. 한편, 앞서 언급한 한말의 감옥은 다시 일제 때 와서 형무소로 명칭이 변경됐고 이 형무소가 1960년대 교도소·구치소의 전신이다. 이처럼 흔히 통칭해서 감옥이라 말하지만 수감시설에 대한 명칭은 시대에 따라 조금씩 달랐다.

한성재판소 형명부刑名簿 갑오개혁으로 재판소구성법이 제정되면서 설치된 한성부재판소에서 판결을 선고한 죄수들의 범죄 유형, 형량 등을 적어놓은 문서다. 서울대 규장각 소장.

고종 때 만들어진 법전 『육전조례』를 보면 전옥서 죄수들의 경우 매일 일광욕을 시키고 가족들과의 면회를 허용한다고 규정하고 있다. 한말에는 사법제도 개혁의 흐름 속에서 감옥제도의 운영 또한 좀 더 개선하려는 움직임이 있었고, 이는 1898년(광무 2) 1월 칙령 제3호로 반포된 「감옥규칙監獄規則」을 통해서 그 일단을 엿볼 수 있다.

징역형이 도입된 이때에는 감옥을 미결감未決監과 기결감旣決監을 분리하여 설치하도록 했고 미결수와 기결수를 따로 수용했다. 그리고 죄수에 대한 간수들의 가혹 행위를 엄금하고, 기결수에게는 옷과 침구, 식량을 지급했다. 여자 죄수에 대한 배려도 눈에 띈다. 이들은 남자들과 별도로 분리 수감하고 감옥 안에서 젖먹이를 키우는 일이 허용됐다.

이런 조치들에도 불구하고 감옥시설은 여전히 열악했다. 죄수의 수용 환경은 한말 기록에서 일부 확인된다. 1908년 10월 죄수는 2,019명으로 집계됐는데, 새로운 감옥제도에 의해 설치된 전국 여덟 개 감옥의 전체 죄수 수용면적은 약 298평에 불과했다. 평당 일곱 명이 넘는 죄수들이 갇혀 있었다는 것이다. 실제로 방 세 개에 총면적 15평에 불과한 대구 감옥의 죄수는 항상 150명을 넘었기 때문에 2교대, 3교대로 잠을 자야만 했다. 이런 상황에서 베개를 베고 편안히 잠을 잔다는 것은 상상조차 할 수 없는 일이었다.

일제 때 설치된 서대문형무소는 당시 전국에서 제일가는 모범 감옥이었다고는 하지만 처음 세울 때는 양철지붕에 판자로 담을 쌓은 것에 불과했다.

훨씬 더 이전 시대에는 어떠했을까. 조선시대 감옥의 규모, 내부시설, 수용능력을 추정할 수 있는 정확한 기록이 남아 있지 않아 분명히 알 수는 없다. 다만 보통사람들도 살아가기 팍팍한 그 시절에 죄를 짓고 감옥에 갇혀 있는 사람들을 제대로 배려해주기 어려웠을 것이라는 점은 충분히 예상 가능하다.

조선시대의 옥과 옥살이

조선 건국 뒤 감옥제도가 정비되는 것은 세종 때였다. 세종은 죄수의 처우에 관심을 두어 1426년(세종 8)에 「옥도獄圖」를 반포했는데 한양과 지방에 위치한 감옥의 표준설계도인 셈이다. 당시 감옥시설을 갖추지 않은 고을이 더러 있어 다른 고을로 죄수를 보내야 하는 등 폐단이 있었기 때문이다. 세종은 남녀가 수감될 옥을 별도로 짓는 것은 물론이고 겨울용 한옥寒獄과 여름용 서옥暑獄을 따로 두어 죄수들이 병들지 않도록 했다.

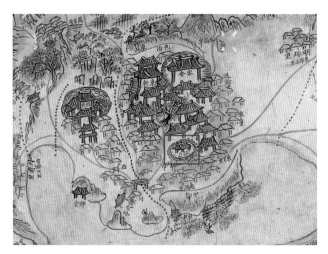

경상도 거제부巨濟府 고을 지도 속의 감옥 그림 중앙의 윗부분에 좌우로 동헌과 객사가 보이고 그 아래 장시 주변에 둥근 모양의 옥獄이 그려져 있다. 그림에 나오는 조선시대 지방 감옥의 대부분은 둥근 담장이 둘러쳐져 있다. 서울대 규장각 소장.

이후에도 죄수 관리가 소홀하여 옥중에서 사망하는 자들이 계속 생겨나자 감옥시설의 개량을 통해 양옥凉獄과 온옥溫獄, 남옥男獄과 여옥女獄, 경옥輕獄과 중옥重獄 등을 정비했다. 그렇지만 감옥 사정이 세종의 생각처럼 완벽하게 개선되지는 못했다.

조선 중기에 전옥서와 의금부 옥에서 남녀 죄수의 분리 수용이 종종 지켜지지 않아 남녀간의 문란한 간음은 물론 여자 죄수가 옥중에서 아기를 출산하는 경우도 있었다. 또한 겨울철에는 추위와 전염병으로 옥사하는 자들이 한둘이 아니었다. 심한 경우에는 『조선왕조실록』 1519년(중종 13) 기사에서 보듯이 겨우 동짓달 찬바람에 30여 명이 떼죽음을 당하기도 했다.

수용 능력에도 한계가 있었다. 『추관지秋官志』에 따르면 18세기 한양의 전옥서에는 남자 죄수를 수용하는 옥사가 아홉 칸, 여자 죄수를 수용하는 옥사가 다섯 칸이었다. 정확한 면적을 알 수 없어 단언하기는 어렵지만, 인조·효종 때의 『조선왕조실록』에 등장하는 40명에서 100명 정도의 죄수를 수용하기에는 턱없이 좁았다. 광해군대에는 300명이 넘는 죄수가 수감되기도 했는데, 이는 김직재 역모 사건에 억울하게 연루되어 5개월간 전옥서에 수감된 유진이라는 자의 옥중일기 『임자록王子錄』에 기록되어 있다.

옥중의 위생 상태는 어떠했을까. 이에 대해서는 1448년(세종 30)에 세종이 각 지방에 하달한 옥중 위생 관리 규칙에서 대략 짐작할 수 있다. 해당 규칙에는 매년 4월부터 8월까지는 냉수를 옥 안에 수시로 넣어주어 죄수들이 마실 수 있게 하고, 한 달에 한 번 머리를 감을 수 있도록 했다. 5월부터 7월까지는 죄수가 원하면 열흘에 한 번 정도는 몸을 씻을 수 있도록 했으며, 10월부터 1월까지의 겨울철에는 옥 안에 볏짚을 두껍게 깔아주도록 했다.

무더운 여름철에도 머리감기가 한 달에 한 번 허락됐는데 이마저도 세종의 배려로 가능했다. 이 밖에 여러 가지 정황으로 볼 때 감옥 안 위생 상태가 꽤나 불량했음은 짐작하기 어렵지 않다.

또 하나 조선시대 감옥살이에는 굶어죽을 자유가 있었다. 백성들도 끼니를 걱정하는 판국에 죄수들에게 제대로 된 음식이 공급될 리 만무했다. 대개는 '양옥養獄'이라 하여 죄수의 가족들이 책임질 수밖에 없었는데, 그나마 옥바라지를 해 줄 가족들이 없는 한 죄수들은 꼼짝없이 배를 곯아야 했다.

명나라의 경우 중죄수와 강도를 구분하여 매일 정기적으로 음식을 지급했는데, 『대명회전大明會典』에 중죄수에게는 매일 7홉, 강도에게는 3홉씩 주도록 한 규정이 남아 있다. 그런데 구택규具宅奎가 작성한 것으로 추정되는 조선의 18세기 사찬 법률서인 『백헌총요百憲摠要』 「휼수恤囚」 항목에 『대명회전』의 규정이 그대로 수록되어 있다. 조선에서 『대명회전』의 규정이 그대로 시행됐다고 보기에는 무리가 있지만, 설사 규정대로 시행됐더라도 조선시대의 평균적인 식사에는 못 미치는 양이었을 것이다. 서울여자대학교 정연식 교수가 분석한 『청장관전서靑莊館全書』의 기록에 따르면 당시

사식 주기 『형정도첩』에 실린 것으로 포도청에 수감된 죄수에게 가족들이 사식을 주고 있다.

사람들이 아침저녁으로 5홉, 따라서 하루에 한 되를 끼니로 먹는다고 적혀 있기 때문이다.

물론 의금부는 다른 옥에 비해 사정이 그나마 나았던 것이 분명하다. 『조선왕조실록』 1614년(광해군 6) 6월 2일자 기사에서 보듯이 의금부 옥에 수감된 죄수에게는 일반적인 경우와 마찬가지로 하루 두 끼씩 음식을 지급했다.

지금까지 살펴본 조선시대 감옥시설, 죄수 처우 등만으로도 대략 알 수 있듯이 감옥 생활은 결코 녹록한 것이 아니었다. 문제는 감수해야 할 고통이 이것만이 아니었다는 데 있다. 즉 온갖 고통과 불편이 다 모여 있는 곳이 바로 감옥이었다.

옥은 이승의 지옥

학춤 추는 죄인 죄인에게 가한 가혹 행위의 하나로, 팔을 학 날개 모양으로 묶고 다리를 회초리로 쳤을 때 죄수가 발버둥치는 모습이 학춤과 유사했다. 프랑스 국립기메동양박물관 소장.

19세기 다산 정약용은 그의 저서 『목민심서』에서 옥을 '양계陽界의 귀부鬼府', 즉 이승의 지옥이라 하며 당시 감옥살이의 다섯 가지 괴로움을 옥중오고獄中五苦라 하여 소개하고 있다. 그 다섯 가지는 형틀의 고통, 토색질당하는 고통, 질병의 고통, 춥고 배고픈 고통, 오래 갇혀 있는 고통이었다.

다른 것들은 그렇다 치고 독자들 중에는 토색질의 고통에 대해 의아해하는 사람이 있을지도 모르겠다. 죄수들에게는 목에 큰 칼을 차고 지내야 하는 고통은 참을 수 있어도, 고참 죄수와 옥졸들의 토색질과 가혹 행위는 견디기 힘들었다. 『목민심서』에 기록된 감옥 신고식 장면을 소개하면 이렇다.

옥졸들은 스스로를 '신장神將'이라 하며 뽐냈으며, '마왕魔王'이라 부르는 고참 죄수들은 가당치 않게 영좌領座, 공원公員, 장무掌務 등 갖가지 직책을 가진 부하 죄수들을 자신의 아래에 두고 신참 죄수를 괴롭혔다. 매번 새로운 죄수들이 들어오면 이른바 학춤, 원숭이걸이, 알짜기, 골때리기 등의 혹독한 고문을 자행했는데 모두 돈을 뜯어내기 위한 것이었다.

신참 죄수는 감옥에 들어가면서 여러 관문을 통과해야 했다. 먼저 신참 죄수가 옥문을 들어서자마자 유문례踰門禮를 행하고 돈을 뜯었다. 그리고 일단 감옥에 들어서면 먼저 들어온 죄수들과 지면례知面禮라는 상견례를 시켰다. 그러고는 신참 죄수의 목에 칼을 씌워 제대로 움직이지 못하도록 괴롭히다가 칼을 벗겨주면서 환골례幻骨禮를 거치도록 했으며, 며칠 뒤에는 정식으로 면신례免新禮를 행했다. 말이 좋아 '예禮'이지 앞서 말한 린치를 당하는 것이 원칙이었는데, 신참 죄수가 감방 사정을 잘 파악해서 사식이나 돈을 뇌물로 제때 주어야만 이와 같은 신고식을 면할 수 있었다.

신참 죄수의 신고식 이백원의 소설 『활지옥』의 삽화로 청나라 말기 감옥 안에서 이루어진 신참 죄수의 신고식이다. 이런 가혹 행위는 조선에서도 마찬가지였다.

그런데 불합리한 수형제도는 비단 조선만의 문제는 아니었던 듯하다. 14세기 영국에서도 간수에게 돈을 주지 않는 한 가난한 죄수들은 겨우 굶어죽지 않을 정도의 식사 대접을 받았으며, 중죄인들은 재판을 받기 위해 감옥에 있는 시간이 길면 길수록 간수에게 돈을 뜯겨 재산을 탕진해야 했다고 한다. 한편, 청나라 말기의 소설가 이백원이 쓴 일종의 사회고발소설 『활지옥』에서는 당시 지방 관청의 감옥에서 벌어지는 가혹한 형벌, 감옥 안 죄수들의 참상을 극명하게 보여주고 있다.

『활지옥』에 그려진 감옥은 온통 비리로 얼룩진 생지옥 그 자체였다. 돈이 없는 일반 잡범들은 불결한 곳에 수십 명씩 수감된 반면, 돈만 있으면 침대와 탁자를 갖춘 방에서 지냈으며 심지어 아편을 피우고 시중드는 사람도 둘 수 있었다. 또한 여자 죄수들이 수감되면 관매

신참 죄수 괴롭히기 청나라 말기 이백원의 소설 『활지옥』에 실린 삽화로 신참 죄수의 손가락과 발가락을 끈에 묶어 매단 채 촛불을 들이대고 괴롭히는 방식이 기발하다.

파官媒婆라 하는 자가 나타나 여자 죄수에게 간수들과의 매춘을 강요했으며 응하지 않는 죄수들에게는 심한 고문도 불사했다. 고을 수령들이 불법적인 형구를 만들어 잔인한 고문을 가하는 것은 물론이었다. 비록 소설 속 모습이지만 청말의 지방 감옥의 실태를 짐작할 수 있다.

다시 조선으로 돌아와보자. 조선시대 감옥에서 행해진 가혹 행위가 얼마나 심각했는지는 『심리록』과 『목민심서』에 실려 있는 1783년(정조 7) 10월 황해도 해주 감옥에서 발생한 박해득 치사 사건을 보면 짐작할 수 있다.

사망한 박해득은 황해도 해주 감옥의 신참 죄수였다. 옥졸 최악재는 박해득에게서 그동안 늘 해오듯 으레 돈 50냥을 뜯으려다가 말을 듣지 않자 살인죄로 이미 감옥에 수감되어 있던 고참 죄수 이종봉을 시켜 박해득을 손봐주라고 지시했다. 이에 이종봉은 박해득을 잡아 담 아래에 세워 목에 씌우는 칼 끝을 두 발의 발등 위에 올려놓고 새끼줄로 칼판과 다리를 함께 묶었다. 그러자 박해득은 곱사등 모양을 한 채로 옴짝달싹 못하다 결국 썩은 나무가 넘어지듯 담벼락에 부딪히는 바람에 목뼈가 부러져 열흘 만에 죽고 말았다. '옥은 이승의 지옥'이라는 정약용의 말은 비명횡사한 신참 죄수 박해득에게 실로 꼭 들어맞는 말이었다.

제9장

목구멍이 포도청
─조선의 경찰

'목구멍이 포도청'

지금부터 20여 년 전인 1990년에 당시 노태우 대통령은 10·13 특별선언을 발표했다. 이것이 이른바 '범죄와의 전쟁'이다. 이 선언의 주요 골자는 사회에 만연한 부정부패와 무질서를 추방하고 이른바 건전한 사회를 만들어나가기 위해 대통령이 행사할 수 있는 모든 권한을 동원해서 범죄와 폭력을 근절시키겠다는 것이었다.

그 후속 조치로 폭력, 마약 등에 대한 처벌을 강화하는 형사관계법을 개정하고, 조직폭력배 등 범죄조직에 대한 소탕을 강화했다. 또한 범죄의 온상으로 간주되던 유흥업소를 단속·규제하기 위한 일환으로 자정 이후의 심야영업도 금지시켰다.

당시 정권에서 유난을 떨었던 범죄와의 전쟁은 과연 소기의 성과를 거두었을까. 범죄와의 전쟁이 선포된 뒤 강력 범죄가 감소했을 뿐

한말의 한성부 청사　조선시대에 한성부는 행정기관인 동시에 핵심 사법기관인 삼법사三法司의 하나였다.

만 아니라 폭력조직이 사실상 와해됐다는 것이 검찰이나 경찰의 설명이다. 그렇지만 부정적 견해도 적지 않다. 조직폭력배라는 말이 여전히유효하다는 점에서 폭력조직의 소탕을 운운하기는 어렵다는 지적과함께 이 선언이 당시 분출되던 민주화에 대한 열망을 다른 곳으로 돌리기 위한 것이라는 혐의에서도 자유롭지 않다. 정책의 성패는 좀 더따져볼 일이지만, 아무튼 분명한 것은 당시 범죄와의 전쟁은 혈기 왕성한, 다른 말로 하면 폭음에 익숙했던 사람들에게는 여러모로 불편한 조치였음이 분명하다.

사회가 있는 곳에 범죄는 늘 발생하게 마련이며 어느 정부나 치안문제로 고심하고 있다. 범죄의 성격이나 내용이 지금과 같지는 않지만조선시대에도 이는 마찬가지였다. '목구멍이 포도청'이라는 말에서 알수 있듯이 먹고살기 위해 도둑질이라도 해야 하는 것이 현실이고 보면, 조선시대 포도청도 지금의 경찰청과 마찬가지로 분주했을 것이다.

조선시대 포도청은 한양 일대의 치안을 담당하는 것을 주된 업무로 한 일종의 경찰기구다. 이외에도 형조, 한성부, 사헌부 등 삼법사三法司를 두거나, 죄인을 직접 구금할 수 있는 관청인 직수아문을 설치해 여러 관청에서 사법권을 행사할 수 있도록 한 것이 조선시대 사법제도의 특징이다.

그런데 포도청은 단순히 도둑을 잡는 기관이 아니었다. 한양 거주민의 삶을 통제하는 역할도 했으며, 경우에 따라서는 국왕의 사적인 물리적 수단으로 기능하기도 했다. 예컨대, 왕권의 정통성이 취약했던 광해군은 포도청을 활용하여 각종 역모 사건 등을 조작하기도 했다.

중종 무렵 생긴 포도청은 좌포도청, 우포도청 등 두 개 청사가 있었다. 좌포도청은 중부 정선방貞善坊 파자교把子橋 동북쪽, 즉 지금의 서울시 종로구 종로 3가 옛 단성사 자리에 위치했으며, 우포도청은 서부 서린방瑞麟坊 혜정교惠政橋 남쪽인 지금의 서울시 종로구 종로 1가 89번지 일대에 각각 있었다. 좌포도청의 관할은 한양의 동·남·중부와 경기좌도이며, 우포도청은 한양의 서부 및 경기우도였다.

선교사 리델이 본 한말의 포도청

포도청에서는 야간순찰을 비롯해 주기적으로 순찰 활동을 하거나 도적, 강도, 살인 등을 단속했다. 조선 후기 포도청의 단속 대상 중에는 '검계劍契'라는 조직이 있었다. 검계는 지금의 폭력조직과 유사한 측면이 있는데, 영조 때의 『승정원일기』 기사를 보면 검계라는 이름은 칼로 사람을 죽인다고 해서 붙여진 것으로 주로 양반가의 사나운 종이나 머슴들이 가입했다고 한다.

포도청 조직 규정 고종 때인 1865년에 완성된 법전 『육전조례』에 나오는 포도청에 관한 규정이다. 이전 시기와 인원수 등에서 차이가 있음을 알 수 있다. 국립중앙도서관 소장.

18세기의 학자 이규상의 『일몽선생문집—夢先生文集』에는 영조 때 포도대장을 역임한 장붕익이라는 인물의 이야기를 담은 「장대장전張大將傳」이 실려 있다. 실존 인물인 장붕익은 검계 조직원을 일망타진하는 데 큰 역할을 했다고 묘사되어 있다. 또한 「장대장전」에는 검계 조직원들의 몸에 모두 칼자국이 있었다고 나오는데, 만약 사실이라면 요즘 폭력배들이 몸에 문신을 새겨 넣은 것과도 닮은꼴이라 흥미롭다.

검계 외에도 수도 한양의 도심을 배경으로 활동하는 각종 무뢰배, 치한, 강도, 절도 등을 매일 상대하고 조사하는 일은 오늘날과 별반 다름없이 여간 힘든 일이 아니었다. 따라서 포도청에는 자백을 받기 위해 가혹한 고문이 이루어지고 형장이 등장하곤 했을 것이다. 실제 포도청의 풍경은 어떠했을까. 프랑스 선교사 리델의 기록에서 그 광경을 유추할 수 있다.

한말에 천주교 선교 활동을 위해 조선을 다녀간 리델은 1878년 1월에 체포되어 6월 10일에 석방되기까지 4개월여 동안 포도청에 수감됐다. 처음 그는 우포도청에서 문초를 받고 이후 좌포도청에서 대부분 갇혀 있었는데, 그가 감옥 생활을 하며 남긴 기록이 현재까지 전해지고 있다.

리델의 수기는 1878년 당시의 상황만을 보여주는 데다 아무래도

포도대장과 포졸 1890년에 찍은 포도대장과 포졸의 사진이다. 왼쪽 인물은 복식으로 볼 때 포도대장이 아닌 별감으로 보이기도 한다. 오른쪽의 포졸은 벙거지를 쓰고 짚신을 신고 있다.

서양인의 편견도 기록 속에 은연중 녹아 있었을 것이므로 분명 사실을 파악하는 데에는 한계가 있을 것이다. 그렇지만 조선 후기 포도청의 감옥 배치나 형구, 포도청 소속 관리들과 죄수들의 모습을 어느 정도 파악할 수 있게 해준다는 점에서 가치가 있다.

조선시대 감옥이 죄수들을 위해 제대로 된 시설을 갖추었으리라고는 애초부터 기대하기 어렵지만, 리델의 묘사에 따르면 상황은 훨씬 열악했다. 그가 손수 그린 좌포도청 감옥 도면에 따르면 감옥의 가운데에는 썩은 물이 고인 웅덩이가 있고, 그 주변으로 죄의 유형에 따라 죄수들을 분산하여 수감하던 세 개의 감옥이 있었다. 감옥 옆에는 교형 집행 때 쓰던 형구를 보관하거나 시신을 임시로 보관하는 방, 그리고 재래식 화장실도 하나 있었다.

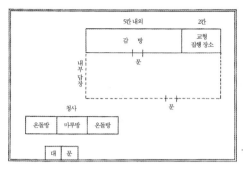

좌포도청 감옥 배치도 일제시대 경성형무소장을 역임한 나카하시 마사요시의 책에 나오는 좌포도청 관아의 평면도(왼쪽)와 감옥의 입면도(오른쪽). 입면도에는 교수형을 집행하는 곳이 보인다.

리델은 특히 두 개의 나무판자를 놓은 것이 전부인 데다 악취까지 풍기던 조선의 재래식 화장실에 어찌나 기겁을 했던지 '끔직했다'고 묘사하고 있다. 그의 눈에 좌포도청 감옥은 씻을 물도, 갈아입을 옷도 없는 불결하고도 열악한 곳이었다.

좌포도청 감옥 배치도는 일제 때 경성형무소장을 지낸 나카하시 마사요시의 책에도 나오는데 이를 리델의 도면과 비교해보면 상당한 차이가 발견된다. 나카하시 마사요시의 경우 리델보다 불과 몇 십 년 뒤인 20세기 초에 좌포도청 감옥을 보았을 터인데 그 사이 감옥 내부에 변화가 있었음을 알 수 있다.

리델은 자신과 함께 감옥에 수감된 죄수들에 대해서도 소개하고 있다. 그에 따르면 포도청 감옥에 수감된 죄수들은 크게 도둑, 채무 죄수, 천주교 신자 세 부류로 나뉘었다. 이들의 처지는 같은 죄수라 하기에는 제법 대우가 달랐다. 그중 가장 비참한 대접을 받은 자들이 도둑이었다. 이들은 밤낮으로 발에 차꼬를 차고 있어야 했으며 밤에도 잠을 잘 수 없었다. 혹여 이들이 졸기라도 하면 옥졸들이 가차 없이 몽둥이로 등과 다리, 머리 할 것 없이 후려쳐서 깨웠다고 한다. 리델은 열악한 처지의 도둑들이 대략 30여 명 있었는데, 하나같이 병에 걸려 가련한 몰골이었다고 전한다.

이에 비해서 채무 문제로 투옥된 죄수들은 한결 나은 대접을 받았다. 이들 중에는 공무상 뇌물이나 횡령 등으로 잡혀온 관원들도 있었던 것으로 보이는데, 이들은 가족이나 친구들과 연락할 수 있었고 감옥 안에서 지급하는 식사 대신 비교적 먹을 만한 사식을 받아먹었다고 한다. 심지어 굶주린 도둑들이 보는 앞에서 사식으로 잔치를 벌일 정도였으며 채무를 갚는 즉시 감옥을 나갈 수도 있었다. 리델과 같은 천주교 신자는 앞서 소개한 도둑과 채무 죄수의 중간 정도의 대우를 받았다고 적고 있다.

한편, 붙잡힌 죄수 처지에서는 자신을 감시하는 옥졸들이 예뻐 보일 리가 만무했다. 이는 리델도 마찬가지여서 그는 포도청 관속들에 대해서 상당히 부정적인 평가를 내리고 있다. 그에 따르면 좌포도청과 우포도청에 각각 약 50여 명의 포교捕校들이 있었고, 그들 밑에 포졸 등 하급직원과 망나니가 있었다고 한다. 포졸들은 대개 8~10명 또는 20명씩 교대 근무를 했는데, 아침 6~7시경에 와서 한밤중에 돌아갈 때까지 웃고 떠들고 말싸움하며 하는 일 없이 시간을 보냈다.

또한 위선적이며 교활한 이들 포졸은 죄수들을 상대할 때 특히 '맹수'로 돌변하는데 심한 경우 웃으면서 형벌을 집행하기도 했다고 한다. 이들에 의해 죄수가 몽둥이로 맞아 죽어나가도 아무도 책임지지 않았을 뿐만 아니라, 교형도 포도청 안에서 간단하게 끝냈다고 한다. 리델은 식사 시간에 감옥에서 붙들려나온 한 도둑이 옥졸 네 명에 의해 교형에 처해지는 끔찍한 광경도 목격했다.

"나와! 목매러 가자."

투전꾼 급습 김윤보의 『형정도첩』에 실린 것으로 포도청 관속들로 보이는 자들이 방 안에서 도박을 하는 투전꾼 무리를 급습하고 있다.

옥졸들이 저녁 식사 시간에 감옥에 들이닥쳐 해당 죄수를 교형을 집행하는 방으로 끌고 들어가면 곧 이어 교형이 집행됐다. 옥졸이 죄수의 목을 줄로 맨 다음 밖으로 나와 방문을 닫으면 옥졸 네 명이 달려들어 마치 닻을 끌어올리듯 올가미 줄을 잡아당겼는데 팽팽해진 줄을 묵직한 나무토막에 묶어놓으면 형 집행이 끝나는 것이었다. 리델은 교형을 집행하는 옥졸들이 이 전 과정을 아무 표정 없이 일사천리로 진행하는 모습에 치를 떨었다.

포도청 사람들

리델의 글에는 다소의 과장이 섞여 있었을 테지만 없는 사실을 꾸

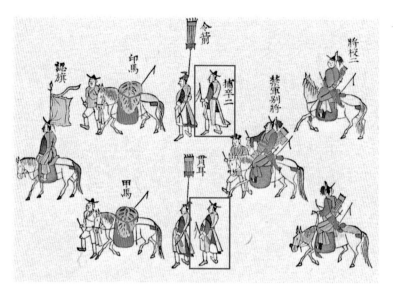

정조 때의 포졸 1795년 정조가 화성을 행차하는 모습을 그린 반차도의 일부다. 그림의 가운데에 두 명의 포졸이 보인다.

며놓은 것이라 볼 수는 없다. 다만 리델의 글을 통해 우리는 포도청 죄수들의 열악한 상황을 짐작할 수 있다.

감옥의 칙칙한 이야기를 벗어나 포도청의 조직과 관속들의 활동에 좀 더 주목해보자. 포도청에는 가장 우두머리인 좌·우 포도대장 한 명과 그 밑에 종사관從事官이 각각 세 명씩 배치됐으며 종사관은 포도 대장의 참모 역할을 수행했다. 또한 포도대장과 종사관 아래에 포도 청의 중견 지휘관인 포도부장捕盜部將과 군관, 그리고 말단 관속들인 포도군사捕盜軍士가 있었다.

우리가 흔히 포교라 부르는 자들은 포도부장과 군관을, 포졸은 포 도군사를 말한다. 포도청 창설 초기인 중종 때에는 좌·우 포도청에 각각 포도부장 세 명, 군관 10명, 포도군사 50명을 배치했으나 포도 청의 역할이 증대되면서 인원은 조금씩 증가했다.

육모방망이 나무로 만든 곤봉으로 한말 순라꾼과 포졸들이 사용했던 것으로 보인다. 국립중앙박물관 소장

포도청 포교와 포졸의 활동과 관련한 이야기는 『한국의 풍토와 인물』을 통해 엿볼 수 있다. 이 책은 한학자이자 민속 연구자인 김화진이 쓴 것으로, 그의 집안은 구한말 왕가의 친척인 데다 아버지가 고관을 지냈기 때문에 김화진은 어렸을 적부터 궁중 나인 등을 통해 대궐 안이나 조선의 제도, 풍속과 관련한 이야기를 많이 들었다고 한다.

그에 따르면 포교는 나무로 된 통부通符를 가지고 다녔는데, 여기에는 포도대장의 수결이 새겨져 있었다. 포교는 죄인을 체포할 때 오늘날의 경찰 신분증에 해당한다고 할 수 있는 이 통부를 내보였다.

포교는 하루에도 몇 번씩 변장을 하며 한양 시내를 순찰했다. 포교와 포졸들 사이에는 고유한 암호가 있어 매일매일 바꿔가며 사용했으며 그들만의 은어隱語를 썼다. 이는 지금의 경찰과 형사들이 흉기를 '연장'이라 하듯이 자신들끼리의 은어를 쓰는 것과 마찬가지다.

김화진이 소개한 은어를 몇 가지 열거하면 '밥을 내라(고문을 하라)', '모양을 내라(잔뜩 묶어라)', '대장으로 모시어라(칼을 채워두어라)', '새벽녘이다(단서를 얻었다)', '미꾸리다(새어 나갔다)' 등이 있다. 범인과 관련한 은어로는 힘이 없는 놈을 뜻하는 '파리', 억세고 무리를 이룬 자들인 경우에는 '참새'라고 했다. 포교와 포졸들이 밤마다 잠복했다가 범인을 발견하고 체포할 때에 이들 은어가 빛을 발하는데, 포교가 '파리!' 혹은 '참새!'라고 외치는 것에 따라 출동하는 포졸들의 수요가 결정됐다.

또한 민간에서는 포교를 '나그네'라고 불렀는데, 오늘날 경찰을 '짭

새'라고 부르는 것에 비하면 훨씬 점잖은 듯하다.

한편, 포도청 관속들 중에는 편법이나 비리를 범하는 자들도 있었는데 『한국천주교회사』에 이에 관한 기록이 있다. 샤를 달레에 따르면 한양 등 큰 도시에는 포도청의 포졸이 매수해둔 도둑이 있어서, 포졸들은 보수를 지급하여 이들 도둑을 꾸준히 관리했다고 한다. 그러다가 도둑에 대한 백성의 원성이 높아지고 수령이 범죄 단속에 대한 성과를 독촉하면 포졸들은 미리 매수해둔 도둑에게 가벼운

「다모전」 송지양의 시문집 『낭산문고朗山文稿』에 「다모전」이 수록되어 있다. 서울대 규장각 소장.

범죄 행위를 엮어서 체포했다. 한마디로 편법으로 자신의 범인 체포 실적을 부풀리는 것이다. 지금도 조직폭력배나 유흥업소 업주들과 경찰의 유착 또는 부적절한 관계가 언론을 통해 드러나는 것을 고려할 때 이러한 유형의 부정부패는 예나 지금이나 매한가지인 것 같아 씁쓸하다.

다모는 어떤 존재인가

포도청 하면 빼놓을 수 없는 인물인 다모茶母에 대해 알아보자. 다모는 만화가 방학기의 작품 「다모」에 이어 이를 원작으로 하여 TV 역사 드라마가 방영되면서 널리 알려지게 됐다. 그 때문인지 조선시대 다모

의 활약상이 기록으로 많이 전해지고 있을 것이라 생각되지만 사실은 그렇지 않다. 포도청의 여형사로 알려져 있는 다모는 천민 신분으로 포도청뿐만 아니라 여러 관청에 배속되어 식모와 같은 천한 일을 맡았다. 그러나 법전 등의 공식 기록에는 포도청에 다모가 얼마나 있었고, 그들이 어떤 일을 했는지 분명하게 나오지 않고 있다.

다만, 『조선왕조실록』을 추적해보면 다모에 대한 몇 가지 정보를 알 수 있다. 먼저 1463년(세조 9)의 기사에는 혜민국惠民局 소속 의녀 가운데 성적이 좋지 않은 자는 다모의 일을 시켰다가 다시 성적이 올라가면 의녀로 복귀시켰다는 기록이 있다. 그리고 중앙의 여러 관청뿐만 아니라 정조 때 만든 군영인 장용영壯勇營에도 다모가 배치되어 있었으며 지방 군현에도 다모가 있었음이 확인된다. 또한 1701년(숙종 27) 10월 20일자 기사에는 포도청에 '다모칸茶母間'이라 하여 다모들이 거처하는 처소가 있었다고 나온다.

이상을 종합해보면 원래 다모는 여러 관청에 소속되어 있던 관비官婢의 일종으로, 내외가 엄격하게 구분되어 있던 조선사회에서 여성과 관련한 범죄 수사나 정보 수집, 여성 피의자 수색이나 검시 등을 담당할 여성들이 필요함에 따라 형조나 포도청 등에 소속되어 있으면서 수사에 참여한 것으로 보인다. 따라서 19세기 초 관리를 지낸 송지양이 쓴 소설 「다모전茶母傳」에서 한성부 소속 다모 김여인이 금주령을 위반한 범인을 체포한 활약상도 당시 다모의 활동과 전혀 동떨어진 내용이라고 보기는 어렵다.

김화진의 술회에 따르면 믿거나 말거나 다모는 키가 5척 정도로 커야 했으며, 막걸리 세 사발을 단숨에 마시고 쌀 다섯 말을 번쩍 들어 올릴 수 있을 만큼 여장부여야 했다. 또한 다모는 치마 속에 2척쯤 되는 쇠도리깨와 오라를 차고 다니며, 필요한 경우 쇠도리깨로 문을 부수고 범인을 묶어올 수 있었다고 한다.

포도청은 기본적으로 한양과 인근 지역의 치안 유지, 민생 안정이 주된 임무였다. 하지만 조선 후기에는 임금의 의지에 따라 역모나 괘서 등 정치 사건에도 관여하는 등 업무가 갈수록 증가했고, 포도청의 정치적 기능과 역할도 확대됐다. 조선시대의 포도청이 오늘날 경찰청의 전신임에도 불구하고 포도청의 운영, 포도청 관속들의 삶에 대해서는 아직까지 밝혀지지 않은 부분이 너무 많다. 한국 경찰제도의 기원과 역사를 제대로 조명하기 위해서라도 포도청에 대한 검토와 연구가 필요할 것이다.

제3부

죄와 벌에 비친 조선사회

제1장

나라법보다 무서운 마을법

멍석말이와 동네쫓기

얼마 전 TV 드라마에서 조선시대에서나 있었음직한 멍석말이가 등장하여 화제가 된 적이 있다. 그 드라마는 현대의 기생을 주인공으로 했다는 점에서 엉뚱한 설정이라는 비판을 받았는데, 기생들 간의 멍석말이까지 버젓이 보여줌으로써 구설수에 올랐다.

문제의 장면은 한 기생이 기생집의 내부 규율을 어겼다는 이유로 모포에 말려 몽둥이로 매질을 당한 것이었다. 이는 옛날 민간에서 사사로이 가하던 린치인 멍석말이와 다름없으니 시청자들의 비난을 받았던 것도 어찌 보면 당연하다.

멍석말이는 조선시대에 민간에서 행해지던 체벌인 사형私刑의 일종이다. 사형은 불효하거나 못된 짓을 저지른 자가 있으면 권세가나 마을에서 회의를 거쳐 어른들이 보는 앞에서 멍석에 말아 매질을 하여 버릇을 고쳐주던 풍속이다. 국법이 엄연히 존재했기에 무뢰한을 관청에 신고하여 처벌해야 함에도 불구하고 고을에서 종종 이와 같은 처벌권을 행사했으니 멍석말이는 일종의 자체 처벌인 셈이다.

그런데 이런 풍습이 조선시대에서 끝난 것은 아니다. 민속은 하루아침에 사라지는 것이 아니어서 멍석말이와 같은 관습법적 처벌은 해방 직후까지도 남아 있었다. 법사학자 전재경 박사의 경상북도 민속 조사 결과에 따르면 울진, 상주, 안동 등지의 마을에서 멍석말이, 동네볼기는 해방 직후까지 그리 낯선 풍경이 아니었다고 전한다.

울진군 평해읍 거일리 마을에서는 시부모에게 불효한 며느리가 동리의 어른들 앞에 불려왔다가 결국 소에 매달려 마을을 한 바퀴 돌아다니는 수모를 겪은 뒤 마을 어머니들의 주먹세례를 받고 다시는 불효를 저지르지 않겠다는 확답을 하고 나서야 귀가할 수 있었다고 한다. 또한 상주군 모동면 용호리 마을에서도 1947년에 시아버지를 학대한 며느리에 대해 동회에서 동네볼기로 징벌할 것이 결정되어 가마니에 몸을 감은 며느리를 사람들이 돌아가면서 회초리로 한 대씩 때렸다.

이와 같은 멍석말이는 동네볼기, 동리 매라는 이름으로 경상북도 다른 지역들에서도 해방 직후까지 행해졌다고 하니, 마을에서 관습적으로 이루어졌던 조선시대의 체벌 전통이 꽤 오랫동안 사라지지 않았음을 알 수 있다. 그렇다 하더라도 21세기를 사는 지금, 드라마에서 아무렇지도 않게 사적인 린치를 가하는 장면을 설정한 것은 아무래도 심했다 싶다.

거적을 덮고 난타하는 모습 관아에서 세 명의 관속이 죄수를 멍석말이한 뒤 매로 난타하는 장면이다. 민간의 멍석말이도 이와 크게 다르지 않았을 것이다. 김윤보가 그린 『형정도첩』에 실려 있다.

나라법은 어겨도 마을법은 어길 수 없다

까마득히 먼 옛날이야기이지만 국가 출현 이전의 고대 원시사회에서는 사회적 침해, 범죄가 발생할 경우 그에 대한 반격으로서 피해자의 '복수'가 용인됐다. 그러다가 국가권력이 출현하면서 사적인 복수를 국가의 공식적 형벌이 대신했다.

이는 피의 복수가 또 다른 사적인 복수를 낳는 부작용을 막기 위한 것으로, 국가가 사회를 관리하고 형벌을 독점하는 이 같은 시스템을 개념화하여 표현한다면 공형벌주의公刑罰主義라 부를 수 있다. 그러나 사적인 처벌을 완전히 불식시킬 수는 없었으며 명나라의 『대명률』에서는 다음과 같은 경우에 사형, 즉 사적인 처벌을 인정한다고 기록되어 있다.

자신의 조부모나 부모가 피살당하는 현장을 목격하고 그 자손이 범인을 살해한 경우에는 자손을 처벌하지 않도록 규정하여 위험에 처한 존속 부모를 위해 자손이 개인적인 처벌을 가하는 것을 인정했다. 또한 부모에게 욕을 하거나 시부모를 구타하는 등의 패륜 행위를 저지른 자손이나 처첩을 부모나 남편이 처벌하다가 뜻하지 않게 죽게 한 일종의 과실치사의 경우에도 책임을 묻지 않도록 했는데, 부모나 남편의 자손, 처에 대한 징계권을 인정한 것이다. 교령敎令을 위반한 노비를 주인이 처벌하다가 우연히 노비가 죽은 경우에도 주인의 죄는 불문에 부치도록 하여, 불량한 노비에 대한 주인의 상당한 징계권도 인정했다.

『대명률』에 근거하여 조선시대에도 공식적으로 일정한 범위 안에서 사적인 처벌을 인정했다. 국가권력이 사적인 복수를 금지했지만, 그렇

불효자를 산 채로 묻다 중
국 장쑤성江蘇省에서 아들
과 며느리가 어머니를 학
대하자 어머니가 자살했
다. 이를 알게 된 마을 사
람들이 그 아들과 며느리
를 관아에 보내지 않고 대
신 산으로 데려가 묻어 죽
였다.『점석재화보』수록.

다고 해서 잘못을 범한 노비와 자손에게 관습적으로 행해지던 주인과
부모의 처벌을 완전히 막을 수도 없었기 때문이다.

문제는 법전에서 공식적으로 인정하는 것보다 많이 관습적인 혹은
사적인 처벌이 있었다는 점이다. 앞서 멍석말이를 언급했지만 조선시
대에 마을의 관습은 우리가 생각하는 것 이상으로 사람들의 삶에 직
접적인 영향을 주었다. "나라법보다 마을법이 가깝고 더 무서웠다"는
이야기가 전해지는 것도 이 때문이다.

이와 같은 마을법, 동리법으로 주목할 것 중 하나가 바로 조선의
향약이다. 백성의 교화와 상부상조를 목적으로 16세기에 처음 시행되
기 시작한 향약은 지방사회의 유력자, 즉 양반 사족들의 자치권에 관
한 내용이 많이 담겨 있다. 각 지역의 유력 사족들이 향약을 매개로 백
성들에 대한 재판권과 형벌권까지 행사하기도 했던 것이다.

향약의 4대 덕목 중 하나인 과실상규過失相規 조항은 마을 사람들의
잘잘못을 가려내고 바로잡기 위한 것이었다. 퇴계 이황이 경상도 예

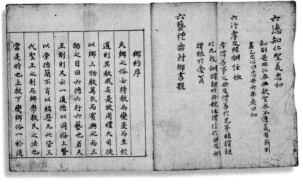

보은군에서 실시한 향약　1747년 충청도 보은군수 김홍득이 관내에서 실시한 향약의 규약을 기록한 『신증향약조』다. 이이의 『서원향약』을 바탕으로 하고 있다. 국립중앙박물관 소장.

안 지역에서 시행했던 예안향약禮安鄕約의 규정을 보면 부모에게 불손하고, 형제간에 서로 싸우는 등의 큰 죄를 저지른 자들은 향약 계원의 자격을 정지시키거나 요즘의 '왕따', '집단 따돌림'처럼 모임에서 상대해주지 않는 처벌을 내리고 있다.

　율곡 이이가 시행한 향약은 아예 체벌을 공식화하여 잘못을 저지른 자들을 매로 다스리기도 했다. 이이가 청주목사로 부임하여 시행한 서원향약西原鄕約에서는 향약 소속 양반들이 백성들의 소소한 분쟁이나 다툼을 조정할 수 있는 권한을 갖고 있었으며, 마을법을 어긴 자들에게 태 40대까지 집행할 수 있었다. 당시 지방관이 상부에 보고하지 않고 처벌할 수 있는 형벌권이 이보다 불과 10대가 많은 태 50대인 점에 비추어보면 고을에서 향약의 권한이 막강했다는 것을 짐작할 수 있다.

　지금처럼 행정력이 나라 구석구석까지 미치지 못했던 당시 사회에서 마을법은 부시할 수 없었던 셈이다. 마을 양반, 사족들이 주도하는 마을법이 백성들 입장에서는 어찌 보면 나라법보다 무서웠을지도 모른다.

집은 헐리고, 마을에서 내쫓기고

향약의 자치법규보다 사적인 처벌의 정도가 더 심한 경우도 종종 있었다. 지방 사족들이 국법을 무시하고 고을 사람들에게 매우 가혹한 관습적 처벌을 가한 경우도 있었으니, 그중 대표적인 것이 바로 '훼가출향毁家出鄕'이다.

훼가출향이란 불효, 간통 등 윤리상 용납하기 어려운 짓을 한 자를 관아에 고해서 국법으로 처벌하는 대신, 지방 사족들이 직접 그 죄를 물어 죄인의 집을 헐어버리고 고을에서 영구히 쫓아내는 풍습이다. 이 같은 사족들의 집단 행동이 조정에서 논란이 된 것은 선조 때의 일이었다.

유명한 것이 경상도 진주의 진사進士 하종악의 후처 이씨가 간통을 했다는 이유로 진주 유생들이 무력시위를 벌여 그녀가 사는 집을 불태워 없애버리고 마을에서 몰아내버린 사건이다. 하종악의 전처는 남명 조식의 조카딸이었고 후처인 이씨는 구암 이정 집안과 연결되어 있는 등 이 사건과 관련된 집안들이 당대 그 지역의 대표적 명사들과 혼인 관계로 얽혀 있어 더욱 논란이 됐다.

자세한 내용은 이렇다. 당시 진주목 서면 수곡리에 살았던 진사 하종악은 처가 죽자 후실로 문제의 함안 이씨를 들였다. 그런데 하종악이 죽고 난 뒤 후실인 이씨가 다른 남자와 정을 통하며 행실이 부도덕했다. 이에 하씨 집안을 비롯한 진주의 유생들이 관에 고하여 그녀의 처벌을 요구했으나 받아들여지지 않자, 고을의 풍기를 유지한다는 명목으로 무리를 이끌고 그녀의 집을 부순 뒤 마을에서 쫓아내버린 것이다.

이 사건으로 하종악의 후실 이씨, 또 그녀와 간통한 것으로 지목된 간부奸夫 집안사람들이 옥에 갇혀 문초를 당했을 뿐만 아니라, 하항河沆 등 훼가출향을 주도한 남명의 문인 일부도 지나친 일을 벌였다는 이유로 관에서 옥고를 치렀다. 특히 이 사건으로 인해 조식은 이정과 절교를 선언하는 등 당시 학자들 간에도 그 파장이 적지 않았다.

남녀간의 문제야 지금도 당사자들이 아니면 진실을 알기 어려운 일이라는 점을 감안한다면 당시 후처 이씨의 행실이 도대체 어떠했는지 명확히 알 길은 없다. 하지만 고을에서 향권鄕權을 틀어쥔 양반들이 실행失行한 부녀자에게 훼가출향이라는 무거운 징벌을 가할 만큼 마을 유지들의 힘이 컸던 것은 분명하다. 비슷한 시기의 일기 『고대일록孤臺日錄』을 보면 진주 인근 고을인 함양에서도 정인홍을 비방한 인물을 이 지역 사족들이 훼가출향을 시키고 있는 것을 볼 때 훼가출향이 여러 지역에서 이 무렵 공공연히 이루어지고 있었음을 알 수 있다.

훼가출향으로 삶의 터전인 집은 물론 공동체에서 영원히 쫓아낸 것은 분명 상상하기 어려울 만큼 가혹한 처분이었을 것이다.

체벌에서 자유롭지 못한 노비들

앞서 보았듯이 조선시대에는 지방 사족들이 향약 등의 자치권을 가지고 마을 사람들에게 관습적 처벌을 가하곤 했지만, 노비의 경우는 그 사정이 더욱 나빴다. 노비는 사고 팔리는 존재였던 만큼 주인 가문의 가법家法을 어기거나 심지어 사소한 잘못으로도 주인의 체벌에서 자유롭지 못했다.

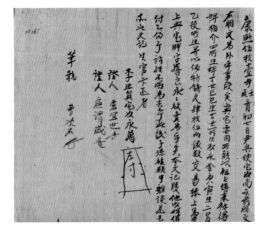

노비매매문기 1712년 이생원이 자기 소유의 모자母子 노비를 병마절도사 윤씨 댁에 파는 문서다. 조선시대의 노비는 주인에 의해 언제든지 매매될 수 있었다. 국립중앙박물관 소장.

　물론 주인이 노비를 함부로 죽이는 일은 법으로 금지되어 있었으며, 죽이지는 않아서 법의 처벌을 피하더라도 노비를 잔인하게 다룰 경우 도덕적으로 선비들의 지탄을 받을 수 있었다. 그렇지만 죽지 않을 만큼의 체벌은 공공연히 이루어졌고, 심지어 체벌 도중 노비가 죽더라도 주인이 받는 처벌은 비교적 가벼웠다.

　『대명률』규정에 따르면 죄를 지은 노비를 주인이나 주인 친척이 함부로 때려죽인 경우 장 100대의 형벌에 그쳤으며, 아무 죄가 없는 노비를 죽였을지라도 '장일백杖一百 도일년徒一年'이라 하여 요즘으로 치면 매를 맞고 징역 1년 정도를 살면 그만이었다.

　집안에서 노비에게 체벌을 하더라도 제재하기가 쉽지 않았을 뿐만 아니라 법 또한 이러해서 노비들은 사소한 잘못으로도 주인들로부터 혼쭐이 나기 일쑤였다. 따라서 현재 남아 있는 조선시대 양반들이 쓴 생활일기 등에는 노비 체벌이 빈번하게, 심지어 노골적으로 등장하곤 한다.

　『쇄미록瑣尾錄』을 보면 오희문 집안의 노비들은 여러 가지 이유로 체벌을 당했다. 예를 들어 밥을 지을 때 쥐똥을 골라내지 않아 종아리를 얻어맞았고, 거만하게 굴며 상전을 우습게 안다며 뺨을 얻어맞기도 했다. 『묵재일기默齋日記』에서 이문건은 비婢 삼월과 윤개가 자신이 부르는데 즉시 오지 않았다고, 속히 더운 물을 대령하지 않았다며 각각 매질했다. 또한 노奴 야찰은 이유 없이 밤늦게 집에 돌아왔다고 매로 엉덩이 찜질을 당했다.

한편 노비들을 인간적으로 대우하는 주인들도 적지 않았다. 세종 때의 재상 황희는 노비에게

코로 잿물 먹이기 거꾸로 매달아놓고 코에 잿물을 들이 붓고 있는 모습이다. 고문의 일종으로 김윤보의 『형정도첩』에 실려 있다.

한번도 매질을 하지 않았다고 한다. 또한 초려 이유태처럼 체벌이 엉뚱하게 큰 화를 부를 수도 있다 하여 함부로 상놈이나 노비에게 매를 들지 말 것을 권유하는 이들도 있었다.

17세기 충청도의 대표적 산림山林의 한 명으로 꼽히는 이유태는 자손들에게 지켜야 할 생활규범을 담은 「정훈庭訓」이라는 글을 남겼다. 여기서 그는 주변에 불량한 젊은이들이 많지만 그 집안에서 죄를 다스리도록 참아야지 절대 자신이 직접 손을 대지 말 것을 당부했다. 만에 하나 매 맞은 자가 다른 병으로 죽어버리면 큰 낭패를 볼 수도 있다는 이유에서다.

발가락 사이에 불 놓기 화승火繩, 즉 불을 붙게 하는 데 쓰는 노끈을 발 가락 사이에 끼우고 불을 붙여 발에 화상을 입히게 하는 고문이다. 프랑 스 국립기메동양박물관 소장.

　그러면서 이유태는 선친인 이서가 겪은 일화를 소개하고 있다. 하루 는 이서가 길에서 말을 타고 가는 마을 사람을 만났는데, 그가 말에 서 내리지도 않고 손으로 성의 없이 인사를 하더라는 것이다. 화가 난 이서의 마부가 버릇을 고쳐주려고 그를 말에서 끌어내려 체벌하려고 하던 것을 이서가 만류했는데, 그날 밤 마침 말을 타고 가던 그자가 갑자기 죽어버렸다. 당시 이서가 그에게 혹여 손이라도 댔으면 그자의 죽음에 연루되어 어쩔 뻔했겠느냐는 것이다.

　이처럼 현실적으로 화를 피하기 위해, 혹은 온화한 품성으로 노비에 게 함부로 매를 대지 않는 양반들도 있었던 반면, 체벌의 도가 지나친 주인들도 분명 있었다. 성종 때 세력가였던 유하의 아들 중에 유효손 이라는 자가 그랬다.

그는 비婢 효양이 자신과의 동침을 거부하고 도망갔다며 효양을 붙잡아 불에 달군 쇠로 몸을 지졌으며, 심지어 도망가지 못하도록 발뒤꿈치에 구멍을 뚫은 뒤 끈에 꿰어 묶어놓기까지 했다.

이보다 한참 뒤인 1740년(영조 16)에 영조는 형벌 남용을 금지하는 법령인 「남형금단사목濫刑禁斷事目」을 발표했다. 이를 보면 못된 주인들이 노비를 잔혹하게 고문하고 체벌하는 사례가 여전히 등장하고 있다. 도망가거나 도둑질했다는 이유로 화승火繩을 발가락 사이에 끼우고 불사르는가 하면, 거꾸로 매달아놓고 콧구멍에 잿물을 붓거나, 목화의 씨를 뽑아내는 기계인 거핵기去核機에 다리를 끼워 고문하는 등 그 체벌 방식도 다양했다.

조선 후기 영조는 양반들이 자신의 집에서 노비들에게 함부로 때리거나 고문을 가하는 것을 강력히 금지시키고 체벌이나 형벌의 남용을 경계했지만 오랫동안 유지된 관습을 완전히 없애기에는 역부족이었다. '구타 금지'라는 표어가 여전히 군대에서 철저하게 지켜지기 힘든 것처럼 조선시대의 관습적 처벌, 사적인 린치는 꽤나 긴 역사를 가지고 있다.

제 2 장

유언비어와 익명서로 본 사회상

조선시대의 여론과 민심

지금 우리는 과학과 기술의 눈부신 발달로 인해 가히 정보의 홍수 속에 살아가고 있다. 실시간으로 각종 뉴스, 사건, 정보가 흘러넘치고 누구나 언제든지 접속할 수 있기 때문에 인터넷은 거대한 정보의 바다가 됐다. 게다가 이제는 정보화시대에서 스마트폰, 태블릿PC가 지배하는 스마트시대다.

그러다 보니 사이버 공간의 여러 가지 부작용을 우려하는 목소리가 있다. '사이버 모욕죄' 법안이 추진된다거나, 세계 외환위기 상황에서 정부 정책을 비판하고 허위 사실을 유포했다는 혐의로 2009년 1월 인터넷 경제논객 '미네르바'가 구속된 것도 이런 분위기를 반영한다. 그렇지만 다양한 의사를 자유롭게 표현하는 것은 시대의 거스를 수 없는 추세임에 분명하다.

지금과 달리 조선시대에는 신분적 차별 속에서 말과 글이 소수에게 독점되어 있어 많은 백성이 정보로부터 소외되어 있었다. 백성들이 자유롭게 의사를 표현할 여건이나 기회 역시 제한됐다. 그런 점에서 상대적이긴 하지만 분명 우리는 열린 시대를 살고 있다. 그렇다면 조선시대에 여론을 형성하고 정보를 전달하는 일들은 어떻게 이루어졌으며, 일반 백성들의 의견과 고충은 어느 정도 위정자들에게 전달됐을까.

조선왕조를 개창한 신진사대부들은 성리학을 정치이념으로 표방하면서, 민본정치의 실천을 위해 민의民意 수렴의 중요성을 강조했다. 그렇지만 현실과 이념 사이의 괴리는 컸다. 양반, 관리들의 여론은 여러 가지 제도적 장치를 통해 수렴됐지만, 일반 백성의 경우는 그렇지 못한 것이 현실이었다. 이들은 문자 사용이 제약되어 있었고, 정치 참여층이 아닌 단순한 통치 대상에 불과한 존재라는 한계 때문에 자신들의 집단적 의사표현을 관철시키기란 쉽지 않았다. 더욱이 정치가들이 이들의 목소리에 귀를 기울이는 일도 흔치 않았다.

이처럼 자신들의 목소리를 낼 수 있는 공간과 여건이 제약되어 있기는 했지만, 그런 와중에도 백성들은 권리의식을 키워나가며 합법적으로 그들의 의사를 표출했다. 이는 백성들이 억울한 사정을 호소할 수 있도록 마련한 소원제도訴冤制度를 통해서 가능했다. 신문고, 상언, 격쟁이 대표적인 예다.

신문고는 태종이 중국의 제도를 본떠 만든 것으로, 의금부 당직청에 설치하여 억울하고 원통한 일이 있는 백성들은 신문고를 쳐서 왕에게 직접 호소할 수 있게 했다. 그렇지만 이를 이용하는 사람들은 거의 일반 백성이 아니라 관료나 양반이었으며 지역적으로는 한양 사람이 대부분이었다.

실효성이 크지 못한 신문고에 비해 상언과 격쟁은 백성들의 청원이나 호소에 보다 용이한 장치였다. 상언은 국왕이 행차할 때 자신의 사정을 글로 써서 아뢰는 것이고, 격쟁은 대궐 근처나 국왕 행차 때 어가御駕 앞에서 징이나 꽹과리를 두드려 억울함을 호소하는 방식이었다. 특히 18세기 후반 정조는 백성들의 억울함이 자신에게 전달될 수 있는 길을 열어놓고자 상언과 격쟁의 제한을 완화해 이를 더욱 활성화시켰다.

이처럼 조선 후기에는 소원제도의 발달 등으로 백성들이 자신의 원통함을 표현할 수 있는 기회가 점차 많아졌다. 그렇지만 지금과 달리 합법적으로 민심을 표출하는 데는 분명 적지 않은 한계가 있었다.

유언비어, 예언서가 성행하다

민심을 제대로 표출할 수 없는 제한된 상황에서 여론은 불법적 방식으로 형성되거나 왜곡된 형태로 퍼져나가기도 했다. 유언비어, 소문 등이 그러하다. 유언비어는 와언訛言, 요언妖言, 부언浮言이라고 했는데, 이는 관리들이 그것이 민간에 퍼져나가 부정적 영향을 미칠까 우려하여 불온시했기 때문이다.

그렇지만 유언비어는 단순한 헛소문으로 그치지 않고, 당시 흉흉한 세태를 드러내거나 정부에 대한 비판적 목소리를 대변하며 심지어 변란과 연계된 경우도 있었다. 다산 정약용은 『목민심서』에서 "유언비어가 일어나는 것은 근거 없이 생기기도 하고 혹은 기미가 있어서 생기기도 하는 것이니, 수령은 이에 대응할 때 조용히 진압하기도 하고 묵묵히 관찰하기도 해야 할 것이다"라고 이를 지적했다.

이처럼 정약용은 유언비어를 단순한 헛소문이거나 변란과 연계된 소문 등 두 가지로 나누어 고을 수령들이 각각에 대해 다르게 대처할 것을 조언하고 있다. 먼저 단순한 헛소문은 들어도 못 들은 척 조용히 잠재울 것을 권유했다. 또한 그는 유어비어가 난무하는 까닭은 당시 부세가 무겁고 관리가 탐학하여 백성들이 편안히 살 수 없고 모두 난리가 나기를 바라고 있기 때문이라며, 이들을 법률에 따라 죽인다면 살아남을 백성이 한 사람도 없을 것이라고까지 말했다.

반면 영조 때 이인좌의 난, 순조 때 홍경래의 난이 일어날 즈음 유언비어가 크게 퍼진 것을 예로 들어 변란과 연계된 소문은 철저한 조사가 이루어져야 한다고 주장했다. 즉 징조가 이상한 경우 그냥 내버려두지 말고 친척, 막료들을 동원하여 소문의 뿌리를 찾고 그 소굴을 엿보아 잘 조사해야 한다고 했다.

화성 행차 후 돌아오는 어가 행렬 『화성능행도병』에 실린 1795년 정조의 환어행렬還御行列이다. 정조의 능행길에는 백성들의 상언, 격쟁 등이 이루어지기도 했다. 국립중앙박물관 소장.

『조선왕조실록』을 보면 조선시대에도 사실과 다른 헛된 풍문이 돌곤 했음을 알 수 있다. 1404년(태종 4) 3월 29일에는 길을 가다가 재상의 행차에 범마犯馬하는 실수를 저지를

『정감비록』 조선시대에 유행한 대표적 예언서인 『정감록』의 이본 중 하나다. 서울대 규장각 소장.

경우 바로 죽임을 당한다는 말이 충청도, 전라도의 백성들 사이에 돌았으며, 1671년(현종 12) 10월 17일에는 홍제동의 석미륵石彌勒이 저절로 움직였다는 소문이 한양 백성들 사이에 퍼지기도 했다.

질병에 대한 공포도 때로 엉뚱한 소문을 만들어냈다. 1577년(선조 10) 1월 1일에는 팔도에 역병이 크게 일어나자, 역신疫神을 물리치기 위해서는 오곡의 잡곡밥을 먹거나 소를 잡아서 그 피를 문에 뿌리면 물리칠 수 있다는 이야기가 돌기도 했다.

와언과 유언비어에 대해 조정에서는 단호하게 대처했다. 임진왜란 중인 1594년(선조 27) 8월 22일에 해주성 안에서 유언비어가 성행하여 인심이 이반되자 책임자 문책 차원에서 목사와 병사兵使를 교체한 일이 있었다. 또한 유언비어를 유포한 자는 엄하게 처벌했다. 1624년(인조 2) 3월 19일에 도성의 여염집을 돌아다니면서 자신이 접신接神했다고 주장하며 이상한 말을 떠들어대던 자가 있어 그를 요사한 말로 여러 사람을 현혹했다는 명목으로 목을 베어 효시한 것이 그 예다.

한편, 조선 후기에는 지배층의 수탈과 생활고에 고통받던 백성들 사이에 예언서가 성행했다. 그중 『정감록鄭鑑錄』은 민간에 널리 유포된 책이었다. 시대 상황이 어려울수록, 그리고 말세에는 예언서가 떠돌게 마련이었다. 신라 말기와 고려 말기에 도선과 무학이 예언했다는 비기秘記가 사람들 입에 오르내렸던 것이 이를 방증하는데 조선 후기에도 사정은 마찬가지였다.

『정감록』은 반反왕조적이고 현실 부정적인 내용을 담고 있는 금서였기 때문에 민간에 은밀하게 전수됐다. 이 책은 이씨 왕조의 멸망과 정씨 왕조의 개창, 앞으로 닥쳐올 병란兵亂 등을 예언하는 내용을 담고 있다. 조선왕조 체제를 부정하고 새로운 세계를 꿈꾸는 이야기가 실려 있었기 때문에 이런 내용들은 민심을 동요시키고 때로 많은 사람들의 마음을 사로잡기도 했다.

1688년(숙종 14) 8월에는 승려 여환이 양주를 근거로 미륵신앙을 내세우며 지사, 무당 등과 함께 평민 20여 명을 포섭하여 한양 공략을 꿈꾸다 실패한 사건이 있었다. 홍경래의 난 때에는 『정감록』의 '정진인鄭眞人'이 출현했다는 말을 유포하여 백성들이 봉기에 참여할 것을 유도하기도 했다.

벽서, 괘서, 익명서

민심을 적극 수렴해야 한다는 민의상달民意上達식 유교정치의 이상에도 불구하고 조선시대에 백성들이 법의 테두리 안에서 자신의 의사를 적극 개진하는 것은 좀처럼 쉬운 일이 아니었다. 그런 점에서 때로는 은밀한 방법으로 의사를 표출하는 방법을 쓰기도 했는데 그것이 바로 익명서匿名書다.

익명서는 글로써 의사를 표명하는 것이기 때문에 일반 백성들보다는 선비, 지식인, 관리 능 지배층이 주로 이용했다. 하지만 백성들 중에 언문諺文으로 벽서를 붙이는 경우가 전혀 없었던 것은 아니다. 조선

지명수배 방문榜文 벽서에는 익명으로 정부를 비방하는 내용만 있었던 것은 아니다. 조선시대에 관에서 백성들에게 범죄자의 체포를 협조하는 방문도 있었다. 사진은 한국민속촌에 복원해놓은 것이다.

시대에 작성된 익명서에는 백성들의 현실에 대한 불만사항, 혹은 관리나 정부에 대한 노골적인 비난을 기재하는 경우가 많았다.

글자 그대로 자신의 이름을 숨기고 쓴 글인 익명서는 대개 누군가를 비방하거나 정부를 비판하는 등 드러내놓고 할 수 없는 말을 적는 경우가 많았다. 익명으로 쓴 벽서壁書, 괘서掛書, 투서投書 등이 모두 익명서에 해당한다.

1980년대 우리나라 대학가에는 민주화 투쟁을 호소하고 정권을 비판하는 대자보大字報가 많이 나붙었다. 이름을 밝히지 않고 붙인 대자보는 자신의 주장을 큰 글씨로 써서 알렸다는 점에서 모두 벽서, 익명서에 해당하는 셈이다. 이같은 대자보의 기원은 중국 문화대혁녕에서 찾을 수 있다. 1966년 기존 질서를 비판하는 대자보가 베이징대학교 식당 벽에 붙여진 것을 시작으로 이후 대자보가 유행하게 됐다.

기록에 비추어볼 때 우리나라 익명서의 전통은 꽤 오래전으로 거슬러 올라간다. 익명서에 대한 최초의 기록은 『삼국사기三國史記』에 보이며, 『고려사』에도 익명서에 관한 내용이 여럿 남겨져 있다. 하지만 익명서 관련 기록은 조선시대에 더욱 풍부하게 전해진다.

익명서는 글을 작성한 사람이 자신의 주장이나 생각을 여러 사람에게 알리거나 민심을 동원할 필요가 있을 때 사용됐다. 그런데 익명이라는 점 때문에 남을 비방하거나 유언비어를 퍼뜨리는 수단으로 이용되는 경우가 많아 정부에서는 이를 법으로 엄격히 금지하고 있었다.

『대명률』 규정에 따르면 이름을 숨기고 문서를 투서한 자는 교형에 처하며 이를 발견할 경우 불사르고 불문에 부치는 것이 원칙이었다. 『경국대전』에서도 『대명률』의 원칙이 다시 천명됐다. 즉 국사國事에 관련된 중대한 익명서라도 가까운 가족인 아버지와 아들 사이에 그 익명서를 입에 올려서는 안 된다. 또한 그 내용을 다른 사람들에게 전파하거나 오랫동안 불사르지 않는 자는 모두 율문에 의거하여 처벌하도록 규정했다.

이처럼 익명서가 발견되면 불사르고 불문에 부치라는 것이 법전의 내용이었지만, 현실에서 반드시 그렇게 처리되지만은 않았다. 앞서 정약용이 유언비어의 유형에 따라 다르게 대처할 것을 수령들에게 권고했던 것처럼, 그는 익명서도 역시 사안에 따라 달리 처리할 것을 강조했다. 즉 개인적인 원한, 모함에 해당하는 익명서는 법전의 규정대로 따르되, 정부를 비난하거나 국가 안위, 역모 등에 관련된 익명서는 상급 관청에 보고하여 진상을 파악하라고 주문했다.

법선의 규정과는 다소 배치되는 정약용의 주장처럼 당시 조정에서도 익명서 사건을 사안에 따라 각각 다르게 대처하고 처벌했다.

「추안급국안推案及鞠案」
『추안급국안』은 조선시대 정치범, 중죄인을 임금이 직접 신문한 내용을 기록한 책이다. 사진은 1755년 나주 괘서 사건에 연루된 죄인을 신문한 부분이다. 서울대 규장각 소장.

익명서는 그 내용과 성격에 따라 몇 가지로 구분할 수 있다. 먼저 개인들 간의 사사로운 감정 때문에 무고하는 익명서를 들 수 있다. 이러한 사건은 조선 전 시기에 걸쳐 상당히 많았을 것으로 여겨지지만, 별달리 주목을 끌지 못해 기록으로 전하는 것이 많지는 않다. 1403년 (태종 3) 11월 27일에 송개석이 자신이 사랑한 기생을 대호군大護軍 송거신에게 빼앗기자 그 분풀이를 하기 위해 다른 사람의 집에 송거신을 모함하는 익명서를 던진 것이 확인된다.

둘째, 관청이나 관리에 대한 원한, 불만을 표출하기 위해 일으킨 익명서다. 특히 자신의 고을 수령에게 불만을 품은 사람들이 투서한 사례가 적지 않았다. 여기에는 1451년(문종 1) 5월 29일에 경상도 영산 고을의 유생 민효관이 수령의 과실을 조목조목 적어서 대사헌 정창손의 집에 투서한 사건, 1489년(성종 20) 3월 3일 밤 누군가가 대궐문에 와서 황해도 신천 고을 수령의 불법을 고소하는 익명서를 던진 사건 등이 있었다.

셋째, 지배층 내부의 정쟁과 관련하여 반대세력을 비난하는 익명서가 있다. 이 유형에 속하는 익명서는 사화와 당쟁의 와중에 종종 발생했으며, 특히 정치적으로 큰 파장을 몰고 온 경우가 많았다. 명종 때의 양재역 벽서 사건과 영조 때의 나주 괘서 사건이 그 대표적인 예다.

넷째, 왕조체제와 집권세력에 불만을 품고 많은 사람들에게 변란이나 민중 봉기를 선동하려는 목적에서 씌어진 익명서가 있다. 1801년(순조 1) 경상도 하동, 의령, 창원 등에서는 지식인부터 무지렁이까지 모두를 포용하면서 변란을 선동하는 내용의 괘서가 연속해서 나붙은 사건이 발생했다.

그렇다면 익명서는 주로 어디에 부착했을까. 대개 익명서는 짧은 시간 동안 많은 사람들에게 전파할 수 있는 장소, 즉 인적이 많은 장시나 마을 입구의 장승, 정부 관리들의 집이나 관아의 대문 등에 붙였다. 심지어 대궐문에 부착하거나 궁궐 안에서 발견되는 경우도 있었다.

1519년(중종 14) 2월 11일에는 누군가가 경복궁 건춘문에 익명서가 적힌 화살을 쏜 일이 있었으며, 이보다 앞선 1494년(성종 25) 1월 5일에는 창덕궁 인정전의 어좌에서 강화 고을 수령의 범법 사실을 익명으로 기재한 괘서가 발견되기도 했다.

시를 지어 조정 관리들을 풍자하는 경우도 있었는데 1752년(영조 28) 4월 23일에 익명시를 유포한 것이 그 예다. 또한 익명서는 대개 한문으로 작성하지만 더러 한문을 모르는 일반 백성들을 염두에 두고 언문으로 쓴 경우도 있었다. 1449년(세종 31) 10월 5일에는 누군가 정승 하연을 비난하는 언문을 벽에 붙였고, 1504년(연산군 10)에 발생한 연산군의 학정을 비난하는 언문 투서 사건은 한동안 조정을 발칵 뒤집어놓았다.

조선을 뒤흔든 익명서

조선시대 익명서는 작성 주체가 누구이며, 어떤 목적을 위해 작성했는가에 따라 내용이 다양했다. 그중에서 정치적 파급력이 컸던 것은 권력의 부침, 권력 투쟁의 과정에서 작성된 익명서였다. 익명서에서 비롯되어 조선을 뒤흔든 중대한 정치적 사건으로는 앞서 언급한 양재역 벽서 사건과 나주 괘서 사건을 들 수 있다.

1547년(명종 2)에 발생한 양재역 벽서 사건은 문정왕후의 섭정을 비난하는 대자보가 양재역 벽에 붙은 것을 부제학 정언각이 발견하면서 시작됐다. 벽서에는 "여왕이 집정하고 간신 이기 등이 권세를 농락하여 나라가 망하려 하니 이것을 보고만 있을 것인가"라는 글이 적혀 있었다.

이 글은 임금에게 보고됐고, 1545년(명종 즉위년) 을사사화 때 다행히 화를 모면했던 많은 관리들이 이 사건에 연루되어 대부분 죽거나 귀양을 가는 화를 입었다. '벽서의 옥獄'이라고도 불리는 이 사건은 권력을 쥐고 있던 윤원형 일파에게 정적을 숙청하기 위한 좋은 기회를 만들어주었다. 양재역에 붙은 벽서는 윤원형의 소윤小尹 세력이 대윤大尹의 잔존세력을 제거하기 위해 벌인 자작극이었다는 설이 우세하다.

1755년(영조 31)의 나주 괘서 사건은 조선시대에 일어난 단일 괘서 사건 가운데 가장 많은 인명이 살상된 사례로 기록됐다. 그해 2월 전라도 나주의 객사 망화루望華樓에 익명으로 된 글이 걸렸는데, 그 괘서에는 "조정에 간신이 가득 차서 백성이 도탄에 빠졌다"는 등의 내용을 비롯하여 정부를 비방하는 글이 적혀 있었다.

조정에서는 이 사건이 영조 즉위 이후 정권에서 밀려난 소론세력이

의금부 관아도 1750년 조선시대 특별 사법관청이던 의금부다. 의금부에는 죄인을 신문하던 호두각虎頭閣, 죄인을 수감한 남간옥南間獄과 서간옥西間獄 등이 있었다. 의금부는 중부中部 견평방堅平坊, 즉 지금의 종로2가에 있었다. 서울대 규장각 소장.

저지른 것으로 파악하여 주모자를 색출했는데, 이렇게 해서 나주에 유배와 있던 의금부의 지평持平 벼슬을 지낸 바 있는 윤지가 체포됐다. 사건이 조정에 보고된 지 7일 만에 체포된 윤지는 영조의 친국 등 조사 과정에서 괘서 사건을 주도한 것으로 파악됐다. 즉 괘서는 윤지가 작성했고, 괘서를 객사에 내거는 등 행동으로 옮긴 인물은 그의 노비와 처남으로 밝혀졌다.

그런데 나주 괘서 사건은 단순한 정부 비방을 목적으로 한 것이 아니라 모종의 거병 전 단계의 행동으로 규정되면서 문제가 확대됐다. 윤지가 일찍부터 정변을 위해 주변 인물들을 포섭하고 거사를 계획했다는 것이다. 결국 사건은 일반적인 조정 비방 괘서 사건에 그치지 않고 대규모 역모 사건으로 비화되기에 이르렀다.

주모자 윤지는 친국 과정에서 자백을 하지 않고 며칠 만에 고문을 받다 죽게 됐지만 사건은 이것으로 마무리되지 않았다. 윤지와 친분이 있던 나주 지역의 관리와 아전, 같은 처지에 있던 유배인, 윤지에게 학문을 배웠던 자, 편지를 주고받던 한양의 소론 정치인들이 하나둘씩 체포되어 줄줄이 문초를 겪고 상당수가 고문을 못 이겨 죽거나 처형당했다. 이를 계기로 여러 가지 정치적 변고에도 불구하고 영조의 탕평정치 아래에서 그동안 살아남았던 소론계 정치인들 대부분이 숙청됐다.

위의 두 사건에서 보았듯이 정쟁이 심했던 시기에 정치세력 사이에 빚어졌던 익명서 사건은 매우 심각한 정치적 파장과 후유증을 가져오기도 했다. 이처럼 반정부·반체제적 내용의 익명서는 여론과 정보를 독점하던 조선 집권세력에게는 불온한 것이었음에 분명했다. 하지만 익명서는 당시와 같이 정보 및 의사 교환 수단이 원활하지 못한 사회에서 조정의 정책을 비판하고 다양한 사람들의 여론을 전달하는 기능을 수행했다고 보아야 할 것이다.

조선시대건 오늘날이건 정도의 차이는 있지만 백성들의 동향에 정부의 감시와 통제의 눈초리는 언제나 곤두서 있게 마련이다. 하지만 어느 시대든 국민들이 자신의 알 권리를 충족시킬 수 있을 정도의 충분한 정보를 공유하고, 표현의 자유를 보장받는 사회일수록 건강하다는 사실은 자명하다.

제 3 장

부부 싸움은 칼로 물 베기?

가깝고도 먼 사이, 부부

가정의 달이라고 불리는 5월, 그래서인지 유난히 기념일이 많다. 어린이날, 어버이날, 스승의 날 등……. 그중에는 '부부의 날'도 있다. 민간단체의 노력으로 2007년에 비로소 법정기념일로 제정됐지만 공휴일이 아니어서인지 날짜를 정확하게 아는 사람은 그리 많지 않은 듯하다. 부부의 날을 5월 21일로 정한 것은 '둘(2)이 하나(1)'가 된다는 뜻이 들어 있기 때문이라고 한다. 행복한 가정은 건강한 사회의 밑거름이며, 화목한 가정을 꾸려나가기 위해서는 부부 관계만큼 중요한 것이 없을 것이다. 그런데 요즘의 언론 기사 등을 보고 있자면 부부애를 이야기하기에는 다소 민망한 것이 현실이다.

통계청의 2010년도 인구 조사 결과에 따르면 2009년도 이혼 상태의 가구주는 전체 가구주의 7퍼센트를 넘는 것으로 나타나고 있으며,

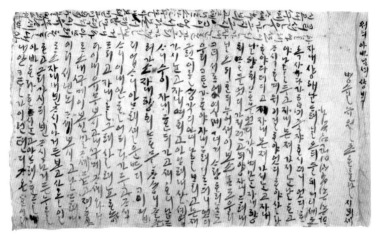

원이 엄마의 편지 무덤에서 발견된 원이 엄마의 편지에는 병으로 일찍 죽은 남편에 대한 그리움이 구구절절 기록되어 있어 조선시대 부부의 애틋한 사랑을 보여주고 있다. 안동대박물관 소장.

이혼율은 꾸준히 증가하는 추세다. 이제 '황혼이혼'이나 이혼 뒤 혼자 사는 이들을 가리키는 '돌싱(돌아온 싱글)' 등의 신조어도 낯설지 않다. 각각의 존재인 두 사람이 만나 가정을 이루었기 때문에 부부간의 갈등이 있을 수밖에 없지만, 지금과 같이 가족의 해체와 붕괴가 심화되는 현상은 결코 바람직한 것이 아닐 것이다.

조선시대의 경우 양반들의 이혼은 조정에 이혼 신청을 올려 허가를 받아야 했기 때문에 까다로운 편이었지만, 신분이 낮은 일반 평민이나 노비들의 이혼은 생각보다 자주 이루어졌다. 그럼에도 당시 부부간의 화목은 아름다운 덕목으로 인식됐다.

조선시대에 혼례를 치를 때 신랑이 신부집에 부부간의 금슬을 상징하는 기러기를 가져가던 일이나 부부가 무병장수하며 해로하는 것을 다복多福의 기준으로 삼은 것 등이 모두 부부 관계의 소중함에 대한 당대인의 관념을 보여준다. 결혼한 지 60년이 되는 해에 부부가 다시 혼례 의식을 치르는 잔치인 회혼례回婚禮는 회갑보다도 더 큰 경사로 여겼다.

실제 조선시대 부부의 감동적 사랑 이야기는 남아 있는 문헌에서 종종 확인할 수 있다. 그중 1998년 4월 경북 안동시 정상동에서 택지개발을 위해 이장하던 고성 이씨 무덤 속에서 발견된 '원이 엄마'의 한글 편지는 부부의 애틋하면서도 안타까운 사랑이 진솔하게 표현되어 있다.

무덤의 주인공 이응태는 어린 아들 원이와 유복자를 남겨두고 서른한 살의 나이로 짧은 생을 마감했다. 졸지에 남편을 잃은 아내는 당신 없이는 도저히 살 수 없을 것 같다는 쓸쓸하고 비통한 심정을 구구절절 편지로 쓰고, 자신의 머리카락과 삼 줄기를 꼬아 만든 미투리 등을 함께 남편의 관 속에 묻었다. 안동시에서는 이들 부부의 아름다운 사랑 이야기를 널리 알리기 위해 2003년에 무덤이 자리했던 곳의 인근 공원에 원이 엄마의 편지 내용을 새겨 넣은 비석을 세웠다.

하지만 예나 지금이나 이처럼 금슬 좋은 부부만 있을 수는 없는 법. 부부간의 다툼은 때로 폭행이나 극단적인 살인 사건으로까지 이어지기도 했다.

부부 싸움은 칼로 물 베기?

결혼 생활을 하다보면 사소한 오해나 의견 차이가 생길 수밖에 없다. 속담에 '양주兩主 싸움은 칼로 물 베기'라는 말이 있다. 여기서 '양주'는 한자로 바깥주인과 안주인을 의미하는 부부를 가리킨다. 결국 부부 싸움은 쉽게 봉합된다는 이야기이지만 모든 부부 싸움에 해당되

는 속담이 아니었다는 것을 과거의 사건들이 증명해준다.

현대 범죄통계학자들에 따르면 살인은 가까운 사람들 사이에서 발생하는 경우가 많다고 한다. 조선에서도 전체 살인 사건 가운데 부부간에 발생한 것이 적지 않았는데 정조 때의 형사판례집 『심리록』에서 이를 확인할 수 있다.

『심리록』에는 정조가 재위 약 25년간 직접 심리한 중죄수에 대한 판결 기록 1,112건이 수록되어 있으며 그 가운데 살인 사건은 964건으로 가장 많았다.

불륜을 저지른 부인에 대한 처단 청나라 말 북경에서 불륜 현장을 목격한 남편이 부인과 간부를 칼로 살해하는 장면이다. 『점석재화보』 수록.

그리고 부부 싸움 등 여러 가지 이유로 배우자를 살인한 사건이 70건이나 집계되어 있다.

이는 18세기 후반에 발생한 배우자 살인 사건이 전체 살인 사건의 7.3퍼센트라는 것이다. 배우자 살인은 이 시기 다른 범죄와 마찬가지로 주로 평민 가정에서 발생했다. 그런데 눈길을 끄는 것은 70건의 사례 모두 남편이 가해자가 되어 처첩을 살해했다는 것이다. 이는 거창하게 가부장제의 질곡을 이야기하지 않더라도 조선 후기 가정폭력에 노출된 여성의 취약한 지위를 웅변하고 있다고 할 수 있다.

부인을 살해한 이유는 다양했지만 무엇보다 가정불화가 주된 원인이었다. 시부모에게 순종하지 않는다는 이유로, 농사일을 소홀히 하거나 첩과 반목한다는 이유로 사건이 벌어지기도 했고, 재수가 없으면 1799년(정조 23) 전라도 전주의 분매라는 여성처럼 술주정을 했다가 남편에게 얻어맞아 3일 만에 죽기도 했다.

처의 간통 또한 남편으로서는 극단적 살인도 불사할 중대한 사안이었던 듯하다. 1787년(정조 11) 평안도 영유의 박재숙은 아내 함여인이 바람을 피운다고 주리를 틀어 죽게 했으며, 심지어 1785년(정조 9) 전라도 무안의 정금불이라는 자는 아내 김여인의 간통에 이성을 잃어 아내의 코를 베고 팔뚝을 잘라 11일 만에 죽게 하는 잔혹성을 보였다.

한편, 흥미롭게도 『심리록』의 기록에는 아내의 남편 살인 사건이 보고된 바가 없지만 그렇다고 조선시대 내내 이 같은 일이 전혀 발생하지 않은 것은 아니다. 『조선왕조실록』 정조대 전후 시기를 살펴보면 아내가 남편을 살해한 사건에 대한 기록이 이따금씩 실리고 있기 때문이다.

동일한 배우자 살인이라고 해도 남편의 아내 살인과 달리 아내의 남편 살인은 차원이 다른 훨씬 중대한 사안으로 간주됐다. 삼강오륜三綱五倫과 같은 유교적 덕목이 사회 깊숙이 내면화되어가던 조선시대에 부인과 남편의 관계는 신하와 군주, 노비와 주인의 관계와 동일하게 여겨졌다.

이에 따라 아내가 남편을 죽이는 사건이 발생할 경우 의정부, 사헌부, 의금부 관리들이 합동으로 죄인을 신문할 정도로 큰 변고로 여겼으며, 살인한 여성을 사형에 처함은 물론 가족과 고을 수령까지 연좌시키는 것을 법전에 명문화했다. 이는 정조 때 부인 살해 가해자인 남편이 재판 과정에서 여러 가지 사정이 참작되어 실제로 사형에 처해진 자가 한 명도 없었던 『심리록』의 기록과 대조를 이룬다.

『대명률』에 담긴 처벌 규정

부부 갈등은 어느 시대에나 늘 있어왔기에 법전에서도 부부간의 구타, 살인 행위에 관한 처벌 규정을 명문화해놓았다. 다만 동일한 범죄 행위라 할지라도 행위의 주체가 남편인가 아내인가에 따라 형량에 차이가 있었다.

『대명률』에 기록된 부부간 구타 행위에 대한 형량을 비교해보자. 처가 남편을 구타한 경우에는 상처 유무와 관계없이 무조건 장 100대를, 그리고 구타로 인해 남편이 불구가 된 경우에는 교형에 처하도록 규정하고 있다. 이에 반해 남편이 처를 때렸을 때에는 골절상을 입히지 않은 이상 처벌하지 않았으며, 처의 신체에 골절상을 입혔을 때에는 일반적인 관계의 사람을 구타한 경우보다 형량을 2등급 감해주었다.

이처럼 가해자가 남편인 경우 그 처벌 수위가 낮았으며, 가정폭력이 살인으로 이어졌을지라도 구타와 마찬가지로 가해자가 누구냐에 따라 형량에 차이가 있었다. 앞서 처가 남편을 불구로 만들기만 해도 교형에 처한 것에서 짐작할 수 있듯이, 구타당한 남편이 죽었을 경우에 처는 참형을 면치 못했고, 고의로 남편을 살해한 것이 확인될 경우에는 능지처사라는 법정 최고형에 처하도록 했다. 물론 남편도 처를 폭행하여 죽게 할 경우 교형에 처하도록 규정하고는 있다. 하지만 시집식구들에게 욕을 하거나 구타하는 등의 행위를 한 처나 첩을 죽인 남편에게는 다만 장 100대에 그치고, 처첩의 간통 현장에서 이들과 간부

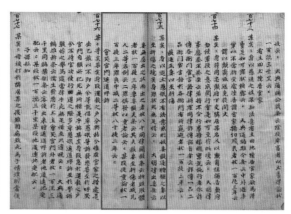

처를 구타한 자에 대한 처벌 『율례요람』 제 175조에 의하면 첩에 빠진 남편이 조강지처를 구타하여 팔다리를 부러뜨린 경우 『대명률』에 의거하여 일반인에 비해 2등급 감경된 장 80대에 도 2년의 형에 처했다. 서울대 규장각 소장.

를 살해한 경우에는 아예 무죄 석방하도록 했다.

요컨대 조선시대에 부부 갈등이 혹여 심각한 폭력으로 이어졌을 때 아내는 목숨을 걸어야 했던 반면, 남편은 최소한 사형만은 피할 여지가 있었다는 것이다. 이는 판결에서도 그대로 나타난다. 고의의 증거가 불충분하다거나, 죽은 부인이 남편의 사형을 원하지 않을 것이라는 이유 등 여러 가지를 참작하여 정조는 단 한 명도 사형에 처하지 않았다.

한편, 근대 이후의 부부 갈등 양상은 어떠했을까. 한말과 일제시대 배우자 살인 사건 데이터를 분석해보면 흥미로운 사실을 발견할 수 있다. 즉 배우자 살인 사건에서 여성이 남편을 살해한 사례가 정조대, 대한제국기, 일제시대로 내려오면서 하나둘씩 늘어나는 추세였다는 것이다.

한말의 검안 자료를 분석한 경인교육대학교 김호 교수의 연구 결과에 따르면 검안에서 찾아낸 30건의 배우자 살인 사건 가운데 아내의 남편 살인 사례가 7건이나 있었다. 남편을 죽인 이유를 이들 사례 중에서 찾아보면 지금과 별반 다름없이 가정불화나 배우자의 간통 때문

남편 살해범 김정필 '독살 미인'이라 하여 『동아일보』 1925년 10월 23일자에 실린 김정필 살인 사건은 세간의 관심을 끌었다.

이었다.

1902년 7월 경상도 대구에서 잠자는 남편 장만룡에게 비상을 먹여 독살한 아내 구여인의 살인 동기는 평소의 잦은 불화 때문이었다. 1905년 8월 강원도 강릉에서는 이여인이 남편 몰래 자신과 정을 통하던 간부를 사주하여 남편 박문칠을 죽이기도 했다.

미모의 여성, 남편을 독살하다

살인, 그것도 부부 살인이라는 유쾌하지 못한 이야기는 시대를 내려와 일제시대에도 그 사례를 찾아볼 수 있다. 조선시대의 정확한 통계가 없어 두 시대를 비교하는 것은 어렵지만 아내의 남편 살해 범죄가 일제 때 증가하여 그 건수가 적지 않았다.

일제시대 총독부의 일본인 사법행정 관료가 분석한 잡지의 글이나 신문 등에 의하면 1911년부터 1915년까지 남편을 살해한 혐의로 처형된 여성이 전국적으로 128명에 달하며 매년 이와 같은 범죄가 평균

25건 내외로 발생했음을 알 수 있다. 아울러 또 다른 통계에 따르면 1929년에 수감된 여성 살인범 106명 가운데 63퍼센트에 달하는 67명이 남편을 살해한 아내들이었다.

1924년에는 신문 등 각종 매체를 떠들썩하게 했던 살해 사건이 있었다. 바로 스무 살의 어린 나이에 결혼해 불과 한 달이 채 안 되어 세 살 어린 남편을 독살한 함경도 명천군의 김정필 사건이다. 김정필은 가난한 농부의 맏딸로 태어나 자신의 이름도 쓸 줄 모르는 시골 아낙으로, 상대의 얼굴도 못 본 채 시집을 왔으나 남편이 결혼 직후부터 앓아누워 제구실을 못하자 쥐약을 먹여 죽게 했다. 나중에 조사해본 결과 그녀에게는 시집오기 전부터 내통하던 정부가 있었는데 앞서 1905년 강릉에서 일어난 치정에 얽힌 남편 살해 사건과 유사했다.

이 사건은 1심에서 사형이 선고되자 김정필이 항소하면서 신문지상에 보도됐다. "방년 스물의 꽃 같은 미인이 남편을 독살"했다는 이유에서였다. 결국 그녀는 세상의 동정 여론을 등에 업고서 사형에서 무기징역으로, 결국 12년형으로 감형됐으며 1935년 출옥 이후까지 그녀에 관한 기사가 언론에 보도됐다. 그런데 김정필 사건은 남편을 살해하고도 그녀가 미인이었다는 이유만으로 세인의 지나친 관심과 동정심을 불러일으켰다는 점에서 그 과정이 다소 개운하지 않다.

그렇다면 일제시대에 아내가 남편을 살해한 사건의 배경은 무엇이고, 왜 이전 시기에 비해 사건이 증가했을까. 여성학자들이 이야기하듯이 조선시대부터 이어져온 조혼早婚이나 축첩蓄妾, 전통적 가부장제의 온존 등이 중요한 원인이었음은 충분히 추정 가능하다. 조심해야 할 것은 일제시대의 여성 범죄, 특히 남편 살해의 발생 배경을 당시 문제에 대해 연구하던 일본인 관리나 전문가가 이야기하듯이 살인을 저지른 여성들의 잔인한 품성, 정숙하지 못하고 자제력이 없는 기질 때문으로 몰아붙이는 것은 곤란하다.

예나 지금이나 부부 갈등, 가정폭력은 가해자와 피해자, 그리고 그 자녀들까지 희생자로 만든다. 지금까지 보아온 것처럼 속담과 달리 부부 싸움은 때때로 칼로 물 베기로 끝나지 않고 돌이킬 수 없는 파국적 종말을 가져오기도 했다.

제 **4** 장

복수는 나의 것

'복수는 나의 것'

2002년에 개봉한 박찬욱 감독의 「복수는 나의 것」은 꼬리에 꼬리를 무는 폭력과 복수가 난무하는 상당히 살벌하고도 박진감 넘치는 영화다. 영화의 핵심 코드는 복수다. 영화의 줄거리는 신부전증을 앓고 있는 누나를 살리려다 장기 밀매단에 사기를 당한 류와 그의 연인 영미가 신장이식 비용을 마련하기 위해 중소기업체의 사장 동진의 딸을 유괴한다는 것이다.

이 장에서 주목하고자 하는 것도 바로 복수다. 영화의 줄거리처럼 누군가가 자신의 피붙이에게 해를 가했을 때 우리들은 과연 어떤 행동을 선택하게 될까. 주인공처럼 처참한 복수극을 펼칠 것인가.

사람들은 누구나 복수를 꿈꾼다고 한다. 복수는 생명체의 본능이며 생리적 반사작용이라고 말하는 사람들도 있다. 영화 「복수는 나의

누이가 오빠 대신 복수하다 청나라 말 광둥성廣東省에서 자신의 누이동생과의 결혼을 허락해달라는 것을 거절했다는 이유로 고용주에 의해 한 남자가 죽임을 당했다. 이에 그의 누이동생이 오빠에 대한 복수를 맹세하고, 그를 만나 방심하는 틈에 칼로 찔러 죽였다. 『점석재화보』 수록.

것」에서처럼 극단적인 상황이 아니더라도 현대를 사는 우리에게 앙갚음, 보복, 복수는 종종 위험하지만 매력적인 해결책으로 받아들여지곤 한다.

국가가 출현하고 법률이 마련된 나라에서는 법 질서 유지를 위해 일절 살인을 금하고 있다. 이에 따라 살인을 범한 자를 사형에 처하는 '살인자사殺人者死'의 원칙이 일반적이었다. 그런데 반대로 유교 경전에서는 복수 살인을 오히려 고무, 장려하고 있어 문제가 되고 있었다.

대표적인 유교 경전의 하나인 『예기』의 「곡례편曲禮篇」에는 아버지를 죽인 원수와는 한 하늘 아래 살아서는 안 된다는 언급이 있다. 아버지를 죽인 자는 이른바 '불구대천不俱戴天의 원수'에 해당하므로 죽여서 복수해야 한다는 복수의 정당성, 당위성을 말하고 있는 것이다.

아버지를 죽인 원수를 살해했을 경우 국가는 어떻게 처벌할 것인가. 복수할 것을 권장하는 유교 경전과 살인자를 처벌해야 한다는 법규 사이의 갈등은 중국에서도 오랫동안 논란이 되어왔다. 원수를 살인한 자는 예禮를 실천했으므로 무죄라는 주장부터, 살인 금지의 원칙에 입각하여 복수 살인자를 처벌해야 한다는 주장, 제한된 범위 안에서의 복수만을 허용하자는 등 다양한 입장이 있다. 그렇다면 조선에서는 복수를 감행한 이들을 어떻게 처벌했을까.

복수로 살인한 자에 대한 조선의 법규

인간 세상에 복수 행위는 늘 있게 마련이었으니 조선시대에도 마찬가지였다. 그러나 전통시대 중국과 조선에서는 모두 '복수'라는 용어를 제한된 범위에서 사용했다는 것이 법학자인 연세대학교 심희기 교수의 연구 결과다. 즉 복수는 부모 등 자신과 가까운 친족에게 부당한 해를 끼친 가해자를 살해하는 경우를 의미하는 것이었다.

복수 살인자에 대한 규정은 조선에서 형법으로 채택한 『대명률』에 이미 나와 있다. 『대명률』 권20, 「부조피구父祖被毆」 항목에 따르면 부모와 조부모를 죽인 자를 피해자의 자손이 임의로 살해한 경우 장 60대에 처하되, 부모와 조부모를 살해할 당시에 즉시 죽였다면 아예 죄를 묻지 않는다는 것이다. 부모와 조부모라는 직계존속을 살해한 자에게 원수를 갚는 행위는 사실상 허용하거나 매우 가볍게 처벌한다는

효자 최누백, 아버지의 원수를 갚다 고려 때 수원의 아전이던 아버지를 물어 죽인 호랑이를 열다섯 살 된 아들 최누백이 복수하는 장면으로 조선시대에 편찬된 『삼강행실도』에 실린 효자도孝子圖의 하나다. 호랑이의 뱃속에서 아버지의 뼈와 살을 꺼내 장례를 지냈다고 한다. 국립중앙박물관 소장.

내용으로 일정한 요건을 갖춘 복수를 허용하고 있었음을 알 수 있다.

그렇다면 직계존속 외에 다른 가족의 원수를 복수 살인하는 경우 어떻게 처리했을까. 법에서 정한 요건을 갖추지 않는 복수 행위는 법규에 입각해서 살인죄로 처단해야 옳지만 현실은 반드시 그렇지 않았다. 조선 후기 이러한 사건을 심리하는 과정에서 위정자들 간에 격렬한 논쟁이 이어졌으나 대개 복수 살인한 자는 정상을 참작하여 석방되기 일쑤였고, 설사 처벌한다 하더라도 사형만은 면해주는 경우가 대부분이었다.

복수에 대한 관용적 태도는 법규에도 일부 반영되어 영조 때 만들어진 『속대전』 권5, 형전 「살옥殺獄」 항목에 관련 규정이 수록됐다. 첫째, 처, 남편, 자식의 원수를 복수 살인한 경우에도 『대명률』에서 부모의 원수를 복수 살인한 자를 장 60대에 처한 것과 마찬가지로 가볍게 처벌하도록 규정했다. 복수에 대한 관용 범위를 부부, 자식에게까지 확대한 것이다.

둘째, 아버지가 폭행을 당했으나 죽지 않고 중상에 그친 경우다. 이때 피해자의 아들이 가해자를 구타하여 살해한 경우에도 감사정배減死

定配, 즉 사형 대신 유배에 처하도록 했다. 이는 아버지가 폭행으로 인해 죽지 않았는데도 가해자를 임의로 죽인 자에게 사형을 면해주도록 한 조치다.

1780년(정조 4) 아버지가 구타당하자 가해자를 동생과 함께 주먹으로 때리고 발로 밟아 죽여 결국 폭행치사 혐의로 체포된 평안도 용강의 김광찬은 사형을 면하고 유배되는 데 그쳤다. 또한 형의 원수를 두 명이나 죽인 인물도 사형을 면해주었으며, 1787년(정조 11) 자신의 형을 죽인 이광평 형제를 추적하여 살해한 선비 김정동 역시 감사정배됐다.

이처럼 복수 살인의 범위가 확장되고 처벌도 가볍게 한 것은 가족의 원한을 되갚으려는 행동이 인륜에 비추어 당연하다는 유교적 복수 관념 때문이었다. 그러나 사적인 복수는 폐해를 낳을 수밖에 없었고 때로는 참혹한 복수극에 직면해야 했다.

전라도 강진현의 충격적인 두 사건

조선 정조 때 전라도 강진현에서 일어난 두 건의 살인 사건은 같은 고을에서 2년의 시차를 두고 발생한 일종의 복수극이다.

하나는 1787년에 발생한 아버지의 원수에 대한 복수 살인 사건이며 다른 하나는 2년 뒤인 1789년(정조 13)의 노파 살인 사건이다. 이 중 노파 살인 사건은 가족의 원수가 아닌 자신의 원수를 살해했다는 점에서 다른 사건들과 차이가 있지만 당시 큰 논란을 일으켰기에 함께 소개하고자 한다.

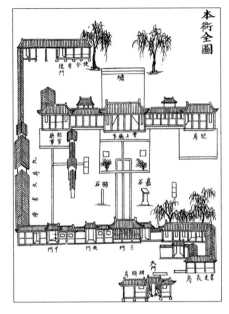

형조 관아도 조선시대의 대표적인 사법
기관으로 한양과 지방 할 것 없이 살인
사건은 모두 형조를 거쳐 임금에게 보고
됐다. 『추관지』 수록.

1787년 적·서자 간에 일어난 복수 살인 사건은 비교적 단순하다.
윤덕규라는 자가 집안의 서자 윤언서와 사소한 일로 다투던 중 윤언
서에게 발로 차여 시름시름 앓다가 38일 만에 숨졌다. 이에 윤덕규의
아들 윤항 등이 아버지를 살해한 원수라 하여 윤언서의 온몸을 칼로
찔러 복수 살해했다.

이 사건은 윤언서가 관에서 정당한 처벌을 받았다면 일어나지 않을
수도 있었다. 그런데 피해자가 한 달이 지나 죽는 바람에 관에서 가해
자의 폭행이 죽은 자의 직접적인 사망 원인이 아니라 하여 무죄로 석방
한 것이 화근이었다. 아버지를 죽인 원수가 죗값을 치르지 않고 풀려났
다는 소식은 피해자 아들의 피의 보복을 예고한 것이나 다름없었다.

그런데 원수 윤언서를 죽인 뒤 윤항의 행동은 가히 엽기적이었다.
윤항은 윤언서가 죽자 그의 배를 갈라내 간을 꺼내 씹어먹고 아버지

의 무덤에 가서 통곡을 한 뒤 관에 자수를 했다. 『흠흠신서』에 실린 그의 자수 광경을 보면 윤항은 죽은 자의 내장을 어깨에 메고 창자를 허리에 띠와 같이 두르고서 관문官門에 꿇어앉았는데 그가 두른 창자의 길이만도 8미터가 넘었다고 한다.

이처럼 아버지의 원수를 살해하고 잔인하게 시신을 훼손한 윤항의 행동을 어떻게 볼 것인가. 죽은 자의 창자를 몸에 두른 그의 모습을 감히 상상하기조차 어렵다.

1789년의 노파 살인 사건의 전말은 이러하다. 강진현 탑동리에는 양가良家의 딸 김은애라는 여성이 살고 있었다. 당시 김은애는 갓 출가한 상태였는데, 사단은 마을에 같이 사는 기생 출신의 노파 안여인에게서 비롯됐다. 이웃의 안여인은 평소 김은애를 중매하려다 실패하자 유감이 있어 그녀가 다른 남자와 사통私通했다며 모함을 하고 다녔다. 그러한 모함이 김은애가 출가하여 가정을 이룬 뒤에도 계속되자 보다 못한 김은애가 안여인을 살해한 것이다.

기록에 따르면 김은애는 칼로 안여인의 목, 어깨, 겨드랑이, 팔, 목, 젖 등 모두 18곳을 찔러 죽였는데, 그녀는 칼로 한 번 찌를 때마다 욕을 했다고 전한다. 김은애가 입은 적삼과 치마가 붉은 피로 범벅이 되어 원래 색을 구별할 수 없을 정도로 참혹한 광경을 연출하면서.

'복수'를 어찌할 것인가

앞에서 소개한 전라도 강진현에서 일어난 두 건의 살인 사건은 아버지의 원수, 자신의 원한에 대한 지독한 복수극이었으며 사건 현장은

『연안』에 수록된 김은애 살인 사건 「은애전」으로까지 만들어진 김은애 살인 사건은 『심리록』과 『흠흠신서』뿐만 아니라 『연안』 등 다른 수사 및 판례집에도 실려 있다. 서울대 규장각 소장.

이루 말할 수 없이 참혹했다. 과연 이들은 어떻게 처리됐을까. 노파를 살해한 김은애와 아버지의 복수를 감행한 윤항이 어떤 처벌을 받았는지 살펴보면 이른바 충·효·열의 유교적 관념이 조선시대 법 집행에 얼마나 큰 영향을 미쳤는가를 엿볼 수 있다.

먼저 김은애에 대한 처리 결과를 보자. 정조는 최종 판결문에서 정숙한 여인이 음란하다는 무고를 당하는 일은 뼛속에 사무치는 억울함이라 전제한 뒤, 자신을 음해한 노파를 살해한 정절과 기개를 높이 평가하여 김은애를 석방했다. 다음으로 윤항에 대한 판결이다. 아버지를 죽인 원수를 살해한 것은 부모를 향한 지극한 효에서 비롯된 것이므로 살인범 윤항 또한 풀려났다.

이에 더 나아가 정조는 김은애의 행동을 백성들에게 알리는 것이 교화에 도움이 될 것이라고 판단하여 도내 여러 곳에 사건의 내용과 판결 이유를 상세하게 게시할 것을 명했다. 김은애의 살인이 정절을 중시한 의로운 살인이라는 것이다. 이렇게 해서 김

정조의 문집 『홍재전서弘齋全書』 조선시대 대표적인 학자군주인 정조는 옥사에 대한 신중한 수사와 관용적 판결을 특히 강조했다. 서울대 규장각 소장.

은애 살인 사건은 정조의 지시에 의해 인물 열전인 「은애전銀愛傳」으로까지 만들어졌다. 관심 있는 독자는 이덕무의 『청장관전서』에 실린 사건을 일독해보길 권한다.

이 같은 판결은 우리에게 당대의 도덕과 법관념에 대해 많은 것을 이야기해주고 있다. 극단적으로 말해서 정조의 생각은 십여 차례 이상 칼로 사람을 찔러 죽이고, 자신이 죽인 자의 창자를 몸에 둘러메고 돌아다녀도 그럴 만한 동기가 충분하다면 큰 문제가 되지 않는다는 것이다. 이는 서구 형사법 이념이 지배하는 지금의 법 감정으로 볼 때 납득하기 어려운 처분이지만, 판결에 대한 평가는 전적으로 당대인이 이에 충분히 승복하고 공감했는가에 달려 있다.

제 5 장

죽음에 얽힌 사연들
─조선시대의 자살 ❶

<u>삶과 죽음의 경계에 선 사람들</u>

죽음이 감히 우리에게 찾아오기 전에, 우리가 먼저 그 비밀스런 죽음의 집으로 달려 들어간다면, 그것은 죄일까.

영국이 낳은 세계 최고의 극작가라는 찬사를 받는 윌리엄 셰익스피어가 이처럼 알듯 말듯한 말을 했지만, 스스로 생을 마감하는 자살이 무엇보다 안타까운 일이라는 것에는 누구나 동의할 것이다. 예나 지금이나 자살은 중대한 사회 문제 중의 하나였지만, 최근 들어 우리나라에서 연예인이나 청소년들의 잇단 자살 소식이 심심치 않게 들려오고 있어 우울하다.

그런데 결코 유쾌하지 못한 이런 상황이 비단 지금만의 문제는 아니었던 듯하다. 20세기 초반 식민지 조선에서도 자살 소식은 신문 사회면을 장식하는 단골 메뉴 중의 하나였다. 『경성, 사진에 박히다』라는 책에 실린 일제시대의 자살 통계를 살펴보자.

『동아일보』 1927년 3월 14일자에 따르면 1910년 391명에 불과하던 자살자 수가 불과 15년 만인 1925년에는 1,536명으로 무려 네 배가량 증가했고, 또 다른 자료에 따르면 1930년에는 자살자 수가 더욱 증가하여 2천 명을 넘어섰다고 한다. 남자의 경우 목을 매 자살하는 반면 여자는 음독이 가장 많았는데 생활난, 가정불화, 치정 관계 등 자살의 동기도 다양했다.

자살 전 마지막 사진 우등생으로 매년 1등만 해오던 길삼식이 의문의 자살을 하여 『동아일보』 1928년 2월 19일자에 "졸업 앞두고 우등생이 자살, 유서 쓰고 사진까지 박혀"라 하여 크게 기사화 됐다.

특이하게도 이 시기 자살자 가운데는 자살 직전에 본인의 사진을 찍거나 사진을 몸에 지닌 채 목숨을 끊는 경우가 많았다. 죽고 나면 그만인데 사진은 찍어서 무슨 소용이었을까. 앞의 책에서는 자살자들이 자살 전후에 남긴 사진으로 나의 존재와 죽음을 알리고, 그리고 나를 기억해 줄 것을 요구하는 죽은 자들의 마지막 기원이 담겨 있는 것이라 해석하고 있다. 그런데 그 사진의 의미가 무엇이든 간에 모든 자살은 남아 있는 자들에게도 씻을 수 없는 큰 상처를 안겨줄 것이다.

산업화·근대화의 물결 속에서 생활 환경이 바뀌고 가치관 또한 급격히 변화하면서 20세기에 들어 자살이 심각한 사회적 병리의 하나로 사리 잡아가고 있는 것 같아 안타깝지만, 그렇다고 이전 시기라고 해서 자살률이 낮았다고 단정 짓는 것은 곤란하다.

윤심덕의 자살 『조선일보』 1926년 8월 13일자에 실린 극작가 김우진과 현해탄에서 동반 자살한 것으로 알려진 윤심덕(왼쪽)과 그녀의 동생 윤성덕 사진이다. 일제시대에도 유명인들의 자살은 사회적 반향을 일으키곤 했다.

지금으로부터 120여 년 전인 1889년(고종 26) 황해도 수안군에서 있었던 일이다. 그해 5월에 자신의 남편이 이웃 유부녀와 바람을 핀다는 소문이 주변에 퍼지고, 게다가 그 유부녀의 남편이 쫓아와 따지며 압박하자 괴로움을 극복하지 못하고 극단적인 선택을 한 강여인 사건은 조선시대에 자살이 적지 않았음을 보여주는 한 예다. 강여인은 자신의 어린 두 아들을 데리고 결국 우물에 투신하여 모자 동반 자살이라는 비극적 드라마의 주인공이 됐다.

조선시대에 자살한 사람은 얼마나 됐을까

요즘처럼 확실한 통계를 확보하고 있지 않지만 문헌을 통해서 조선시대에도 자살 사건이 종종 발생했음을 확인할 수 있다. 그렇다면 누가 얼마나 자살을 감행했으며, 그리고 그 이유는 무엇이었을까. 조선시대의 자살 통계와 관련해 몇 가지 참고할 만한 자료들 가운데 하나가 『심리록』이다.

『심리록』에는 정조 재위 기간인 1776년부터 1800년까지 24년 동안에 발생한 자살 사건 38건이 등장한다. 1년 평균 1.5건 내외로 2건이

채 되지 않는 이와 같은 집계는 아
무리 전통사회였다 하더라도 그 수
치가 미심쩍다. 『심리록』에는 같은
시기에 발생한 적지 않은 자살 사건
이 누락됐다고 봐야 할 것이다.

『심리록』에는 누군가 자살의 동
기를 부여하거나 자살을 강요한 자
가 있는 경우, 혹은 자살과 타살 여
부가 불분명한 경우 등 자살 중에서
도 범죄 혐의가 있는 사건들만이 수
록되어 있다. 따라서 단순 비관 자살
등은 빠져 있기 때문에 당시 발생한
자살 사건의 일부만이 실린 셈이다.

『승총명록』 『승총명록』은 구상덕이 자신이
살고 있던 경상도 고성 지방을 중심으로 통
영 및 그 인근의 사정, 소소한 일상을 세밀
하게 기록한 일기다. 모두 5책으로 구성되
어 있으며 농촌 양반의 생활 모습을 살펴볼
수 있는 자료다. 경남 고성군 구석찬 소장.

조선시대에 병사, 사고사, 자살 등으로 마을에서 사람들의 죽음을
목도하는 것은 드문 일이 아니었다. 구상덕이 영조 때인 1725년(영조
1) 7월 29일부터 1761년(영조 37) 8월 25일까지 37년간 경상도 고성
지역을 배경으로 쓴 생활일기 『승총명록勝聰明錄』을 보면 고성 일대에
서 굶주림과 추위, 전염병 등으로 죽는 것은 다반사였고, 호랑이에게
물리거나 난파 사고로 익사한 사건도 심심치 않게 등장한다. 이 가운
데 1732년(영조 8) 12월에는 부부가 함께 목을 매 자살하는 사건도 있
었지만 이는 관찬 기록인 『조선왕조실록』 등에는 전혀 나오지 않는다.

한편, 살인 사건의 경우도 관에 보고되지 않기 일쑤였다. 다산 정약
용은 『목민심서』에서 지방 고을에서 살인 사건이 발생해도 관에 고발
하기를 꺼렸는데, 그 이유는 관리들이 검시·수사하는 과정에서 각종

『수행기사』『수행기사』는 암행어사 황협의 어사 활동상을 기록한 책이다. 사진은 충청도 덕산현 모녀 자살이라는 비극적 죽음에 관한 조사 내용을 서술한 부분이다. 사건의 단초를 제공한 현감 한용용의 비리도 적혀 있다. 한국학중앙연구원 장서각 소장.

요구나 토색질 등으로 고을을 쑥대밭으로 만들기 때문이라고 했다. 정약용은 살인 사건의 열에 칠팔 건을 숨긴다고 밝혔다.

정약용의 말은 다소 과장이 섞인 지적이지만, 살인 사건이 관에 보고되지 않는 경우가 있었던 것에 비추어보면 자살 사건이 조용히 묻혀버리는 일도 다반사였을 것이다. 실제로 1833년(순조 33) 충청도에 파견된 암행어사 황협에 의해 적발된 충청도 덕산현 모녀의 비극적인 강물 투신자살 사건이 그 한 예다.

황협의 조사로 밝혀진 사건의 전말은 이렇다. 덕산현의 전 현감 한용용은 외읍에서 조금 곱상한 아낙네만 보면 거짓으로 음탕한 짓을 했다고 얽어매어 관비로 삼곤 했다. 하루는 임신한 한 여성의 미모에 반해 역시 그녀에 대한 나쁜 소문을 퍼뜨려 관비로 삼고자 했다. 이에 억울함을 호소하던 여성이 끝내 자신의 결백을 밝히지 못하자 어머니와 함께 강물에 뛰어들어 자살했고, 이들을 구하려던 관차官差도 함께 익사했다. 그녀의 뱃속 아기까지 포함하여 무려 네 명의 목숨이 사라진 이 중대한 사건은 암행어사 황협의 조사가 없었더라면 그대로 묻혔을지도 모른다.

자살에 얽힌 사연들

앞서 보았듯이 기록상의 한계로, 때론 고의적 누락으로 인해 조선 시대의 자살 사건을 모두 수치화하여 통계화할 수는 없다.『심리록』에 실린 내용이 당시 발생한 모든 자살 사건을 망라하는 것은 아니라는 점을 감안하면서 이들 사건들을 좀 더 분석해보기로 한다.

먼저 자살자의 성별이다.『심리록』에 수록된 자살자의 성별을 분석하면 전체 38건 가운데 무려 31건이 여성이다. 그만큼 남성에 비해 자신의 목숨을 내던져야 할 절박한 처지에 있었던 여성들이 많았다는 것이다.

자살 원인으로는 남성의 경우 빚 문제 등 생활고로 인해서 혹은 우발적인 감정을 추스르지 못해 자살을 하는 경우가 있었으나, 여성의 상당수는 간통, 강간, 추문 등 치정에 얽힌 자살이 주를 이루고 있다. 이처럼 남녀의 자살 배경이 확연히 구분된다.

『심리록』의 1782년(정조 6) 사건 기록에 수록된 강원도 양양의 박성재는 고을의 토호 이해인이 사당의 현판과 제기 등을 잃어버리고서 자신을 의심하여 주리를 틀자 억울함을 참지 못하고 목숨을 끊었으며, 같은 해 한양의 서부에 사는 최성휘는 빚 문제로 이웃과 다투다 자신의 처지를 비관하여 스스로 목을 매고 자살했다. 반면 여성의 자살은 전체 31건 중 22건이 강간을 당하거나 간통에 대한 이웃의 추문과 비

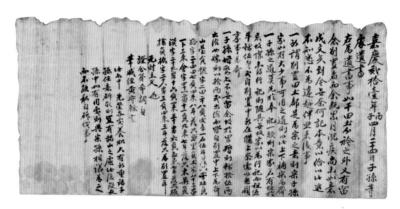

재산 상속에 관한 유서 서울대 규장각에 소장된 검안 중에는 1899년 충청도 서산의 과부 유씨가 음독자살하기 직전에 남긴 유서가 수록되어 있다. 그러나 고문서 형태로 현존하는 대부분의 유서는 재산 상속에 관한 분재기分財記다. 이 고문서는 1816년에 이희모가 병든 몸이 예전과 같지 않다며 자손들에게 토지를 나누어준다는 내용을 담고 있다. 경주 옥산 여주이씨 소장.

난을 견디지 못하여 삶을 마감한 경우다.

1781년(정조 5) 충청도 전의 고을의 서여인 사건이 그 한 예로, 이웃의 서행진이라는 자가 자신의 정조를 더럽히려고 하자 상놈에게 욕을 볼 수 없다며 수절하는 반족班族인 서여인은 치마끈으로 스스로 목을 매 죽었다. 하나의 사례만 소개했지만 당시 여성 자살의 상당수는 간통, 추문에 대항하여 자신의 결백을 증명하고 수절하기 위해 감행한 것들이었다.

물론 여성 자살 사건 중에는 부부 갈등이나 가정불화에 의하여, 혹은 사소한 일에 순간적인 감정을 조절하지 못하고 자살하는 경우도 없지 않았다. 1784년(정조 8) 경상도 안동에서 새댁 김명단은 남편 김험상이 삼끈을 제대로 삶지 못한다며 자신에게 끓는 잿물을 뿌리고 때리자 분을 이기지 못하고 목매 죽었다. 그렇지만 이 시기 여성 자살의 대부분은 자신의 성性을 노리는 남성들의 폭력과 시선 때문이었다는 점을 눈여겨볼 필요가 있다. 즉 여성 자살 사건은 사회와 국가로부터 정절 이데올로기를 강요당하던 당시 취약한 여성의 처지를 극명하게 보여주는 사례들이다.

마지막으로 짚어볼 것은 자살의 도구다. 지금이야 죽고자 마음먹으면 이를 시도할 방법이 다양하지만, 조선시대에는 남녀 할 것 없이 대개 목을 매거나 음독하는 경우가 대부분이었다. 『심리록』에 수록된 38건 가운데 목을 맨 경우는 17건, 음독이 13건이며 드물게 강물에 투신하거나 칼과 같은 흉기로 자해했다.

음독자살을 할 때 사용한 독의 성분도 궁금할 것이다. 이 시기에 자살할 때 이용된 대표적인 독약으로는 '간수'가 있었다. 간수는 염로鹽滷, 고염苦鹽, 또는 노수滷水라고 부르는 것으로 소금을 만들 때 습기가 찬 소금에서 저절로 녹아 흐르는 짜고 쓴 물을 말한다. 두부를 만들 때 응고제로 이용되는 간수는 독성 때문에 독약으로 종종 쓰였으며, 간혹 1782년(정조 6) 전라도 김제의 박여인처럼 간수 대신에 사약의 재료인 비소를 먹고 죽는 경우도 있었다. 남편이 이웃사람으로부터 돈을 훔쳤다는 누명을 쓰자 박여인이 억울한 마음에 택한 극단적 선택이 바로 음독자살이었다.

간수든 비소든 간에 마시기는 간단해도 그 독성은 강렬했다. 1779년(정조 3) 전라도 함평의 김여인은 김봉기라는 자가 자신을 겁탈하려고 하자 그의 어깨를 물어뜯고 가까스로 그 상황을 모면했는데, 이후 주변의 손가락질을 견디지 못하여 사건 발생 23일 만에 음독자살했다. 『심리록』에는 그녀의 시신을 검시한 내용이 적혀 있는데 손과 발, 손톱, 발톱이 온통 청흑색으로 변했으며 독성으로 인해 혀가 오그라든 처참한 모습이었다고 한다.

동반자살 중국 광둥성의 어느 가정에서 남편이 실직하여 생계가 어려워지자 아내가 아이를 달랜 뒤 뒤뜰에서 목을 맸고, 집에 돌아온 남편이 이를 보고 따라서 목을 매 죽었다. 지금도 되풀이되고 있는 생활고로 인한 가족 동반자살이다. 『점석재화보』 수록.

한편, 목을 매거나 음독하는 경우와 달리 때로는 극단적인 자살 방법이 동원되기도 했다. 1782년 경상도 의성의 과부 조여인은 길을 가는 도중 무뢰한 최광률이 덤벼들어 손을 잡자, 천한 상놈이 감히 양반의 후손을 겁탈하려 든다며 그 자리에서 자신의 팔을 칼로 잘라 자결했다고 한다.

여러 차례의 자살 시도 끝에 겨우 성공한 경우도 있었다. 1787년(정조 11) 경상도 안동의 과부 금씨가 그 애처로운 사연의 주인공이다. 이 사건은 이석이라는 자가 김사겸 형제를 사주하여 과부 금씨를 핍박하여 겁탈하려고 하자, 금씨가 이석의 집에서 스스로 목을 매 죽은 사건이다.

『심리록』에 실린 이 사건에 대한 정조의 판결문 중에는 금씨가 목을 매 죽기 전에 감행한 여러 차례의 자살 방법이 등장한다. 그녀는 죽기 위해 처음에 다섯 손가락을 깨물어 절단하고 칼로 목을 세 번이나 찔렀으나 여의치 않자 강물에 몸을 던졌다. 하지만 물이 얕아 죽지 못했고 마침내 목을 매 자살에 성공했다. 내용으로만 봐서는 금씨의 높은 절개와 지조를 강조하기 위한 과장이 아닐까 의심쩍지만 수사 기록에 근거한 만큼 실제와 크게 다르지 않았다고 봐야 할 것이다.

『심리록』에 실린 자살 사건 중에는 내용이 소략하여 자세한 사연을 알기 어려운 것도 있지만 가볍게 보고 넘어갈 것이 하나도 없다. 우발적으로 발생한 사건이 없지 않지만 대개는 불평등한 사회적 상황과 갈등에서 빚어진 사건들이다. 조선시대 자살에 얽힌 애절한 사연들을 추적하며 그 의미를 되짚어보는 일은 거창한 역사와 다소 거리가 있을지 몰라도 그 시대 사람들의 원통하고 가슴 아픈 사연이 얽힌 현실과 삶의 모순을 이해하는 데에는 도움을 줄 것이다.

제 6 장

아름다운 자살은 없다
―조선시대의 자살 ❷

자살방조죄와 위핍치사

『자살의 연구』저자인 앨프레드 앨버레즈의 말을 빌리자면 자살은 치명적으로 불발不發된 '구조의 외침'이라고 한다. 자살 행위 자체는 자살자 자신이 감행한 것이지만 한편으로 자살은 철저히 자살자가 처한 사회적 문제임을 암시하는 말이다.

한때 우리나라에서 동반자살 사건이 잇따르자 경찰은 자살을 방조하는 인터넷 사이트 운영자나 정보 게시자에 대한 처벌을 강화하겠다고 밝혔다. 인터넷을 통한 자살 방법 제공, 독극물 판매 등 자살을 부추기거나 방조하는 행위에 대해 엄정 수사하겠다는 것인데, 실제로 인터넷 포털사이트에서 자살카페를 운영하며 자살을 도운 혐의로 카페 개설자가 체포되기도 했다.

이들에 대한 처벌의 근거는 무엇일까. 현행 형법 제252조 제2항에 의하면 다른 사람의 자살을 교사하거나 자살 행위를 용이하게 하는 범죄는 자살교사 또는 자살방조죄로 1년 이상 10년 이하의 징역에 처할 수 있다. 남의 자살을 돕거나 유발한 자들을 처벌할 수 있도록 한 규정이지만 법원 판례를 통해 볼 때 자살방조죄로 처벌하기가 쉬운 것은 아니다.

예컨대, 갑과 을이라는 두 명의 남성으로부터 강간을 당한 여성이 이로 인한 수치심과 장래에 대한 절망감으로 집에 돌아와서 음독자살한 사건이

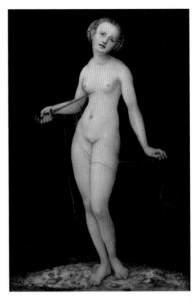

「루크레티아의 자결」 루크레티아는 미모가 뛰어난 고대 로마의 여인으로 로마 왕 타르퀴니우스의 아들에게 능욕당하자 아버지와 남편에게 복수를 부탁하며 자살했다고 전한다. 오스트리아 빈 미술사박물관 소장.

있었다. 당시 법원은 그녀의 자살 행위가 강간으로 인해 귀결된 결과라고 볼 수 없으므로 강간과 피해자의 자살 사이의 인과관계를 인정할 수 없어 갑과 을의 자살방조 혐의에 대해 무죄 판결을 내렸다. 이처럼 자살방조죄로 처벌하는 경우가 흔한 것 같지는 않다.

조선시대의 경우는 사정이 조금 달랐다. 자살 사건이 발생할 경우 수사를 통해 자살을 강요한 자는 물론 자살의 원인을 제공한 자까지도 '위핍치사威逼致死'의 죄목으로 엄중 처벌했다. 『대명률』권19, 형률刑律 「위핍인치사威逼人致死」 항목에 이와 관련한 법규가 실려 있다.

해당 항목에 따르면 위협과 핍박을 가해 다른 사람이 두려움을 느

껴 스스로 목숨을 끊는 경우에 위협을 가한 자를 붙잡아 장 100대를 치고 죽은 자의 장례비용 명목으로 은 10냥을 추징하도록 했다. 이와 함께 특별히 강간, 강도짓을 하다가 이로 인한 공포나 수치심 때문에 피해자가 자살한 경우 가해자에게는 참형, 즉 사형에 처하도록 하는 조항도 있다. 강간을 당한 여성이 수치심에 자살하거나 혹 강도짓을 하는 와중에 재물 주인이 두려움을 느껴 스스로 목숨을 끊는 경우에 죽음의 원인을 제공한 강간, 강도 행위자를 최고형인 사형으로 처단한 것이다.

앞서 소개한 두 명의 치한으로부터 강간을 당한 여성의 자살이 조선시대에 일어났다면 이들 두 치한은 여성을 죽음으로 내몬 결정적 원인을 제공했다 하여 '위핍치사'의 죄목으로 죽음을 면치 못했을 것이다.

위핍치사는 범죄의 원인을 결과만큼 중요시하고, 저지른 죄만큼 그에 상응하는 벌을 받아야 한다는 조선시대의 응보적 형벌 관념을 보여주는 하나의 예다. 실제로 조선시대 많은 여성 자살 사건에서 원인 제공자에게 이 죄목을 적용했다.

강요된 자살, 위험에 처한 조선 여성들

조선시대의 자살은 자살 당사자의 죽음으로 끝나는 것이 아니라, 대개 자살원인 제공자에 대한 처벌로 이어졌다. 조선시대 자살 사건에서 관련자들을 위핍치사의 죄목으로 처벌한 사례는 『심리록』에서 쉽게 확인할 수 있다.

『심리록』은 사형에 준하는 중죄를 범한 자들의 사건 기록을 모은 것이기 때문에 사형에 해당하는 자살원인 제공자들도 정조의 심리를 거쳐 이 책에 기록되어 전해지게 된 것이다.

앞서 본 대로 38건의 자살 사건 가운데 여성의 자살률이 훨씬 높았으며, 이들을 자살로 내몬 주요 이유는 강간을 당한 수치심, 혹은 간통에 대한 이웃의 조롱과 비난을 견디지 못한 탓이었다. 성리학적 가치규범이 전 사회적으로 확산된 조선 후기에 이르면서 여성들은 정절 이데올로기의 내면화, 즉 목숨보다 정절을 중시하는 사회적 가치를 강요받았던 것이다.

그런 분위기 속에서 『심리록』에 등장하는 일부 여성들은 강요된 자살을 받아들일 수밖에 없었을 것이다. 다음에 인용한 정조의 언급은 오늘날과 비교할 수 없을 정도로 사회적 약자였던 여성의 지위를 암시하고 있다.

대저 시골이란 양반과 상민을 구분할 것 없이 정숙한 여자가 포악한 자들에게 욕을 당하거나 나물을 캐다가 한번 끌려가기라도 하게 되면 갑자기 바람을 피운다고 손가락질을 받아 온갖 오명을 쓰게 된다. 그러면 강간을 당했든 안 당했든 간에 바람을 피웠다는 모함은 자신이 죽을 때까지 씻기 어려운 것이라서 방 안에서 목을 매 자결하기로 맹세하게 되니, 그 일은 어둠에 묻혀 밝혀지지 않고 그 심정은 잔인하고도 비장하다. 집으로 돌아와 식구들에게 호소해봤자 더러는 눈물을 훔치며 방문을 나서고, 더러는 남 보듯 하면서 다른 데로 가버리니, 적적한 빈방에서 수치와 분노가 가슴속에 교차되어 구차하게 살아보려 하여도 참으로 어떻게 할 도리가 없었던 것이다.

─박승문 옥사, 『심리록』 중에서

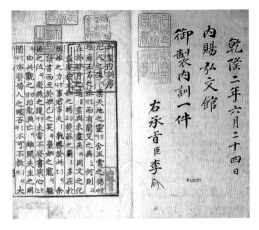

『어제내훈御製內訓』『어제내훈』은 성종의 어머니 소혜왕후가 지은 책으로 열녀전烈女傳, 소학小學, 여교女敎, 명감明鑑 등 4종의 책에서 여성 교육에 긴요한 대목을 발췌하여 한글로 토를 달았다. 서울대 규장각 소장.

위의 인용문은 1785년(정조 9) 충청도 충주에서 박승문이라는 자에게 몸을 빼앗긴 황여인이 피해자임에도 불구하고 오히려 주위의 따가운 시선을 의식해 목을 매 자살한 사건의 처리 과정에서 정조가 내뱉은 한탄이다.

정절관념이 조선 사람들의 의식을 얼마나 옥죄고 있었는지는 다음 두 가지 사례가 여실히 보여준다. 먼저, 1787년(정조 11) 경기도 여주의 천민 김씨의 딸 판련이 자살한 사건이다. 이웃의 강쥐문이라는 자가 판련을 짝사랑하여 그녀와의 결혼을 성사시킬 목적으로 판련과 자신이 이미 몸을 섞은 사이라는 헛소문을 주위에 퍼뜨리자 이와 같은 모함을 들은 판련은 간수를 마시고 자살했다. 간통의 추문만으로도 이 같은 극단적인 선택을 한 것이다. 이 사건은 이제 정절이 양반 여성들에게만 강요되는 덕목이 아니라, 시골의 평범한 여성까지도 목숨을 걸고 지켜야 할 규범으로 깊이 각인된 저간의 사정을 보여준다.

1794년(정조 18) 전라도 전주의 정여인 자살 사례는 더 극단적이다. 내막을 살펴보면 청상과부 정여인이 다른 남성과 정을 통하여 가문을

남편을 따라 죽은 열부 병으로 죽은 남편을 따라 목을 매 죽으려는 열녀를 그린 것으로 중국 푸젠성福建省에는 남편을 따라 죽는 풍습이 있었다고 한다. 『점석재화보』 수록.

더럽혔다는 이유로 친족들로부터 자살을 강요받아 죽음을 택한 것이다. 구체적인 사건 정황은 알 수 없지만 이는 사실상 살인과 다름이 없다. 과부가 개가하려는 것이 무슨 큰 죄가 될까마는 그녀의 친족들은 이를 묵과할 수 없었다. 관련 수사 기록을 종합한 것에 따르면 정여인의 당숙 정대붕은 정여인이 비상을 마시도록 위협했으며, 숙모 이여인은 독약과 술을 준비하고 사전에 계획을 모의했다. 심지어 이들은 정여인이 독을 마시고 숨이 끊어지기도 전에 땅에 매장해버렸다고 하니, 이쯤 되면 가문의 명예를 지키기 위해 과부의 정절 윤리는 더 이상 훼손할 수 없는 지고지선의 가치가 되어버렸다.

그런데 불행히도 이런 상황은 한말에서도 여전히 재연되고 있었다. 서울대학교 규장각에 소장되어 있는 검안 자료를 보면 자신에 대한 추문, 이웃의 비난 탓에 부녀자가 자살한 사건들이 적지 않게 등장하고 있는 것이다.

이제 소선의 여성들에게 정절은 목숨과 맞바꾸어서라도 지켜야 할 중대한 가치였다. 아니 정확히는 사회와 국가로부터 그렇게 강요받았

음을 사건 속 여성들이 우리에게 고발하고 있는지도 모른다.

"아름다운 자살은 없다"

모든 국민은 인간으로서의 존엄과 가치를 가지며, 행복을 추구할 권리를 가진다. 국가는 개인이 가지는 불가침의 기본적 인권을 확인하고 이를 보장할 의무를 진다.

열부입강烈婦入江 『삼강행실도』에 실린 것으로 고려 때 왜적에게 쫓긴 여인이 몸을 더럽히지 않기 위해 강에 투신하고 있다. 국립중앙도서관 소장.

굳이 위의 대한민국 헌법 제10조를 들먹이지 않더라도 오늘날 모든 인간이 존엄하고 가치 있는 존재임은 말할 나위가 없다. 그러나 자살이 만연하는 사회에서 인간의 존엄성을 거론하기 힘든 것처럼, 조선시대에 스스로 목숨을 끊은 사람들을 두고 삶의 가치를 따지는 일이 과연 가능한 일인가.

이러한 진지한 물음 이전에 앞에서 살핀 여성 자살 사건의 처리 과정을 따라가보자. 자살의 원인을 제공한 자들은 어떻게 처벌됐을까. 앞서 자신과 몸을 섞었다는 거짓 추문을 퍼뜨려 판련을 자살하게 한 강취문에게 내린 정조의 판결이 재미있다. 강취문이 사실을 날조했다는 것을 인정하지 않고 끝까지 자백하지 않자, 정조는 죽은 판련을 기리는 정려각旌閭閣에 그를 끌고 가서는 엄히 꾸짖은 뒤 고을의 노비안奴婢案에 넣어서 사역할 것을 명령했다. 거짓 소문을 퍼뜨린 잘못밖에

없지만 돌아온 첫값은 평생 노비로
살아야 하는 무거운 형벌이었으니,
강취문의 입장에서는 자신에게 부과
된 형량을 받아들이기 어려웠을지도
모르겠다.

위핍치사에 해당하는 자들 중에
서 무거운 형벌이 가해진 것은 강취
문의 경우만이 아니다. 오촌 조카딸
인 정여인이 간통을 하여 가문을 더
럽혔다고 해서 친족들과 함께 그녀
가 자살하도록 협박한 전주의 정대
붕은 가혹한 고문을 견디지 못해 물
고됐으며, 강제로 몸을 빼앗긴 황여

임씨단족林氏斷足 『삼강행실도』에 실린 것
으로 조선시대 낙안군 최극부의 아내 임씨
가 왜적의 겁탈에 맞서 팔다리가 잘렸음에
도 힘껏 저항하여 죽는 장면이다. 국립중앙
도서관 소장.

인의 죽음에 원인을 제공한 박승문도 사형 다음으로 무거운 형벌인
유배형에 처해졌다. 정조가 복수살인 사건의 피의자를 관대하게 처벌
한 것에 비하면 여성의 정절에 얽힌 자살 사건 가해자들은 보다 엄하
게 처벌했던 셈이다.

국가는 자살한 여성을 어떻게 기억하고자 했을까. 조선 후기 여성
자살자 상당수가 정절이라는 성리학적 윤리를 목숨 걸고 실천했다는
점이 평가되면서 나라에서는 죽은 여성들에 대한 표창을 잊지 않았다.
황여인과 판련이 죽자 해당 고을에는 정려각이 세워졌으며 이들의 가
족들에게는 복호復戶, 즉 각종 세금 면제 혜택이 주어졌다. 비단 이들
뿐만 아니라 『심리록』에 등장하는 많은 여성 자살자의 사후에 이와
같은 조치가 취해졌다. 우리가 지금도 지방을 답사하다보면 종종 볼

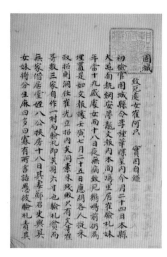

최아기 자살 사건 19세기 경상도 지역의 인명 사건 검시 및 수사 기록을 모은 『검안초檢案抄』에 실려 있는 사건으로, 고성 지역 최아기라는 처녀가 목을 매 자살한 내용이다. 국립중앙도서관 소장.

수 있는 열녀 정려각 일부는 바로 이런 과정 속에서 세워진 것이다.

한편 이 무렵 중국의 경우도 사정은 비슷했다. 남편을 따라 순절하거나 정절을 지킨다는 이유로 목숨을 버리는 여성을 열부烈婦라 칭송하고 심지어 이런 행동을 부추기기까지 한 당시 많은 사람들의 비뚤어진 생각을 비판한 다산 정약용은 『목민심서』교민敎民 항목에 청나라 관청 예부禮部의 업무 지침 중 하나인 열녀 표창 기준을 실어두었다. 그 기준에 따르면 강간당하지 않으려고 자결한 부녀자, 남자의 희롱으로 인해 부끄럽고 분해서 목숨을 끊은 여성, 남편이 죽은 뒤에 새로 시집가지 않은 과부 등은 모두 해당 지방 상급 관리인 독무督撫가 정문旌門을 세워 표창하도록 하고 있다. 조선에서의 열녀 표창과 너무나도 흡사하지 않은가.

그런데 이처럼 자살원인을 제공한 자를 엄히 처벌하고, 자살자를 기리는 비각을 조성하는 것이 죽은 자에게 무슨 소용이 있었을까. 죽고 나면 모든 것이 끝인 것을……

화제를 돌려 영국을 들여다보면 영국에서는 자살 행위가 사회에 끼치는 악영향을 고려해 자살자의 재산을 몰수하는 법이 1870년까지, 심지어 자살 미수자를 처벌하는 법은 1961년까지 존속했다고 한다. 과연 이런 법안이 자살 억제에 얼마나 도움이 됐는지는 알 수 없지만,

자살을 방지하기 위해 이런저런 법안들을 마련해 시행했다는 사실이 눈길을 끈다. 아무튼 자살이 만연하다는 것은 분명 그 사회가 건강하지 못하다는 증거일 것이다.

끝으로 일제시대 때 발생한 자살 사건을 생생하게 분석한 『경성자살클럽』의 말미에 적힌 대목 중 가슴에 와 닿은 구절이 있어 소개해보고자 한다.

자살하고 싶을 정도로 가슴 아프고 애절한 사정이라면 누구든 공감할 수 있다. 하지만 실제로 자살을 단행하는 순간 공감은 사라지고 책망만 남는다. 사정이 아무리 절박해도 자살은 현명한 선택이 아니다. 죽을 용기가 있다면 살아서도 시련을 헤쳐나갈 방법은 있게 마련이다. 이유가 무엇이든 절대 자살해선 안 된다.

제7장

한말 외국인의 눈에 비친 처형장

죽는 것에도 등급이 있었으니

한말 외국인들이 남긴 기록들을 중심으로 조선시대의 사형 집행 현
장을 살펴보자. 혹자는 어떻게 죽든 죽는 것은 마찬가지라고 생각할
수 있겠지만 당시에는 같은 사형이라도 죄의 등급에 따라 교형, 참형,
능지처사형으로 나누어 집행됐다.

앞서 조선의 참형과 능지처사형의 집행 방식을 소개했는데, 교형에
대해서도 간단히 언급하기로 한다. 교형은 그나마 처형된 시신이 온존
하다는 점에서 사형 중에서도 가장 가벼운 것에 해당했으며 능지처사
형과 마찬가지로 집행 방식에서 중국과 차이가 있었다.

청나라의 교형은 사형수를 기둥에 묶고 술에 적신 손수건을 머리에
씌운 뒤, 밧줄을 그의 목에 옭아매어 양쪽에서 두 사람이 줄을 꼬아
목을 졸라 죽였다. 반면 조선에서는 『연려실기술』의 기록이나 한말 프

청나라의 교형 조선과 달리 나
무에 묶은 두 가닥의 줄을 죄
수의 목에 걸어 두 명의 사형집
행인이 양쪽에서 줄을 꼬아 목
졸라 죽였다. 『금산현보갑장
정』 수록.

랑스 선교사 리델이 포도청에서 목격한 내용, 김윤보의 『형정도첩』 속
그림 등을 종합해볼 때 단순하게 목을 매달아 처형했다.

　조선에서는 얼마나 많은 범죄자를 사형에 처했을까. 그 답은 알 수
없다. 그나마 고종 때 만들어진 『증보문헌비고增補文獻備考』를 보면 형
률에서 규정한 전체 범죄 행위 가운데 사형에 해당하는 범죄 행위의
비중이 어느 정도 됐는지 짐작할 수 있다.

　『증보문헌비고』는 당시 통용되던 『대명률』, 『경국대전』 등의 법전에
명시된 죄목罪目과 형량을 뽑아 소개하고 있다. 이를 집계해보면 전체
2,038개의 범죄 행위 가운데 태형·장형은 832개 조문, 도형·유형은
841개 조문, 사형은 365개 조문이다. 즉 사형에 해당하는 죄목은 전
체의 17.9퍼센트에 이를 정도로 많았다.

　현대의 국가에서 형법상 사형의 비중은 극히 낮은 것이 일반적이다.
이에 비추어볼 때 조선시대에 법률에 명시된 범죄 유형 중 사형에 해당
하는 범죄의 비중이 매우 높았다는 점은 전근대 엄벌주의적 형법의 특징
을 잘 보여준다고 할 수 있다. 그렇지만 이러한 점이 조선만의 특수했던

사정을 반영한 것으로 보기는 어렵다. 전근대 시기 동서양의 여러 나라에서도 사형에 처해지는 범죄의 비중이 대체로 상당히 높았기 때문이다.

시신을 6개월이나 수습하지 못한 사연

앞서 언급한 것처럼 교형, 참형, 능지처사형 등 조선의 여러 사형 방식 중에서도 가장 무거운 것이 능지처사형이었다. 흥미로운 점은 『증보문헌비고』에서 사형에 준하는 365개의 범죄 유형 가운데 능지처사에 해당하는 것은 『대명률』에 명시되어 있는 15개가 전부라는 사실이다.

교형, 참형 등으로 처벌하는 범죄 유형이 『경국대전』과 『속대전』에 추가로 규정되어 있는 반면, 능지처사형의 경우 『대명률』 규정 외에 별도로 조선에서 새로운 입법을 하지 않았음을 알 수 있다. 명·청나라 때에 사형으로 처벌하는 기준이 계속 확대되고 능지처사형으로 처벌하는 죄목이 증가했던 것에 비추어볼 때, 조선에서는 능지처사형을 비교적 엄격하게 제한하여 적용한 것이다.

사형 집행 장소에 대해서 알아보자. 조선시대의 사형은 대부분 공개적으로 집행됐다. 그중 교형이나 참형이 주로 도성 밖의 당고개에서 집행된 반면 능지처사인 거열은 도성 안 군기시, 저잣거리, 무교武橋 등에서 행해졌다. 특히 능지처사형이 가장 많이 집행된 장소는 군기시 앞길이었지만, 반드시 정해진 것은 아니어서 혜민국 거리나 도성 밖의 서소문, 동작진 근처, 지방 감영 등에서도 처형했다.

거열 뒤 잘린 머리를 매달아두는 효시는 대개 3일간 진행됐으며, 때로는 잘라낸 팔과 다리도 머리와 함께 팔도에 돌려 보이게 했다. 그런데 『묵재일기』에서 보듯이 조선시대에 지방을 순회하며 처형된 시신을 전시하는 기간은 생각보다 길었던 듯하다.

을사사화에 연루되어 경상도 성주에서 평생 유배 생활을 한 이문건은 그가 쓴 『묵재일기』의 전반부에 조카 이휘가 능지처사되는 과정을 비교적 자세히 적고 있다. 주요 내용을 보면 1545년(명종 즉위년) 9월 11일 조카 이휘가 어두워질 무렵에 군기감 앞길에서 능지처사에 처해졌으며, 3일 뒤인 9월 14일 그의 집안에서 머리와 팔다리를 뺀 나머지 시신을

능지처사형에 관한 조문 『대명률』에는 능지처사형에 해당하는 범죄 유형이 15개 있다. 사진은 『증보문헌비고』에 해당 조문들을 모아놓은 부분이다. 국립중앙도서관 소장.

수습하여 9월 16일에 가매장을 했다가, 이듬해 4월경 팔도에 전시됐던 나머지 시신을 수습하여 장례를 치렀다는 것이다.

또한 『묵재일기』 1545년 11월 26일자에 따르면 당시 성주 유배지에 있었던 이문건은 여러 군현에 순회 전시되던 이휘의 시신이 성주에 도착하여 인동으로 옮겨진다는 소식을 듣고 식사도 하지 못할 정도로 안타까워했다.

『묵재일기』를 통해 우리는 당시 능지처사로 절단된 시신이 실제로 각 지방에 보내졌고, 6개월여에 걸친 전시가 끝난 뒤에야 가족들에게 시신이 인계되어 장례가 치러졌음을 알 수 있다. 이처럼 오랜 기간 동안 가족들은 처형된 시신조차 수습할 수 없었으니, 한마디로 당시 처형된 죄수의 몸은 냉엄한 법의 현존을 만천하에 과시하는 전시물이었던 셈이다.

한말 외국인들이 목격한 끔찍한 처형 장면

사형 중에서도 참형, 능지처사형은 신체를 절단한다는 점에서 끔찍한 처형이었다. 19세기 말까지 지속되던 참형, 능지처사형은 낡은 형률과 형벌 개혁이 추진된 갑오개혁으로 역사의 무대에서 사라졌다. 정확히는 1894년 12월 27일 능지처사형은 참형과 함께 금지됐으며 대신 이후부터는 민간인에게는 교수형, 군사 범죄에서는 총살형으로 사형 집행 방식이 통일됐다. 이는 중국이 1905년에 능지처사형을 폐지한 것과 비교할 때 10여 년 앞선 것이었다.

그런데 이는 바꾸어 말하면 적어도 1894년까지는 수도 한양에서 죄수를 잔혹하게 처형하는 장면을 볼 수 있었다는 것인데, 이 무렵 조선을 방문한 외국인들이 처형 현장을 목도하고 남긴 기록들에서 이를 확인할 수 있다.

먼저 샤를 달레 신부가 집필한 『한국천주교회사』에 조선의 능지처사형에 대한 언급이 있다. 이 책은 19세기 프랑스 성직자들이 우리나라에 들어와 직접 보고 들은 생생한 경험들을 샤를 달레가 모아서 편찬한 책으로 사실 그는 조선을 한번도 방문한 적이 없었다. 샤를 달레는 이 책에서 군문효수軍門梟首, 죄인 참수, 능지처사 등 조선의 공개 사형 집행법을 소개하면서 모반죄인과 대역죄인의 능지처사에 대해 다음과 같이 기록했다.

모든 것이 방금 말한 것과 같이 진행되나 머리가 몸뚱이에서 떨어진 뒤에 사지를 자른다. 그러면 머리와 몸뚱이와 합하여 여섯 토막이 된다. 옛날에는 팔다리를 잘라내는 데 도끼나 칼을 쓰지 않고, 팔다리를

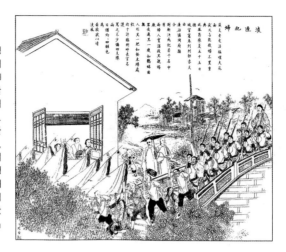

처형장으로 가는 여자 사형수 청나라 광둥성의 광저우廣州에서 순무가 형부刑部의 명을 받아 남편을 살해한 두 명의 부녀자를 처형장으로 이송하고 있다. 그림의 설명에 따르면 한 사람은 말라 구부정했고, 다른 한 사람은 뚱뚱하여 그녀를 들어올린 밧줄이 팽팽했다. 사형을 집행할 때 두 여인은 욕을 해대면서 주위 사람들을 노려보았다고 한다. 『점석재화보』 수록.

소 네 마리에 잡아매고 소들이 사방으로 달려가도록 채찍질을 하여 목 잘린 사람의 사지를 찢었다.

위의 내용을 종합하면 조선에서의 능지처사는 참수를 먼저 한 뒤 사지를 절단했다는 것, 사지 절단을 위해 과거에는 소를 이용했으나 이때에는 도끼나 칼을 썼다는 것이다. 이와 같은 샤를 달레의 언급이 사실이라면 단번에 목을 베어 죄수의 숨을 끊는다는 점에서 이 무렵 능지처사형이 우리의 짐작과는 달리 죄수를 오랫동안 고통 속에서 죽게 하지는 않았음을 알 수 있다.

한편, 샤를 달레에 따르면 사형수의 시신은 가족들에게 돌려주었다고 한다. 그러나 그렇지 않은 경우도 있어서 1839년 천주교 박해 때에는 처형된 천주교인들의 절단된 팔이 거지의 차지가 됐다고 한다. 당시 거지들은 팔에 줄을 매어 동네를 다니면서 동냥을 했다는 것이다.

샤를 달레가 선교사들이 보낸 자료를 바탕으로 글을 작성했다면,

영국의 화가이자 여행가인 아널드 새비지 랜도어는 19세기 말 직접 조선에서 참수 장면을 보고 이를 자신이 그린 그림과 함께 글로 남겼다.

1891년(고종 28) 2월 6일 랜도어가 본 장면은 모반을 꾀한 대역죄인 일곱 명이 시구문 밖 외딴 언덕에서 참수되는 것이었다. 그의 묘사에 따르면 사형수들은 웃통이 벗겨진 채 소달구지의 나무 십자가에 결박되어 사형장으로 이송됐고, 가는 도중 주막에서 푸짐하게 술과 음식을 먹은 망나니가 술에 취해 칼을 잘못 휘둘러 사형수의 목이 아닌 어깨를 잘라버리는 실수를 범했다. 그리고 죄인의 시체가 개와 호랑이의 먹이로 방치되는 사이 망나니들은 일을 마친 뒤 주막에서 밤새도록 술을 퍼마시고 흥청거렸다고 한다.

그런데 랜도어는 이와 같은 '불쾌한' 처형 장면을 기록하면서 조선 사람들에 대한 곱지 않은 시선을 은근히 드러내고 있다. 즉 조선 사람들은 서양인들과 체질이 달라 고통을 덜 느끼므로 용감하게 참수를 당하며 죽어갈 수 있다거나, 중국 망나니들의 참수 기술은 탁월한데 조선인들은 잔인무도하고 서투르게 처형한다고 비아냥거리는 것이다. 그는 잔혹한 죄수 처형이 아무렇지도 않게 벌어지고 있는 상황에 의아해하며 조선인에 대한 외국인의 편견을 은연중에 보여주고 있다.

김옥균, 육시에 처해지다

능지처사형과 참형이 폐지되기 직전인 1894년의 처형 기록을 좀 더 찾아보자. 지금 소개하려는 것은 그해 있었던 동학교도에 대한 효시, 김옥균의 시신에 대한 능지처사 기록으로 특히 김옥균의 시신에 대한

육시에 처해진 김옥균 김옥균 시신의 목을 베어 한강변 양화진에 효시한 사진이다.

육시는 조선에서 공식적으로는 거의 마지막으로 집행된 것이었다.

영국의 지리학자로 1894년 2월 조선에 도착한 뒤 1897년까지 네 차례에 걸쳐 조선을 방문한 이사벨라 버드 비숍의 동학군 효시에 대한 설명을 먼저 보자. 그녀는 1894년 12월에 서소문 밖 네거리에서 전라도에서 붙잡혀 처형된 동학군 지도자 김개남 등의 목 잘린 머리를 목격했다.

그녀에 따르면 그들의 머리는 세 발 장대에 묶여 허공에 매달려 있었는데, 장대가 쓰러져 먼지투성이의 길 위에 머리가 버려지자 이를 개들이 뜯어먹고 그 옆에서는 어린아이들이 아무렇지도 않게 놀고 있었다고 한다. 이런 일이 있은 지 불과 며칠 뒤에 능지처사형과 참형의 폐지가 『관보官報』에 공표됐고, 그녀는 이와 같은 개혁이 조선인 스스로가 아닌 일본인 고문에 의한 것이라고 평가했다.

갑신정변甲申政變의 주역 김옥균이 능지처사당한 상황에 대해서는 일본인들이 남긴 기록에서 확인되고 있다. 김옥균은 갑신정변이 실패한 뒤 중국 상하이上海에서 1894년 3월 홍종우의 손에 암살됐고 그 시신은 조선으로 운구되어 같은 해 4월 육시에 처해졌다. 김옥균의 시신에 대한 육시는 양화진 강변 백사장에서 행해졌다고 하는데 이를 묘사한

신문에 실린 김옥균 처형 현장 일본에서 발행된 『지지신보時事新報』 1894년 4월 24일자에 실린 김옥균의 처형 그림이다.

처형 현장은 다음과 같다.

양화진 형장에 "모반대역부도죄인謀反大逆不道罪人 옥균을 당일 양화진두楊花津頭에서 곧바로 능지처참한다"는 처형 선고를 기록한 푯말을 세우고 시체의 목과 손발을 잘라 3개의 나무토막을 세 발로 세운 곳에 목과 손발을 하나씩 매달고 그 옆에는 발가벗긴 몸통이 엎어진 채 버려져 있었습니다. 그 몸통 잔등부위에 칼자국 세 곳이 있었고 또 그 옆에는 빈 관이 있었으며 관 옆에는 피에 물든 일본식으로 명주안을 받친 잠옷이 있었는데 이것은 아마 옥균이 임종할 때 입고 있었던 옷일 것입니다. 그 밖에 손과 발 하나씩이 보이지 않았는데, 풍설風說과 같이 본보기를 삼기 위해 그것들을 전국 팔도에 회람시킨 것으로 추측됩니다. 처형 당시에는 장위사壯衛使 이종건과 의금부 도사 모某가 입회하고 처형이 끝나자 곧 한양으로 돌아갔다고 합니다.

이처럼 육시된 김옥균의 머리는 '대역부도옥균大逆不道玉均'이라고 석힌 흰 천과 함께 백사장에 전시됐다. 당시 김옥균의 시신에 대한 효시를 중단할 것을 한양 주재 각국 외교관들이 조정에 권유했지만, 또 다

형구돌(위쪽) 1866년 천주교 신자에게 교형을 집행할 때 쓰던 형구돌로 앞 구멍에 머리를 대고 목에 밧줄을 건 뒤에 뒷구멍에서 잡아당겨 질식시켰다고 한다. 서울시 마포구 절두산 순교박물관 별관 입구에 전시되어 있다.

절두산 순교박물관(오른쪽) 한말 천주교인의 집단 처형지로 유명한 양화대교 근처의 절두산 순교박물관 안에 있는 '순교자를 위한 기념상'이다.

른 외국인에 따르면 김옥균의 시신은 16일 동안이나 효시된 채 방치됐다고 한다. 그는 이를 "구역질나는 과정"이라고 극언하고 있다.

폐지 직전 조선에서 벌어진 능지처사형, 참형 집행에 대한 외국인들의 기록은 하나같이 끔찍하기만 하다. 그렇지만 이들 기록에는 외국인의 조선의 형벌과 법률문화에 대한 선입견이 드러나 있기도 하다.

말할 필요도 없이 참형, 능지처사형은 낡고 잔혹한 구시대적 사형집행 방식으로서 근대적 사법개혁의 와중에서 당연히 폐기되어야 마땅했다. 실제로 조선에서는 갑오개혁을 거치면서 이들 형벌이 완전히 사라졌다. 정확히 말하면 능지처사형은 1894년에 폐지됐지만 참형은 1900년에 잠시 부활했다가 1905년 『형법대전』에서 다시 금지됐다.

다른 한편, 조선은 동아시아사의 흐름 속에서 상당히 체계적이고 완성도가 높은 중국의 법률을 받아들였으며, 참형과 능지처사형은 그 과정에서 사형 방식의 하나로써 채택된 것이었다. 능지처사형이 지금 우리의 입장에서는 매우 잔인무도한 처형임에 분명하지만, 신체를 절단하는 처형 방식 하나만을 가지고 당시의 법관념, 나아가 사법제도 및 형벌체계 전체를 미개하고 저급하다는 식으로 단정 짓는 것은 곤란하다. 다양한 제도와 법적 장치에 대한 검토, 다른 나라의 사례와 비교를 통해야만 조선시대 법률문화 전반을 정당하게 자리매김하는 일이 가능할 것이다.

제 8 장

삼족을 멸한다는 것은
─조선의 연좌제 ❶

전통시대의 낡은 악법, 연좌제

19세기 후반 근대화 과정에서 이전의 관행과 제도가 사라지고 새로운 근대적 개혁 조치가 마련됐다. 특히 1894년 갑오개혁을 거치면서는 과거의 낡고 불합리한 주요 형률·형벌이 폐지되고 근대적 형사사법제도가 본격적으로 도입됐다.

필자에게 이때 금지된 대표적인 형률을 두 가지만 제시하라고 한다면 단연 능지처사형과 연좌제를 꼽을 것이다. 참혹한 신체절단형인 능지처사형만큼이나 가까운 혈연이라는 이유만으로 범죄자의 죄 없는 가족들까지 처벌했던 연좌제 또한 폐기되어야 할 악법이었음이 분명했다.

범죄자의 가족이라고 해서, 혹은 특정한 관계에 있다는 이유만으로 범죄자와 함께 처벌하는 제도인 연좌제의 연원은 굳이 따지자면 고대

1919년 고종 국장 고종에 대한 평가는 다양하지만 연좌율 폐지를 비롯해 법제도에 대한 근대적 개혁이 본격화된 시기였음은 분명하다. 『고종국장사진첩』에 실린 것으로 장례 행렬이 덕수궁 대한문을 나서고 있다. 한국학중앙연구원 장서각 소장.

중국에까지 소급할 수 있다. 그런데 연좌제는 가족·친인척 등에 대한 혈연적 연좌緣坐, 지역민이나 동료 관리들에게 연대책임을 물어 벌주는 연좌連坐 등으로 구분이 가능하다. 이 중 전자의 사례는 조선시대 격렬한 정쟁의 과정에서 정치범의 가족·친인척에게 가해진 연좌로 나타났으며 적지 않은 파장을 일으켰다.

과연 1894년 갑오개혁 이후에 연좌제는 완전히 사라졌을까. 연좌의 형률이 법전에서 사라지기는 했지만 그 망령이 한국 현대사에서 우리의 삶에 직간접적으로 영향을 미쳤다는 것은 상식에 속하는 일이다. 한국전쟁 때 월북한 이를 친척으로 두었다는 이유만으로, 아버지가 반정부운동을 주도했다는 이유로 당국의 감시와 연좌제의 고통 속에서 불우한 시절을 보낸 가족들의 경험을 듣던 것도 그리 오래되지 않았다.

이뿐만이 아니다. 지난 2009년 미국산 쇠고기 전면 수입을 반대하는 촛불시위에 참석한 한 인사를 경찰이 기소하면서 그 배우자나 아버지 등 가족에 대해 '공안사범 조회 리스트'를 활용한 사실이 알려져 최근에도 연좌제가 논란이 됐다. 비록 전통시대의 연좌제에 비할 바는 아니지만, 사정 당국의 이 같은 행위는 '연좌제'식 수사나 마찬가지라는 것이다. 부모나 가족의 민주화운동의 전력이 공안 기록으로 분류되어 자신의 수사에 활용되는 것은 조선에서 대역죄인의 아들이라는 이유만으로 처벌을 받았던 것과 논리가 일견 비슷하기 때문이다. 이런 상황에서 누가 연좌제가 현재진행형이 아니라고 감히 말할 수 있을까.

삼족을 멸한다는 것은

『대명률』에는 연좌에 해당하는 중대 범죄의 죄목과 처벌의 내용이 나와 있는데, 법전에 등장하는 혈연가족에 대한 연좌 규정은 크게 세 가지다.

먼저 모반대역謀反大逆 범죄에 대한 연좌다. 모반대역은 오늘날로 치면 쿠데타, 반란, 국가전복 행위 등을 의미하는 것으로, 이때 대역죄인을 능지처사형에 처할 뿐만 아니라 죄인의 가족들도 함께 처벌했다. 법에서 규정한 연좌 대상을 세부적으로 보면 아버지와 열여섯 살 이상의 아들은 교형에 처하고, 열다섯 살 이하의 아들, 어머니와 딸, 처와 첩, 할아버지와 손자, 형제, 자매, 며느리는 공신功臣의 집에 주어 노비로 삼고 재산을 몰수했다. 아울러 백부, 숙부, 조카는 3천 리 밖에 안치했다.

다음으로 모반謀反, 즉 외국과 결탁하여 본국에 대해 이적 행위를 한 경우에도 죄인은 참형에 처해졌고 가족들에게도 연좌제가 적용됐다. 죄인의 처와 첩, 자녀는 공신의 집으로 보내 노비로 삼고 재산은 몰수했으며 부모, 할아버지와 손자, 형제는 2천 리 밖에 안치시켰다. 다만 이 경우 노비로 삼은 대상은 처첩과 자녀로 제한했고, 죄인의 아버지와 아들의 목숨을 부지시켜준다는 점에서 앞서 언급한 모반대역죄보다는 연좌 범위와 처벌 수위가 다소 완화됐다.

마지막으로 위의 두 가지와는 조금 다른 범죄인 흉포한 살인범의 일족에 대한 연좌다. 일가족 세 명 이상을 죽이거나, 사람을 죽여 시신 일부를 약으로 쓰거나 절단하는 등 극단적인 패륜 살인을 저지른 자의 가족들에 대해서도 연좌 처벌을 시행했다. 이들 범죄자는 능지처사형이나 참형으로 처형했고 재산은 몰수하여 피해자에게 주거나 관에서 거두었다. 그리고 그 처자식 혹은 동거하는 가족을 연좌시켜 유배에 처하도록 규정하고 있다.

정리해보면 『대명률』에 규정된 연좌제는 반역이나 역모와 같은 대역죄 혹은 패륜 살인죄 등의 일부 중대 범죄자에게 적용됐으며, 그중에서도 가장 연좌 범위가 넓게 적용된 경우는 모반대역죄였다. 다만 병들고 나이가 많은 사람, 시집간 딸, 양자養子로 간 아들이나 손자의 경우는 연좌에서 면제시켜주었다.

보통 연좌제라 하면 "삼족三族을 멸한다"는 표현을 떠올린다. 이때 삼족이 어느 범위의 혈연을 가리키는지 점검할 필요가 있다. 대개 우리는 삼족을 부족父族, 모족母族, 처족妻族이라 생각하여 연좌 범위가 친가뿐 아니라 외가나 처가 식구들까지 두루 미치는 것으로 알고 있다. 하지만 이는 앞서 살펴본 『대명률』 규정에서 알 수 있듯이 사실과 다르다.

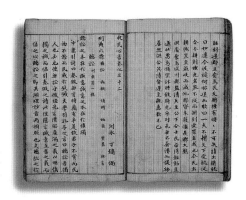

『목민심서』 정약용은 『목민심서』에서 지방관이 지켜야 할 지침, 민생 문제와 당시의 폐단 등을 상세히 기록했다. 특히 「형전」 부분에서 지방의 사법 제도 운영 실상을 신랄하게 비판하고 있다. 개인 소장.

삼족의 개념에 대해서는 조선 후기 당대 사람들조차 정확하게 알지 못했던 듯하다. 다산 정약용은 『목민심서』에서 삼족이 위로는 할아버지를 비롯한 백부·숙부 등 조족祖族, 옆으로는 형제와 그 소생인 조카 등을 포함한 부족父族, 아래로는 아들과 손자 등을 의미하는 기족己族을 의미한다고 분명히 밝히고 있다. 그렇다면 연좌 범위는 위로는 할아버지, 아래로는 손자에 이르기까지 5대에 걸치는 셈이다. 하지만 사형에 처해지는 자들이 제한되어 있었고, 외가나 처가 식구들은 연좌 대상에서 제외하고 있다는 것을 고려할 때 우리가 흔히 생각하는 것처럼 연좌 범위가 무한정 넓은 것은 아니라는 것에 유의할 필요가 있다.

한편 조선에서는 『대명률』 규정 이외에도 필요에 따라 『경국대전』, 『속대전』 등에서 별도의 연좌제 관련 규정을 일부 마련하여 시행했다. 강도 등 특정 범죄를 저지른 자의 처자식을 노비로 삼는다거나, 가족 전체를 함경도와 같은 변경 지역에 유배를 보내는 전가사변형全家徙邊刑을 시행한 것은 모두 조선에서 새로 추가한 규정이었다.

특히 신분 질서가 엄격했기 때문에 윗사람을 살해한 자들에 대해서는 가족뿐만 아니라 고을 수령까지 연좌시키는 규정을 별도로 마련

연산군 묘 서울시 도봉구 방학동에 있는 연산군 묘역. 오른쪽은 부인 거창 신씨의 묘다.

하기도 했다. 『속대전』에 실린 규정에 의하면 부모나 남편을 죽인 자, 주인을 살해한 노비 등은 강상죄인綱常罪人이라 하여 죄인을 처형한 뒤 그가 살던 집은 부수어 연못을 만들고 처자식을 노비로 삼았으며, 이에 더하여 범인이 살던 고을의 격을 강등시키고 수령 또한 책임을 물어 파직시켰다.

연좌제의 남용, 풍비박산 난 가문

우리의 선입견과 달리 연좌제는 죄인의 주변 친인척을 마구잡이로 처벌하도록 되어 있지 않았다. 그런데 문제는 법의 집행 과정에서 정해진 규정을 넘어 연좌제가 남용되곤 했다는 사실이다.

조선시대 정치적 사건의 소용돌이 속에서 연좌제로 인해 이른바 '멸문滅門의 화'를 당하는 가문이 종종 발생한 것도 규정과 달리 가혹하

『연좌안』, 『연좌안』은 조선 후기 연좌된 죄인들의 연좌 내역을 기록해 놓은 책이다. 한국학중앙연구원 장서각 소장.

게 친인척을 연좌 처벌하는 데서 비롯된 것이다. 이같이 연좌제가 남용된 대표적인 시기를 꼽자면 단연 연산군대를 들 수 있다.

특히 1504년(연산군 10) 갑자사화는 매우 혹독한 연좌 처벌이 이루어진 사화로서, 연산군이 자신의 생모이자 성종의 비였던 윤씨의 폐비 조치에 대한 원한을 품고 이와 관련된 인물들을 무자비하게 숙청한 사건이다.

갑자사화에서 발생한 과도한 연좌 처벌 사례를 두 가지만 꼽자면 이세좌 집안과 성종의 후궁인 엄씨, 정씨 집안에 대한 연좌를 들 수 있다. 연산군은 성종 때 폐비 윤씨에게 사약을 운반했던 형방승지 이세좌를 거제도로 유배를 보냈는데 도중에 다시 사사의 명령을 내려 곤양에서 자결하도록 했다. 아울러 그의 네 아들과 동생은 목을 베어 죽이고, 연좌 대상이 아닌 사위들까지 모두 먼 변경 지역으로 유배형에 처했다.

이와 동시에 어머니의 죽음에 책임이 있다고 판단하여 성종의 후궁이었던 엄씨와 정씨를 때려 죽였을 뿐만 아니라, 이들의 아들, 부모, 동생들에게까지 형벌을 가하여 변경 지역에 안치시켰다. 심지어 연좌

면제 대상인 여든 살이 넘는 자, 출가한 자매들까지도 연좌에 포함시켰다.

연산군의 폭정은 특수한 사례로 볼 수 있다. 그렇지만 연산군 전후 시기에도 중요한 정치적 사건 때 간혹 그 정도를 넘어서는 경우가 있었다. 연산군의 뒤를 이은 중종은 1506년(중종 즉위년) 9월에 연산군대의 중신重臣 신수근 일파를 처형하면서 그의 일족들을 유배보냈는데, 연좌된 일족의 범위가 법의 규정을 훨씬 넘어서는 동성同姓 4~5촌, 이성異姓 3~4촌에까지 미쳤다고 한다.

근대 형법에서는 범죄에 대한 형사상의 책임을 행위자에게만 묻는 형사처벌 개별화의 원칙을 지키고 있다. 자신과 무관한 사건으로 처벌받는 연좌제는 전근대적 낡은 형률임에 분명하다. 그렇지만 연좌제가 조선시대 정치문화와 관련하여 어떤 기능과 역할을 수행했는지에 대해서는 좀 더 연구해볼 여지가 있다. 더불어 연좌인들의 실제 삶의 모습도 복원해볼 필요가 있을 것이다.

다행히 서울대학교 규장각과 한국학중앙연구원 장서각에 『연좌안緣坐案』이 전해지고 있어 조선 후기에 연좌제가 실제로 어떻게 시행됐으며 어느 범위의 친인척이 연좌되어 처벌을 받았는지에 대한 궁금증을 일부 해소할 수 있다.

제 **9** 장

기록에 등장하는 연좌인들
─조선의 연좌제 ❷

역적 집안 며느리와는 이혼하는 것이 상책

연좌 범위는 법전에 규정되어 있어 친인척들이 과도한 처벌을 받지 않는 것이 원칙이었지만 반드시 규정대로 지켜진 것은 아니었다. 조선 왕조 역사를 돌아보면 연좌제가 남용되는 일은 종종 있어왔다.

굳이 여러 예를 들 필요도 없이 앞서 소개한 연산군대를 상기해보면 된다. 연산군이 자신의 어머니 윤씨의 폐비에 연루된 자들에게 일대 반격을 가한 갑자사화에서 법전의 연좌 범위 제한 규정은 한낱 헛된 문구에 불과했다.

『조선왕조실록』 1504년(연산군 10) 5월 15일자 기사에 따르면 연산군은 이극균, 이세좌, 윤필상, 성준, 한치형, 어세겸 등을 처형하면서 이들의 동성 8촌, 이성 4촌의 자녀들은 단 한 명도 한양에 남겨두지 말고 모두 지방으로 유배 보낼 것을 지시하고 있다. 연산군 스스로도 이런 조치가 법이 정한 연좌 범위를 넘어선다는 것을 잘 알고 있었지만 자신의 뜻을 관철했다.

이런 일도 있었다. 규정상 연좌제가 사위나 사위의 집안에까지 미쳐서는 안 됐지만 역적 집안의 딸과 결혼한 사위가 화를 입는 경우다. 1453년(단종 1)에 김종서의 심복이라는 이유로 파직 당한 이징옥이 함경도에서 반란을 일으키자 당시 실권을 장악한 수양대군은 그의 사위까지도 변경 지역에 안치시켰다.

또한 시집간 딸인 출가녀出嫁女에게도 연좌제를 적용하여 논란이 되곤 했다. 출가하여 이미 남의 집 며느리가 된 딸은 연좌에서 제외하는 것이 원칙이었으나 1589년(선조 22)의 기축옥사, 1613년(광해군 5)의 계축옥사 때는 출가녀까지 유배 보내기도 했다. 그 뒤 현종은 법이 정한 대로 출가한 딸은 연좌시키지 말 것을 재천명했으나 논란은 계속됐다.

마침내 숙종대에 오면 역적 집안의 딸과 결혼한 남성들이 자신의 집안까지 화를 입는 것을 피하기 위해 아내와 이혼하는 것은 공공연한 일이 됐다고 한다. 즉 1712년(숙종 38) 4월 예조禮曹에서는 숙종에게 "역가逆家의 친딸과 이혼하는 일은 비록 법 밖이라 하지만, 이미 전해오는 관례가 되어 쉽사리 변경하거나 고칠 수 없다"고 보고하고 있다. 말하자면 연좌의 검은 망토가 종종 사돈의 집안까지 둘러쌌던 것이다.

화가 뱃속 손자에까지 미칠 뻔했던 사연

연좌제와 관련하여 세조대 박팽년 집안의 흥미로운 이야기가 『연려실기술』에 실려 있다. 사육신의 한 사람인 박팽년은 1456년(세조 2)에 단종 복위를 도모하다가 옥중에서 고문으로 죽음을 맞았다. 세조는 자결한 유성원 등과 함께 박팽년의 시체를 수레에 묶어 거열에 처하고 찢겨진 몸을 팔도에 전시하도록 했다. 또한 박팽년의 아버지와 네 명의 아우 그리고 아들 박헌, 박순이 모두 죽음을 당했다.

불행은 이뿐만이 아니어서 집안의 전 재산이 몰수됐고 어머니와 처첩, 아들의 처첩 등은 노비 신세로 전락했다. 박팽년이 죽을 당시 아들 박순의 아내 이씨는 임신 중이었는데, 고향인 대구로 귀양 보내져 관비가 됐다. 조정에서는 만에 하나 태어날 아이가 아들이거든 죽이라는 명령을 내렸는데 아들이 태어나 목숨을 빼앗길 판국이 됐다.

『대명률』에는 분명 열다섯 살 이하의 아들은 연좌 처벌을 면할 수 있도록 명시되어 있었지만, 박팽년 등 사육신의 집안에 대해서는 뱃속의 손자까지도 목숨을 부지할 수 없도록 했던 것이다.

다행히 박씨 집안의 종 가운데 비슷한 시기에 낳은 딸이 있어 서로 자식을 바꾸어 화를 면할 수 있었다고 한다. 이때 겨우 목숨을 건진 박팽년의 손자는 성종 때 자수하여 사면을 받았는데 그가 바로 박일산이다. 태어나자마자 죽을 뻔하다가 구사일생한 박일산은 대구 달성 하빈면의 묘골에 정착하여 이곳에서 순천 박씨 입향조入鄕祖가 됐다. 지금도 이곳에 순천 박씨 집성촌을 알리는 유적이 곳곳에 있다.

전가사변은 폐지됐지만……

앞서 열거한 사례들에서 보듯이 취약한 왕권을 유지하기 위해, 혹은 반대 정치세력을 제거하는 과정에서 임금에 의해 자의적으로 연좌제가

육상궁 현재 서울 종로구 궁정동에 있는 영조의 어머니 숙빈 최씨의 사당인 육상궁의 현판이다. 출신상의 약점을 지닌 영조는 어머니의 추숭사업을 벌이기도 했지만 왕권 강화를 비롯해 전가사변 폐지 등 많은 사법제도 개혁 조치도 단행했다.

남용되곤 했다. 그렇다고 해서 늘 임금의 입맛대로 연좌가 집행됐던 것은 아니다. 연좌 적용을 신중히 하고 완화시키려는 조치 또한 있었으며 이는 판결에서도 나타났다.

특히 모반대역과 같은 대역죄인이 아닌 경우에는 가능한 연좌 처벌을 제한하고자 했는데 왕릉에 불을 낸 경우가 대표적이다. 1474년(성종 5) 왕릉의 하나인 지릉智陵을 불태운 홍수라는 중을 처벌할 때 형조에서는 율문에 의거하여 홍수를 능지처사에 처하고 가족들도 처벌할 것을 요청했으나 성종은 연좌만은 거두어주었다. 이와 같은 조치는 1704년(숙종 30)에도 확인되는데 효릉에 불을 낸 능의 노복奴僕 주명철에게도 가족 연좌는 면해주었다.

한편 어린아이에 대한 연좌 면제 조치 등도 강조됐다. 이괄의 난을 평정하는 과정에서 인조는 세 살 이하 어린아이의 경우 연좌 대상에서 제외할 것을 공식화했는데 이는 『조선왕조실록』 1625년(인조 3) 1월 20일자 기사에서 확인되고 있다.

무엇보다 조선 후기로 접어들면서 연좌제 완화의 흐름으로 보아도 좋을 뚜렷한 조치가 있었다. 전가사변全家徙邊 처벌이 영구히 폐지된 사

레가 그것이다. 전가사변은 말 그
대로 '전 가족을 변방으로 옮기는'
형벌로서 당초 변경 지역에 대한
사민徙民 정책의 일환으로 추진됐
다. 즉 사람들이 거주하지 않으려
는 함경도 등 북방 지역의 거주인
수를 늘리기 위해 죄인과 그 가족
들을 강제로 이주시키는 조치였던
것이다.

전가사변의 폐지 『대전회통』 형전 「추단」 항
목에 실린 전가사변을 폐지한다는 내용이다.
이는 『속대전』에 처음 실렸다가 『대전회통』에
다시 실렸다. 국립중앙도서관 소장.

　15세기부터 시행된 전가사변은
당초 상중喪中에 간음한 죄인이나
업무 처리 과정에서 농간을 부린 원
악향리元惡鄕吏 등 양반 사족들보다는 평민, 천민, 향리 등이 주된 대상
이었다. 그러다가 조선 후기로 오면서 전가사변에 처해지는 사례도 크
게 늘어났다.

　전가사변은 북방의 먼 지역으로 죄인을 유폐시키는 유배형인 동시
에 죄인의 가족들까지 동일한 처벌을 받는다는 점에서 연좌의 성격도
띠고 있었다. 그리하여 점차 전가사변이 갖는 연좌의 가혹함이 인식되
면서 숙종대에 관련 법조문을 개정했고, 마침내 영조는 전가사변 자체
를 완전히 폐지했다.

　영조는 형률 폐지 직후 "이번 전가사변 율문을 제거한 밤에 내가 다
리를 쭉 펴고 잠을 이룰 수 있겠다"며 좋아했을 정도다. 이제 죄인만
도형과 유형에 처하도록 한 것이다.

　그런데 영조가 전가사변의 완전한 폐지를 통해 연좌제 완화 조치를

취하기는 했지만 역모를 꾀한 정치범에 대한 연좌는 다른 국왕과 마찬가지로 용서가 없었으며 때로는 더 가혹하게 적용하기도 했다. 그 예를 두 가지만 들면 이렇다.

첫째, 이인좌의 난이 발생하자 이를 진압하고 처벌하는 과정에서 모반·대역죄인에 관한 처벌 관련 특례를 만들었다. 같은 모반대역이라 할지라도 거병한 역괴逆魁의 경우에는 그 형제, 처첩까지도 연좌하여 사형에 처한다는 규정이 그것이다. 원래 『대명률』에는 모반대역을 범한 자의 아버지와 열여섯 살 이상의 아들만을 사형에 처하게 했으나, 특례에 따라 병력을 일으켜 쿠데타를 일으킨 자의 경우 그의 아버지와 아들뿐만이 아니라 형제, 처첩까지도 극형을 면치 못하게 한 것이다.

둘째, 1755년(영조 31) 나주 괘서 사건으로 촉발된 을해옥사가 터지자 역적률逆賊律을 소급 적용하기에 이르렀다. 이 때문에 영조가 왕위에 오른 뒤 얼마 되지 않아 발생한 사건의 대역죄인 가족들 중 연좌되지 않고 목숨을 부지하던 자들이 이때 와서 다시 역적으로 몰려 죽임을 당했다.

요컨대 연좌제를 완화하려는 일부 조치가 취해졌음에도 불구하고, 대역죄인과 그 가족에게 가해졌던 권력에 의한 냉혹한 연좌제 적용은 탕평군주 치하에서도 완전히 사라지지 않았던 것이다.

연좌인의 불우한 삶

그렇다면 연좌되어 노비가 되거나 낯선 땅으로 유배를 간 사람들의 생활은 어떠했을까. 앞에서 본 규정에 따르면 대역죄인의 아버지와 아들은 목숨을 부지할 수 없었던 반면, 어머니, 처첩 등 나머지 가족들과 일족들은 노비가 되거나 고향을 떠나 먼 곳에서 평생 유배 생활을 해야 했다. 따라서 겨우 살아남았다 하더라도 이들 연좌인들의 삶은 고달플 수밖에 없었을 것이다.

연좌인들의 삶과 관련한 기록이 별로 남아 있지 않아 자세히 알 수 없지만 몇 가지 단서는 찾아볼 수 있다. 먼저 다산 정약용의 언급에서 이들의 전체적인 처지를 엿볼 수 있다.

19세기에 정약용은 『목민심서』에서 이른바 '역적'들 중에는 간혹 당쟁으로 인해 억울하게 처벌받은 경우가 있다고 전제하며, 설사 역모가 사실이라 하더라도 그 자식들과 형제들은 아무 죄도 없는 자들이라고 주장했다. 그런데도 당시 세상의 인심은 연좌되어 유배 온 이들에 대한 능멸과 학대가 매우 심하다며 비판하고 있다.

특히 그는 부녀자들이 하루아침에 남의 집 비婢가 되면 그 고통이 클 것임에도 불구하고, 못된 수령들의 경우 으레 관청에 불러들여 점고를 받게 하고 미모가 어떤지 엿보기까지 한다고 꼬집었다.

정약용의 언급에 등장하는 부녀자의 연좌 사례로는 경상도 단성현의 우계임과 그녀의 세 자녀를 들 수 있다. 현재 전해지는 조선 후기 경상도 단성 지역의 호적대장에서 이들의 흔적을 볼 수 있는데, 이들은 1728년(영조 4) 이인좌의 난에 가담한 이만동의 처자식들이었다.

우계임 집안의 사정을 좀 더 살펴보자. 이만동은 무신난 당시 충청도 진잠현감으로 재직 중에 청주의 적병賊兵에 가담했다는 이유로 한양에 압송되어 국청에서 형장을 맞고 죽었다. 이때 부인 우계임과 겨우 다섯 살, 여덟 살, 열세 살 된 어린 세 자녀는 연좌되어 이만동의 사망 직후 단성으로 유배된 것으로 보이는데, 이들은 모두 단성 호적에 관비·관노로 등재됐다.

1729년(영조 5)부터 1762년(영조 38)까지 30여 년 이상 단성에 배속된 이들에게 그나마 데리고 올 수 있었던 여자 종 하나가 있었다는 것 외에는 그들의 삶에 대한 정보를 호적대장은 알려주지 않는다. 하지만 남편을 잃은 우계임이 하루아침에 관비로 전락하여 낯선 타향에서 어린 세 자녀를 키우며 사는 고통은 말로 헤아릴 수 없었을 것이다.

한편 서울대학교 규장각과 한국학중앙연구원 장서각에 남아 있는 『연좌안』에는 영조대부터 고종대까지 연좌된 죄인의 명단과 처벌 내용, 사망 연대 등이 적혀 있어 이 시기 연좌인들의 상황을 좀 더 구체적으로 확인할 수 있다.

『연좌안』에 나오는 전패작변殿牌作變 죄인 최하징의 가족들은 다른 연좌인에 비해 비교적 운이 좋은 경우다. 1736년(영조 12) 충청도 충원현의 창리倉吏였던 그는 관부 곡식을 횡령하고는 발각되지 않으려고 고을 수령 축출 계획을 세워 몰래 객사의 전패殿牌를 훔쳐 돼지우리에 던져버렸으나 결국 적발되어 참형에 처해졌다.

『연좌안』에 따르면 이 일로 인해 그의 어머니, 형, 동생, 처 등 모두 네 명이 경상도 함창현의 노비가 됐고 조카 한 명도 같은 고을에 안치됐다. 그런데 이들은 가족 모두 같은 고을로 보내졌다는 점, 게다가 이듬해 형과 조카는 최하징의 처 정금의 격쟁을 통해 석방됐다는 점에서 비교적 가벼운 연좌형을 받은 경우라 할 수 있다.

반면 일부 연좌인들은 가족들이 여러 고을로 나뉘어 보내졌으며, 유배된 곳에서 오래 버티지 못하고 단명하는 경우도 많았다. 1801년 황사영 백서 사건으로 인해 황사영 일가는 어머니, 처, 아들 세 명이 연좌됐는데, 어머니는 경상도 거제도, 처는 제주도 대정현, 두 살에 불

홍경래의 난 주도자의 연좌 기록 『연좌안』에 실린 홍경래, 우군칙의 처형과 그 가족들의 연좌 내역이 적혀 있다. 홍경래 가족 전체에 대한 상세한 연좌 내역은 이 책의 다른 면에 나온다. 한국학중앙연구원 장서각 소장.

과한 아들은 전라도 추자도에 각각 떨어져 노비로 살아야 했다.

순조 때 난을 일으킨 홍경래의 집안은 병력을 동원한 역괴의 일족이라 해서 처벌의 강도가 훨씬 더 높았다. 난이 평정된 1812년(순조 12)에 홍경래뿐만 아니라 그의 처와 동생 홍정래 또한 연좌되어 목이 떨어져나갔고, 열한 살의 어린 아들과 조카 셋도 모두 제주도, 흑산도, 고금도, 추자도 등의 섬으로 각각 쫓겨났다. 게다가 어찌된 영문인지 이들 네 명 모두 같은 해 5월에서 7월 사이에 사망한 것으로『연좌안』에 기록되어 있다. 이들이 도배지島配地에 도착한 날짜는 알 수 없지만 도착한 지 몇 달이 채 안 되어 사망한 것인데 그 이유가 무엇인지는 분명하지 않다.

앞서 제시한 것들은 몇 가지 사례에 불과하다. 이른바 역적의 가족들 중 불행 중 다행으로 목숨을 부지할 수 있었던 사람들조차 유배지에서의 여생이 편안할 수 없었다는 점을『연좌안』에 등장하는 연좌인들은 이야기하고 있다.

연좌제를 보는 시각

조선시대 연좌 집행의 사례와 함께 기록 속에 등장하는 연좌인의 삶의 모습까지 추적해보았다. 앞부분에서 언급한 것처럼 조선시대의 연좌제는 갑오개혁을 거치며 폐지됐다. 『조선왕조실록』 1894년(고종 31) 6월 기사를 보면 군국기무처軍國機務處에서 죄인 외의 친족에게 연좌를 일절 시행하지 말자는 의안議案을 올린 뒤 고종의 윤허를 받아 연좌제는 역사에서 사라졌다.

연좌제 폐지가 공식화된 이후 80여 년이 지난 1980년 제5공화국 헌법에 "모든 국민은 자기의 행위가 아닌 친족의 행위로 인하여 불이익을 받지 아니한다"는 조항(제12조 제3항)이 새삼스럽게 명문화됐고, 제6공화국 헌법에서도 일부 자구의 수정을 거쳐 연좌제 금지를 재확인했는데 이는 어쩌면 연좌제가 완전히 불식되지 않은 시대 상황을 역설적으로 드러낸 것이라고 할 수 있지 않을까 싶다.

두말할 필요도 없이 연좌제는 전통시대의 낡은 형률임이 분명하지만 연좌제에 담긴 당시의 처벌 관념, 나아가 조선시대 연좌제 적용의 실제 사례와 의미 등에 대한 학자들의 해석과 실증 작업이 아직까지 충분히 이루어지지는 못하고 있다. 따라서 연좌제가 남용되던 특수한 사례만을 가지고 전통시대 형률과 정치문화에 대해 편견 어린 시각으로 바라보는 것은 위험할 수 있다. 조선시대 법률 운용 양상, 법과 정치의 문제에 대해 향후 본격적으로 성찰할 필요가 있으며, 연좌제는 그 가운데 중요한 재검토 대상의 하나가 될 것이다.

| 참고문헌 |

연대기

『고려사高麗史』, 『비변사등록備邊司謄錄』, 『승정원일기承政院日記』, 『일성록日省錄』, 『조선왕조실록朝鮮王朝實錄』

법전 및 법률서적

『결송유취보決訟類聚補』, 『경국대전經國大典』, 『당률소의唐律疏議』, 『대명률직해大明律直解』, 『대명회전大明會典』, 『대전통편大典通編』, 『대전회통大典會通』, 『백헌총요百憲摠要』, 『속대전續大典』, 『수교정례受教定例』, 『수교집록受教輯錄』, 『신보수교집록新補受教輯錄』, 『심리록審理錄』, 『연좌안緣坐案』, 『육전조례六典條例』, 『율례요람律例要覽』, 『은대편고銀臺便攷』, 『의금부노정기義禁府路程記』, 『전률통보典律通補』, 『증수무원록增修無冤錄』, 『추관지秋官志』, 『추안급국안推案及鞫案』, 『형법대전刑法大全』, 『흠흘전칙欽恤典則』, 규장각 소장 '검안檢案'류

지방사 사료 및 일기

『묵재일기黙齋日記』, 『쇄미록瑣尾錄』, 『수의록繡衣錄』, 『수행기사繡行紀事』, 『승총명록勝聰明錄』, 『해사일기海槎日記』, 『조선시대 사회사연구사료총서』, 『조선민정자료총서』

사전 및 도록

『삼재도회三才圖會』, 『점석재화보點石齋畵報』
국립문화재연구소 엮음, 『프랑스 국립기메동양박물관 소장 한국문화재』, 국립문화재연구소, 1999.
국립전주박물관 엮음, 『대한제국기 고문서』, 국립전주박물관, 2003.
국립중앙박물관 엮음, 『조선 성리학의 세계』, 국립중앙박물관, 2003.

국립중앙박물관 편집부 엮음,『조선시대 풍속화』, 국립중앙박물관, 2002.

김원모·정성길,『사진으로 본 백년 전의 한국』, 가톨릭출판사, 1986.

박현순 외,『코리안의 일상』, 청년사, 2009.

서울대학교 규장각 엮음,『규장각 자료로 보는 조선시대의 교육』, 서울대학교 규
　　　장각, 1996.

_____,『정조, 그 시대와 문화』, 서울대학교 규장각, 2000.

서울특별시립박물관 엮음,『한성판윤전』, 서울특별시립박물관, 1997.

숭실대학교 한국기독교박물관 엮음,『숭실대학교 한국기독교박물관지』4호, 숭실
　　　대학교 한국기독교박물관, 2008.

이찬·양보경,『서울의 옛지도』, 서울시립대 서울학연구소, 1995.

이태호,『풍속화』2, 대원사, 1998.

장서각,『고문서에 담긴 옛사람들의 생활과 문화』, 경인문화사, 2003.

_____,『고종국장사진첩』, 1919.

_____,『영조대왕』, 2011.

조선총독부 법무부 행형과 엮음,『사법제도연혁도보司法制度沿革圖譜』, 1937.

조풍연 해설,『사진으로 보는 조선시대 : 생활과 풍속』, 서문당, 1996.

_____,『사진으로 보는 조선시대(속) : 생활과 풍속』, 서문당, 1996.

조흥윤,『기산풍속도첩』, 범양사출판부, 1984.

중앙일보사 엮음,「조선시대 형정도첩刑政圖帖」,『계간미술』39호, 1986.

한국국제교류재단 엮음,『유럽박물관 소장 한국문화재』, 1999.

문집 및 기타 문헌

『기문총화記聞叢話』,『담헌서湛軒書』,『대동야승大東野乘』,『목민심서牧民心書』,『삼강
행실도三綱行實圖』,『성호사설星湖僿說』,『연려실기술燃藜室記述』,『오주서종박물고변
五洲書種博物考辨』,『오주연문장전산고五洲衍文長箋散稿』,『증보문헌비고增補文獻備考』,
『청장관전서青莊館全書』,『한경지략漢京識略』,『훈국총요訓局摠要』,『흠흠신서欽欽新
書』,『활지옥活地獄』

단행본

고석규,『암행어사란 무엇인가』, 박이정, 1999.

국사편찬위원회,『혼인과 연애의 풍속도』, 두산동아, 2005.

기류 미사오, 이선희 옮김,『사랑과 잔혹의 세계사』, 바움, 2006.

김두헌,『한국가족제도연구』, 서울대학교출판부, 1969.

김려, 강혜선 옮김,『유배객, 세상을 알다』, 태학사, 2007.

김화진, 『한국의 풍토와 인물』, 을유문화사, 1973.

나와 유미오, 김인호 옮김, 『일본 고문형벌사』, 자작, 2002.

도미야 이따루, 임대희·임병덕 옮김, 『유골의 증언 : 중국고대의 형벌』, 서경문화
    사, 1999.

미셸 푸코, 박홍규 옮김, 『감시와 처벌』, 강원대학교 출판부, 1993.

박병호, 『전통적 법체계와 법의식』, 서울대학교출판부, 1972.

_____, 『한국의 전통사회와 법』, 서울대학교출판부, 1985.

_____, 『세종시대의 법률』, 세종대왕기념사업회, 1986.

샤를 달레, 안응렬·최석우 옮김, 『한국천주교회사(상·중·하)』, 분도출판사, 1979·
    1980.

서일교, 『조선왕조 형사제도의 연구』, 한국법령편찬회, 1968.

송병기 외, 『한말근대법령자료집(Ⅰ~Ⅸ)』, 국회도서관, 1970.

스콧 터로, 정영목 옮김, 『극단의 형벌 : 사형의 비인간성에 대한 인간적 성찰』, 교
    양인, 2004.

심재우, 『조선 후기 국가권력과 범죄 통제 : 『심리록』 연구』, 태학사, 2009.

심희기, 『한국법제사강의』, 삼영사, 1997.

오갑균, 『조선시대 사법제도 연구』, 삼영사, 1995.

왕용쿠안, 김장호 옮김, 『혹형, 피와 전율의 중국사』, 마니아북스, 1999.

이경민, 『경성, 사진에 박히다 : 사진으로 읽는 한국 근대 문화사』, 산책자, 2008.

이상배, 『조선 후기 정치와 괘서』, 국학자료원, 1999.

이영아, 『육체의 탄생 : 몸, 그 안에 새겨진 근대의 자국』, 민음사, 2008.

이해준, 『초려 이유태의 향약과 정훈』, 신서원, 1998.

임명수, 『에도시대의 고문형벌』, 어문학사, 2009.

임병준, 『조선의 암행어사』, 가람기획, 2003.

임상혁, 『나는 노비로소이다 : 소송으로 보는 조선의 법과 사회』, 너머북스, 2010.

장병인, 『조선 전기 혼인제와 성차별』, 일지사, 1997.

전봉관, 『경성자살클럽』, 살림, 2008.

전봉덕, 『한국법제사연구』, 서울대학교출판부, 1961.

전재경, 『복수와 형벌의 사회사』, 웅진출판, 1995.

정약용, 박석무 엮어옮김, 『유배지에서 보낸 편지』, 창작과비평사, 1991.

정연식, 『일상으로 본 조선시대 이야기(1·2)』, 청년사, 2001.

제니퍼 도비드 문, 문무흥 외 옮김, 『1900, 그 한에 산다』, 푸른역사, 2008.

조재곤, 『그래서 나는 김옥균을 쏘았다』, 푸른역사, 2005.

조지만, 『조선시대의 형사법 : 대명률과 국전』, 경인문화사, 2007.

존 스웨인, 조석현 옮김, 『고문실의 쾌락 : 세계고문형벌의 발자취』, 자작, 2001.

진재교, 『조선 후기 인물전』, 현암사, 2005.

최재천 외, 『살인의 진화심리학 : 조선 후기의 가족 살해와 배우자 살해』, 서울대
  학교출판부, 2003.

티모시 브룩 외, 박소현 역, 『능지처참 : 중국의 잔혹성과 서구의 시선』, 너머북스,
  2010.

펠릭스 클레르 리델, 유소연 옮김, 『나의 서울 감옥 생활 1878』, 살림, 2008.

한국교정사 편집위원회 엮음, 『한국교정사』, 법무부, 1987.

한국역사연구회 조선시기 사회사연구반, 『조선은 지방을 어떻게 지배했는가』, 아
  카넷, 2000.

한드릭 하멜, 유동익 옮김, 『하멜보고서』, 중앙 M&B, 2003.

한상권, 『조선 후기 사회와 소원 제도 : 상언·격쟁 연구』, 일조각, 1996.

허남오, 『너희가 포도청을 어찌 아느냐 : 조선시대의 경찰과 범죄』, 가람기획,
  2001.

A. H. 새비지 랜도어, 신복룡·장우영 옮김, 『고요한 아침의 나라 조선』, 집문당,
  1999.

I. B. 비숍, 신복룡 옮김, 『조선과 그 이웃 나라들』, 집문당, 2006.

Graeme Newman, 이경재 옮김, 『서양형벌사』, 길안사, 1997.

郭建, 『非常說法』, 中華書局, 2006.

大久保治男, 『江戶の刑罰拷問大全』, 講談社, 2008.

尾鷲卓彦, 『圖說 中國酷刑史』, 德間書店, 2001.

富谷至 編, 『東アジアの死刑』, 京都大學學術出版會, 2008.

宋慈 著, 德田隆 譯, 『中國人の死體觀察學』, 雄山閣, 1999.

仁井田陞, 『中國法制史硏究 : 刑法』, 東京大學東洋文化硏究所, 1959.

朝鮮總督府, 『朝鮮刑務所寫眞帖』, 朝鮮治刑協會, 1924.

_____, 『朝鮮の行刑制度』, 朝鮮治刑協會, 1938.

中橋政吉, 『朝鮮舊時の刑政』, 治刑協會, 1936.

논문

김 호, 「규장각 소장 '검안'의 기초적 검토」, 『조선시대사학보』 4 , 1998.

_____, 「100년 전 살인사건, 검안을 통해 본 사회사」, 『역사비평』 56, 2001.

김경숙, 「조선시대 유배형의 집행과 그 사례」, 『사학연구』 55·56, 한국사학회,
  1998.

_____, 「조선 후기 산송과 사회갈등 연구」, 서울대학교 박사학위논문, 2002.

김석기, 「『활지옥活地獄』의 구조와 사법제도의 문란」, 『중국소설논총』 5집, 1996.

김선경, 「'민장치부책民狀置簿冊'을 통해서 본 조선시대의 재판 제도」, 『역사연구』 창간호, 1992.

_____, 「조선 후기 여성의 성, 감시와 처벌」, 『역사연구』 8, 2000.

김인걸, 「'민장'을 통해 본 19세기 전반 향촌사회 문제」, 『한국사론』 23, 서울대학교 국사학과, 1990.

김지수, 「조선조 전가사변율에 관한 연구」, 서울대학교 석사학위논문, 1987.

김현진, 「『심리록』을 통해 본 18세기 여성의 자살실태와 그 사회적 함의」, 『조선시대사학보』 52, 2010.

도면회, 「1894~1905년간 형사재판 제도 연구」, 서울대학교 박사학위논문, 1998.

문형진, 「조선초 절도범 처벌실태와 그 부가형」, 『조선시대사학보』 19, 2001.

_____, 「『하멜보고서』의 법 민속사적 검토」, 『국제지역연구』 제13권 제1호, 2009.

박동욱, 「한시에 나타난 유배객의 생활 모습」, 『어문연구』 제38권 제3호, 2010.

박소현, 「권력, 이미지, 텍스트 : 명청대 공안 삽화를 중심으로」, 『대동문화연구』 61, 2008.

_____, 「죄와 벌 : 근대 중국의 법률문화」, 『중국 근대의 풍경』, 그린비, 2008.

박현순, 「조선시기 향벌鄕罰의 내용과 추이」, 『국사관논총』 105, 2004.

심재우, 「조선 후기 인명 사건의 처리와 '검안'」, 『역사와 현실』 23, 역사비평사, 1997.

_____, 「정조대 『흠휼전칙』의 반포와 형구 정비」, 『규장각』 22, 1999.

_____, 「조선 전기 유배형과 유배 생활」, 『국사관논총』 92, 2000.

_____, 「조선 후기 단성 지역 정배인의 존재 양태」, 『한국학보』 102, 일지사, 2001.

_____, 「조선시대 능지처사형 집행의 실상과 그 특징」, 『사회와 역사』 90, 2011.

심희기, 「복수고 서설」, 『법학연구』 26권 1호, 부산대학교 법학연구소, 1983.

_____, 「흠흠신서의 법학사적 해부」, 『사회과학연구』 5-2, 영남대학교 사회과학연구소, 1985.

_____, 「18세기의 형사사법 제도 개혁」, 『한국문화』 20, 1997.

_____, 「16세기 이문건가의 노비에 대한 체벌의 실태분석」, 『국사관논총』 97, 2001.

오수창, 「암행어사 길 : 1822년 평안남도 암행어사 박내겸의 성실과 혼돈」, 『역사비평』 73, 2005.

이종민, 「식민지하 근대감옥을 통한 통제 메카니즘 연구 : 일본의 형사처벌 체계와의 비교」, 연세대학교 박사학위논문, 1998.

임재표, 「조선시대 인본주의 형사 제도에 관한 연구」, 단국대학교 박사학위논문,
　　2002.
정만조, 「선조초 진주 음부옥淫婦獄과 그 파문」, 『한국학논총』 22, 1999.
조윤선, 「『속대전』 형전 '청리聽理' 조와 민의 법의식」, 『한국사연구』 88, 1995.
차인배, 「조선 후기 포도청 연구」, 동국대학교 석사학위논문, 1997.
최상은, 「유배가사의 보수성과 개방성 : 「만언사」와 「북천가」를 중심으로」, 『어문
　　학연구』 4, 1996.

| 찾아보기 |